高等学校公共基础课系列教材

大学生法治教育

（第二版）

主　编　徐　楠

副主编　陈　峰　刘　欣

参　编　徐少桐　蒋　炜　梁　阳　魏　巍

　　　　曹　智　牛　瑞　陈亚军　罗　阳

主　审　蒋舜浩

西安电子科技大学出版社

内 容 提 要

本书以立德树人为宗旨，以法治教育为主题，以大学生与法的关系、大学生与宪法、大学生与国家安全法、大学生与刑法、大学生与民法、大学生与行政法、大学生与劳动合同法、大学生与出入境管理法8个专题为主要内容，旨在培养和树立大学生群体的法治观念、法治思维、法治信仰，结合大学生群体在学习生活过程中遇到的实际问题和典型案例分析论述。

本书的适用对象为普通高等学校本科、专科学生。

图书在版编目(CIP)数据

大学生法治教育 / 徐楠主编. —2版. — 西安：西安电子科技大学出版社，2022.1(2023.7重印)
ISBN 978－7－5606－6253－4

Ⅰ. ① 大… Ⅱ. ①徐… Ⅲ. ①社会主义法制—法制教育—高等学校—教材
Ⅳ. ①G641.5

中国版本图书馆 CIP 数据核字(2021)第 242629 号

策　　划　高　樱
责任编辑　高　樱
出版发行　西安电子科技大学出版社(西安市太白南路2号)
电　　话　(029)88202421　88201467　　　邮　　编　710071
网　　址　www.xduph.com　　　电子邮箱　xdupfxb001@163.com
经　　销　新华书店
印刷单位　陕西天意印务有限责任公司
版　　次　2022年1月第1版　2023年7月第3次印刷
开　　本　787毫米×1092毫米　1/16　印张 15.5
字　　数　368千字
印　　数　12 001～16 000册
定　　价　45.00元
ISBN　978-7-5606-6253-4 / G
XDUP 6555002-3

前　言

本书在《大学生法治教育》的基础上，深入贯彻党的十九大和十九届三中、四中、五中、六中全会精神，深入贯彻学习习近平总书记关于教育的重要论述，以立德树人为根本宗旨，以培养大学生的法治意识、法治观念、法治精神、法治信仰为目标，以大学生群体在日常学习生活中常见的法律问题为专题进行了普及介绍和归纳解析。与第一版相比，本书以专题的形式进行了重新编写，结合了当前法治教育的热点问题，注重课程思政的融入，主要内容包括大学生与法的关系、大学生与宪法、大学生与国家安全法、大学生与刑法、大学生与民法、大学生与行政法、大学生与劳动合同法、大学生与出入境管理法等8个专题。

为了增强实效性、新颖性和针对性，本书对每一专题的案例解析都进行了重新整理，增加了校园贷和电信网络诈骗犯罪的刑法规制、隐私权和个人信息保护、宠物致人损害相关法律问题、紧急救助行为的责任判定、民用无人机的责任承担、医疗美容损害责任纠纷的法律适用规则、留学生代购等社会关注度高、与大学生息息相关的法律内容。此外，考虑到大学生群体对出入境法律法规的需求以及高校对留学生群体遵守相关法律规定的要求，单独设立了专题；同时删除了第一版中关于商法、经济法的一些内容，将其融入其他相关专题，使本书的条理更加清晰。本书配套制作了每一专题的MOOC资源，设置了课后练习题，供读者进行更为直观的重点学习和课后复习。

徐楠担任本书主编，蒋舜浩担任主审，徐楠、刘欣、陈峰负责统稿。绪论由曹智、徐楠负责编写，专题一由徐楠负责编写，专题二由陈峰、徐楠负责编写，专题三由徐楠、徐少桐负责编写，专题四由徐楠负责编写，专题五由徐少桐负责编写，专题六由梁阳负责编写，专题七由蒋炜负责编写，专题八由徐楠、牛瑞负责编写。魏巍、陈亚军、罗阳参与了编写。

本书内容参考了公开出版的法律法规，借鉴了国内法治教育相关专著、论文、网络资料等，得到了《大学生法治教育》编者的协助，在此向相关作者表示衷心的感谢。本书的出版得到了西安电子科技大学出版社的大力支持，这里对出版社相关工作人员的辛勤付出表示诚挚的谢意。

由于编者水平有限，书中难免有不妥之处，恳请各位读者批评指正。

编　者

2021年8月

目　录

绪　　论

中华法系源远流长，“法治”一词很早就出现在古书中。《晏子春秋·谏上九》中记载着“昔者先君桓公之地狭于今，修法治，广政教，以霸诸侯。”《淮南子·氾论训》论述了“知法治所由生，则应时而变；不知法治之源，虽循古终乱。”韩非子所代表的法家提倡“明法”“尚刑”“立公灭私”“一断于法”，其法治主义的思想和主张顺应时代需要，合乎民心民意，表现出了切合历史维度的进步性。我们的祖先在春秋战国时期就有了自成体系的成文法典，在汉唐时期形成了比较完备的法典。中国古代法治思想蕴含着十分丰富的智慧和资源，中华法系在世界几大法系中独树一帜，为人类法治文明作出了重要贡献。

在西方，法治最早可追溯到亚里士多德的法治理论，亚里士多德提出的法治包括两点：一是有优良的法律，二是优良之法得到民众普遍遵守。后来者对亚里士多德的法治理论加以发展，使法治理论的内核发生了重大变化，并构成了当代西方法治思想的核心与精髓。

进入新时代，中国取得了改革开放和社会主义现代化建设的历史性成就。民主法治建设迈出重大步伐，全面推进依法治国，坚持党的领导、人民当家作主、依法治国有机统一的制度建设全面加强，科学立法、严格执法、公正司法、全民守法深入推进，依法治国、法治政府、法治社会观念明显增强。

由此可见，“法治”一词从古至今一直未离开过我们的视线，新时代的中国对“法治”的要求、理解、运用更是达到了新的历史高度。大学生作为公民与社会主义事业的建设者和接班人，提高和增强自身的法治意识和法治观念，是新时代大学生教育的基本要求和重要内容。

一、大学生法治教育的必要性与重要意义

中国特色社会主义进入新时代，高等教育到了更加注重内涵式发展的新阶段，广大师生对民主、法治、公平、正义的诉求日益增长，这就需要深入开展法治宣传教育，把法治教育纳入国民教育体系，在全社会树立法治意识。大学生群体作为法治宣传教育的对象和国民教育体系中法治教育的对象，必须高度重视法治教育，努力成为社会主义法治的忠实崇尚者、自觉遵守者、坚定捍卫者。

依法治国是国家治理的基本方略。党的十八届四中全会通过的《中共中央关于全面推进依法治国若干重大问题的决定》指出，全面推进依法治国，总目标是建设中国特色社会主义法治体系，建设社会主义法治国家，这为我们全面依法治国树立了总目标。党的十九届五中全会提出了到二〇三五年基本实现社会主义现代化九个方面的远景目标，其中一个

重要目标就是基本实现国家治理体系和治理能力现代化，人民平等参与、平等发展权利得到充分保障，基本建成法治国家、法治政府、法治社会。依法治国必须树立法治意识和法治理念，在法治意识和法治理念指导下去实施法治，而树立法治意识必须进行法治教育。大学生是社会成员的一部分，他们自身法治意识的程度体现着整个社会的法治意识水平；大学生是社会成员中接受高等教育的群体，他们具有良好的文化底蕴和知识素养，在社会生活中能够发挥重要的作用，他们的法治意识程度以其特有的作用影响着社会的法治意识水平；大学生是祖国的希望、民族的未来，他们在未来的国家生活中将发挥主导作用，其自身的法治意识水平对未来中国法治建设的程度有重要作用。因而，必须高度重视大学生的法治教育在提高大学生法治意识中的作用。实际上，大学生法治教育的内容应该突出以下三个方面。

1. 法律规范的认知

法律规范的认知主要包括以下三个方面：

(1) 让大学生认识到法律是一种行为规范，这种规范告诉大学生什么是可以做的，什么是必须做的，什么是不能做的。这是法律规范的指引作用。

(2) 让大学生认识法律规范是人们行为和评价的标准，这种标准告诉人们在社会生活中该如何去做。这是法律规范的标准作用。

(3) 让大学生认识法律规范是国家意志的体现，靠国家强制力来保证实施，违背了法律规范，就违背了国家意志，就要根据违法的程度受到相应的法律处罚。这是法律规范的强制作用。

法律规范的认知还包括对法律规范体系的认知，要知道国家有哪些法律规范，这些法律规范在法律体系中居于怎样的地位，有怎样的功能。

2. 法治思维的培养

法治意识的树立在现实中表现为处理问题的法治思维方式上，所以要着力培养大学生的法治思维方式。法治思维方式就是人们用法律的规范、原则、理念作为标准来分析、判断、处理问题的思维方式。法治思维方式和人治思维方式有本质区别，也和其他处理问题方式有根本区别。法治思维完全依靠法律来处理、解决问题，体现国家意志，而道德或情感等其他处理、解决问题的方式，由于缺少法律的规范性、标准性，因而难免导致公平、公正的缺失。法治思维方式体现为法律的至上性和法律的优先性。法律的至上性即在国家主权范围内，法律对所有人、所有单位机关都具有约束力，任何人不得违背法律的规定，任何单位、个人和国家机关必须严格按照法律的规定去处理和解决问题。法律的优先性，即法律在处理、解决问题的过程中，优先于道德等其他规范。法治思维方式还包括法律处理问题的过程要讲程序，违背程序也会使法律的权威受到挑战。

3. 法治精神和法治信仰的树立

要使法治落到实处，除了法律规范的理性认知和法治思维的培养外，还必须树立法治精神和形成坚定的法治信仰。法治精神是法治的灵魂，只有当遵纪守法成为一种自觉，依法办事成为一种自然时，才能源源不断地释放规则的正能量。法律的权威源自人民的内心拥护和真诚信仰。人民权益要靠法律保障，法律权威要靠人民维护。

对大学生来说，首先要知道信仰是一种世界观和价值观。作为世界观，它以付诸实践、付诸行动为本质，鞭策人们按照信仰的内容自觉去行动；作为价值观，它以值得肯定和值得追求为表征。其次，要理解法律被信仰才能变成行动的道理。依法治国的目标能不能实现，关键要看人们是不是信仰法律，法律只有被信仰才能有效执行。最后，要懂得信仰法律就要付诸行动。法治精神是法治教育的灵魂，树立法治精神，必须在实践中自觉遵守法律，维护法律的权威，把法治意识和法治理念乃至法律规范落实到行动上。

大学生的法治教育的方式主要有三个。

(1) 基本方式是线上线下课堂教学，主要是通过讲授法律知识和具体案例，传播法治理念，树立法治意识。线上线下课堂教学需要把握好法律知识和法治理念的关系，要以基本知识为基础，以法治理念教育为根本。

(2) 拓展路径是推广“体验式”“参与式”法治实践，如体验司法实践，推广国家宪法日“宪法晨读”活动等。体验司法实践的目的是了解司法过程，清楚国家司法机关是如何适用法律处理案件的，这能加深大学生理解法治的实践精神和法律的本质意义。推广国家宪法日“宪法晨读”活动的目的是加强青少年宪法法治教育。宪法是法治的标志，没有宪法，就没有法治，就不可能实行真正意义上的依法治国。依法治国的核心是依宪治国。这是因为我国宪法是国家的根本大法，是维系国家统一、民族团结、社会稳定的根基，是依法治国的总章程。

(3) 通过行政执法实践的调研，让大学生更深刻地理解依法治国的方略和现实法治的状况，进而坚定法治信仰，树立法治意识，自觉遵守法律规范，积极参加法治中国建设。

二、大学生法治教育的主要内容

大学生法治教育是高等教育依法治教的基础和前提，是培养和造就社会主义合格建设者和可靠接班人的重要内容，也是大学生增强法治安全意识、提高法治素养的重要手段。当然，法治教育的内容十分广泛，本书也不可能包罗万象，我们只是选择了新时代法治教育需要重点关注、与大学生学习生活联系紧密、法治理念和法治素养内涵较为丰富的一些基本内容，主要概括为以下几个方面。

1. 全面依法治国

党的十八大以来，习近平总书记以中国特色社会主义法治道路、法治体系、法治实践、法治中国等重大理论概念为基础，围绕全面推进依法治国、建设法治中国作出一系列重要论述和重大判断，深刻回答了中国特色社会主义法治道路、方向、主体、布局、关键等根本性问题，形成了一系列全面依法治国新理念、新思想、新战略。这些新理念、新思想、新战略是马克思主义法治思想中国化的最新成果，是全面依法治国的根本遵循，必须长期坚持，不断丰富发展。作为社会主义事业的建设者和接班人的大学生群体，首先必须认真学习、了解、理解并掌握全面依法治国的总目标、科学内涵和价值意义。

2. 依法治教

依法治教，即全部教育活动都应当符合教育法律的有关规定，所有教育法律关系主体在从事各类教育活动时都应当遵守或不违背教育法律的规定和精神。依法治教的主体就是参与教育法律关系的主体。能够成为教育法律关系主体的有：

(1) 各级权力机关，即各级人民代表大会及其常务委员会，它们有权制定教育方面的法律法规，听取政府有关教育工作的报告，审议有关教育经费的预算和决算，对政府的教育工作提出质询，检查、监督教育法的实施情况。

(2) 各级行政机关，即各级人民政府及其职能部门、各级教育行政部门及其他有关行政部门。它们在各自的职责范围内行使自己的管理职权，履行自己的管理责任，依法行使教育管理职能。

(3) 各级审判机关、检察机关，即各级人民法院和人民检察院。其中，人民法院依法审理有关教育的案件，人民检察院依法进行检察监督。

(4) 各级各类学校及其他有关机构。学校及其他教育机构依法进行学校管理。

(5) 企事业单位、社会团体、公民个人等。企事业单位、社会团体及公民依法参与教育事业的管理和监督。

依法治教的内容主要包括教育立法、教育普法、教育执法、教育司法、教育守法、教育法律监督、教育法律救济等方面。依法行政、依法治校是依法治教的核心体现。

3. 大学生法治观念

法治观念是对法治精神追求的抽象概括，是指导人们进行法治实践的思想基础、基本原则和价值追求，关乎对法的态度和对法律的信仰程度，是一种特殊形式的社会意识，包括对法律的价值、法律的制度性建构、司法体制及其效率等的预期、认识和评价。大学生法治观念的培养，将使大学生对法治的尊重和信仰内化于心中，增强他们对法治深切而热烈的信念，引导他们从法治的角度去认识社会和体验人生。

4. 大学生法律问题

大学生法律问题主要包括当代大学生在宪法、国家安全法、刑法、民法、劳动合同法、行政法、出入境管理法等方面的基本法律知识和常见问题。通过对上述法律基本概念的梳理与涉及大学生群体的法律问题的解读和案例分析，可增强大学生群体的法律法规意识，培养其法治观念与法治思维，使大学生树立法治精神与法治信仰，从而使其更好地学法、懂法、守法、用法。

专题一　大学生与法的关系

第一节　法 与 法 治

一、法的起源

法作为一种社会现象并不是从来就有的。从古到今，许多思想家、法学家对法的起源问题进行了探讨，提出了关于法的起源的各种学说。这些学说主要有以下几种：

(1) 神创说。这一学说认为法是人格化的超人类力量的创造物，各种各样的神为人类创造法。中世纪神学政治的鼻祖奥古斯丁提出：秩序和安排来源于上帝的永远的正义和永恒的法律，即神法；人法服从神法，是从神法派生出来的。中国古代也有类似的认识。

(2) 暴力说。这一学说认为法是暴力斗争的结果，是暴力统治的产物。中国的法家代表人物韩非子就认为："人民众而货财寡，事力劳而供养薄，故民争"，有斗争、有暴力才需要解决冲突的规则。

(3) 契约说。人类在进入政治社会之前处于自然状态，为了克服自然状态的缺陷或更好地生活，人们相互间缔结契约，通过缔结契约，人们放弃、让与部分自然权利，组成政府，这最初的契约就是法律。17、18世纪的古典自然法学者大部分都持此学说。

(4) 发展说。发展说具体包括：一是人的能力发展说，即随着自然与社会的进化，人的能力有了发展，如开始使用火、弓箭等，财富有了增加，社会关系开始复杂，因而需要法来协调各种关系，解决各种问题；二是精神发展说，如哲学家黑格尔就认为绝对精神在自然界产生之前就已存在，绝对精神发展到自然界阶段才有了人类，人类精神的发展产生了法。

(5) 合理管理说。许多法社会学者持此学说，如美国当代法的社会学家塞尔茨尼克认为，一个群体的法律秩序是基于合理性管理的需要而发展起来的。

那么，马克思主义对法的起源又是如何认识的呢？马克思主义认为，法不是从来就有的，也不会永恒存在，而是人类社会发展到一定历史阶段才出现的社会现象。法是随着生产力的发展、社会经济的发展、私有制和阶级的产生、国家的出现而产生的，经历了一个长期的、渐进的过程。法是为了维护和调整一定阶级关系的需要而产生的，它是阶级矛盾不可调和的产物和表现。原始社会母系氏族公社以前，人们之间是平等、互助的关系，那时的习惯也是符合氏族公社全体成员利益的，人们能自觉遵守。后来到了父系氏族公社时期，随着公社制度的解体，私有制和阶级开始产生。私有制的发展促使私有者吸收更多的劳动者为其创造剩余产品，战俘不再被杀死而是作为奴隶保留下来，奴隶制开始萌芽了。随着个体劳动发展成为普遍现象，产生了个体家庭私有制和子女继承制，社会逐渐向两极分化。一些氏族部落首领通过剥削和掠夺而成为贵族和奴隶主，而广大自由民众由于货币、高利贷以及土地所有权和抵押的开始出现而沦为债务人，进而沦为奴隶，社会逐渐分裂为奴隶主与奴隶、贵族与平民、剥削者与被剥削者，他们由于根本利益冲突而进行着不可调和的斗争。在这种情况下，原来的习惯已不能调整他们之间的矛盾和关系了，奴隶主阶级为了维护它的统治地位，除了组织国家镇压被剥削阶级的反抗外，还把它的阶级意志制定为法，把被统治阶级的活动约束在一定范围内，并调整统治阶级的内部矛盾以及统治者与同盟者的关系。显然，对于这种维护统治阶级根本利益的特殊社会规范，没有国家强制力作后盾是不行的。私有制和阶级的形成需要有表现为凌驾于社会之上的力量来调整新的社会关系，需要一种特殊公共权力来确定和维护社会成员的权利和义务，于是法就应运而生了。

二、法的规律

法的产生是一个长期的社会历史过程，有其独特的发展规律，这主要表现在以下几方面：

(1) 法的产生经历了从个别调整到规范性调整、从一般规范性调整到法的调整的发展过程。原始社会初期的社会调整往往是个别调整，即针对具体人、具体行为所进行的只适用一次的调整。当某些社会关系发展为经常性、较稳定的现象时，人们为提高效率、节约成本而为这一类社会关系提供行为模式，于是社会调整从个别调整发展为规范性调整，即统一的、反复适用的调整。以后随着社会的发展，社会形成两个利益对立的阶级，统治阶级需要一种特殊的社会规范来维护其利益，迫使社会成员按照统治阶级意志行事，于是法的调整从一般的规范性调整中分离出来，并逐渐成为社会关系的主要调整方式。法的调整的主体是政治社会中最具权威的组织——国家，国家创制法并保证法的实施。

(2) 法的产生经历了从习惯到习惯法，再由习惯法到制定法的发展过程。原始社会时期的社会规范主要是习惯，随着私有制和阶级的形成，习惯打上了阶级的烙印，具有了阶级性，逐渐转变为习惯法。统治阶级有选择地利用原有的习惯，由国家加以确认，使之成为对本阶级有利的社会规范，而赋予法的效力，从而形成了最早的习惯法。随着社会关系的复杂化和社会文明的发展，国家机关根据一定的程序把体现统治阶级意志和利益的规范以明确的文字形式表现出来，逐渐产生了制定法。最早的制定法主要是习惯法的整理和记载，还有个别立法文件和最主要的判决的记载。后来，国家为了适应社会需要主动制定新的法律规范，制定法成为法的主要渊源。因此，法的产生过程是一个由简单到复杂、由不完善到完善、由自发形成到自觉形成的长期发展过程。

(3) 法的产生经历了从法与道德规范的浑然一体到法与道德规范的分化，再到法的相对独立的发展过程。原始社会的习惯融道德规范于一体，国家产生之初的习惯法与道德规范没有明显的界限，二者相互渗透、浑然一体。随着社会的进化、法的发展成熟，法与道德规范开始分化，法在调整方式、手段、范围等方面自成一体，相对独立，在社会调整体系中占有独特的地位，并发挥特殊的作用。例如，在《周礼》中，“礼”既是道德规范，也是法律规范，其中许多规定具有法律效力，违礼的行为要受到刑罚的制裁，即“出礼入刑”。到了春秋战国，“礼”的法律效力逐渐消退，变成了仅靠人的信念和自觉来维系的道德规范体系；后来，法家以追求确定性的统治规则的“法”取代了“礼”，法开始相对独立，自成体系。自西汉以后，儒法之争已渐平息。此后，历代王朝所制定的很多律例最终都转化成了“礼”，并在社会生活中加以传承，使礼与法在治国实践中又走向了一体化。

三、法治

法治理论是法理学中一个重要的组成部分，包含丰富的内容和理论，是中外法学家重点研究的法学基础理论之一，本节仅简单介绍其中最主要的一部分。

(一) 法治的出处

如果仅从字面理解，法治就是根据法律治理国家，它是与“人治”相对立的。诸多古籍中和历史上，先后都有关于法治的各种记载、提法或主张。我国春秋时期诸子百家中以韩非子(约公元前 280—公元前 233 年)、管仲(公元前 719—公元前 645 年)为代表的法家，基于对人性恶的认识提出了与儒家“礼治”“德治”等相对立的“以法治国”的主张，如韩非子的“刑过不避大臣，赏善不遗匹夫”，管仲的“同功者，同赏；同罪者，同罚”等。后人根据春秋时期齐国政治家晏婴的言行、主张汇编的《晏子春秋》中提出“昔者先君桓公之地狭于今，修法治，广政教，以霸诸侯”；西汉皇族淮南王刘安编著的《淮南子·氾论训》中也有“知法治所由生，则应时而变；不知法治之源，虽循古终乱”。但上述主张中的“法治”并非现代意义上的法治，只是与“刑”“罚”相关，注重的仅仅是法的约束和惩治作用，具有一定的片面性，而且受阶级局限性的影响，因此，“法”终究是君王统治和约束臣民的工具。

在西方社会，法治理论最早可追溯到现实主义的鼻祖亚里士多德(公元前 384—公元前 322 年)。他曾明确提出“法治应当优于一人之治”，主张从现实的国家出发，防止国家堕落，促进国家发展。基于对人性和理性的怀疑态度，亚里士多德主张法治，并指出法律的来源也不应是人的理性或者学者的思考，而是来自历史和传统中为人们所遵循和认知的东西，也就是历史的理性。亚里士多德提出的法治包括两点：一是有优良的法律，二是优良之法得到民众普遍遵守。这个思想得到了后来者的继承和发扬，并构成了当代法治思想的核心与精髓。

(二) 法治的含义

法治是人类政治文明的重要成果，是现代社会的一个基本框架。什么是法治?“天赋人权”的提出者英国思想家约翰·洛克(1632－1704 年)说：“个人可以做任何事情，除非法律禁止；政府不能做任何事情，除非法律许可。”法治，是给公民以最充分的自由，是给政府以尽可能小的权力。法治社会的真谛在于：公民的权利必须保护，政府的权力必须限制，与此背离的就不是法治社会。

法治是与人治根本相对立的，是不同的治国理念。从字面理解，法治就是法的统治，是依据法律治理。看似简单的一句话，却包含着两个层面的含义：

首先，从形式意义上讲，法治是一种治国的方略和社会调控方式，强调以法治国、法律至上的方式、制度及运行机制；其次，从实质意义来看，法治是一种法律价值、法律精神，一种社会理想，强调“法律至上”“制约权力”“保障权利”等价值、原则和精神。只有形式意义的法治与实质意义的法治统一，才能体现真正的法治，二者缺一不可。

(三) 人治与德治

人类自打聚集在一起生产、生活开始，就面临着治理的选择，从最初的原始部落到奴隶社会国家的形成，再到封建社会国家的发展，直至现代国家的诞生，无论哪个阶级占据统治地位，都是在一个个选择的过程中不断发展前行，从而实现对国家的治理。可以说，从奴隶社会开始直至人类文明高度发达的今天，统治者或者统治阶级都在思考着一个相同的问题——如何治理国家。

纵观历史，对于社会和国家的治理方式，无外乎人治与法治两大基本模式。从人治到法治是人类文明和社会进步的表现，虽说采取何种方式治理国家一直困扰和伴随着人类的发展，但同时也体现着人类社会的不断进步，代表着人类的成熟。

1. 人治——柏拉图的“理想国”

人治之于社会治理，应当始于原始部落时期。虽然原始部落并非现代意义上的国家，也不具备国家的基本要素，但从某种意义上讲，部落首领对于整个部落乃至部落联盟的治理或者管理方式，其实质已经是人治的方式，或者可以称其为具有了人治的雏形，只不过这种管理是基于部落成员对于其个人的崇拜为前提的。

随着社会的发展，以及人类对于自身、社会和世界的认知越来越广泛、深入和多样，国家治理也逐渐被一部分思想家或者社会学家提升到了研究、分析、总结和升华的进程当中，出现了不同的学说、观点，提出了各自思想中理想的管理模式。由于历史的局限性，他们的主张或者学说都被烙上了深深的阶级印记，成为统治者和统治阶级管理民众的工具。

西方社会普遍认为，人治作为一种政治主张是由古希腊思想家柏拉图(公元前 427—公元前 347 年)提出的。柏拉图是西方客观唯心主义的创始人，其哲学体系博大精深，在教育学方面有着很多独到的、至今仍被广泛采纳的观点。之所以将柏拉图作为人治主张的提出者，是缘于他的著作《理想国》。在这部著作中，柏拉图描绘了一个理想的乌托邦。他认为，国家应当由哲学家来统治，公民由卫国者、士兵和普通人民三个阶级组成。其中，卫国者(统治者)是少部分管理国家的精英，可以被继承，其任务就是监督法典的制定和执行。他甚至提出，政府可以在为了公众利益时撒谎。在今天看来，柏拉图描绘的理想国实质上是一个可怕的极权主义国家。

虽然提出了管理国家的方式，但柏拉图本人并没有试图实现理想国中的国家机器。在《理想国》之后，柏拉图还先后完成了《政治家篇》和《法律篇》两部涉及内容与国家管理有关的著作，其主旨则有了明显的变化。在《政治家篇》中，他首次明确论述了法律的作用，并以法律作为划分政体的标准。但是他仍然认为，真正的政治家(哲学王)无须用法律统治，法律虽然在理论上是荒谬的，但在现实中还是有一定的作用。在《法律篇》中，柏拉图进一步发挥了关于法律作用的思想。从理想出发，他推崇哲学王的统治，指出“没有任何法律或条例比知识更有威力”；从现实出发，他又同时强调，人类必须有法律并且遵守法律，否则他们的生活将如同最野蛮的兽类。在这一思想指导下，《法律篇》改变了《理想国》中统治者实行公产、公妻、公餐、公育制的思想，恢复私有财产和家庭的论述，并提出把后天财产的多寡作为公民等级划分的依据。

2. 德治——儒家的“贤人政治”

以孔子为代表的儒家思想中有很多关于治国理政的主张，其中对中国影响最大的便是依靠道德高尚的圣贤通过道德感化来治理国家。儒家主张为政在人，虽然认为法固然不可缺少，但执政者的作用则是关键，因为“其身正，不令则行，其身不正，虽令不从”。同时，儒家学说强调圣贤君主应当以身作则、施德行仁，并任用得力官吏推行礼治，从而达到“文武之治，布衣方策”的境界。如果君王圣贤，则“其人存，则其政举”，否则，“其人亡，则其政息”。

儒家学说的这种靠圣贤以道德感化教育人，从而达到天下“大一统”的思想，亦被称为“礼治”或“德治”，因为在儒家学者看来，无论人性善恶，都能够用道德进行感化或改造，使人心良善，知道耻辱而无奸邪之心。无论是礼治，还是德治，其实质还是人治，只不过德治更强调教化的程序。从儒家学说描绘的“天下大同”的美好愿景来看，德治是人治的理想状态，这一理想状态能够实现所依赖的根本还是需要“贤人”，需要勤奋、敬业和具有高尚的人格魅力的治理者。

第二节　法治与法制

一、法治与法制的区别

“法治”和“法制”是我们经常在生活中听到和看到的两个词语，很多时候不仅会将两者混为一谈，而且无法正确区分两者的关系。事实上，法治与法制是两个完全不同的概念，两者既有联系又有区别。

法治，如前所述，是指以民主为前提和基础，以严格依法办事为核心，以制约权力为关键的社会管理机制、社会活动方式和社会秩序状态。实际上法治包含了许多层面的含义，强调以法治国、法律至上，法律具有最高的地位。法治还是指一种法律价值、法律精神，一种社会理想，指通过这种治国的方式、原则和制度的实现而形成的一种社会状态。总的来说，法治包括实质意义上的法治和形式意义上的法治，强调两者的统一。形式意义上的法治强调“依法治国”“依法办事”的治国方式、制度及其运行机制。实质意义上的法治强调“法律至上”“法律主治”“制约权力”“保障权利”的价值、原则和精神。

法制有广义和狭义之分。广义的法制泛指法律制度，一般指掌握政权的社会集团按照自己的意志，通过国家政权建立起来的法律和制度。狭义的法制则是指一切社会关系的参加者严格地、平等地执行和遵守法律，依法办事的原则和制度，还包括法律实施和法律监督等一系列活动和过程。法制是法律和制度的总称，是统治阶级以法律化、制度化的方式管理国家事务，并且严格依法办事的原则，也是统治阶级按照自己的意志通过国家权力建立的用以维护本阶级专政的法律和制度。任何国家都有法，但并非有法制。法制在不同国家的内容和形式不同。在君主制国家，君主之言即为法；在资本主义国家，虽然排除了奴隶制、封建制国家法制的专制性质，但资产阶级受阶级本性的局限，当有的法律规定不符合本阶级的利益时就会被破坏。只有彻底消灭剥削制度，实现人民民主的社会主义国家，才能真正实现社会主义法制。

法治与法制的最大区别在于，法治包含了价值内涵，强调了人民主权，而法制概念则不包含价值；法制只强调形式意义方面的内容，而法治既强调形式意义的内容，又强调实质意义的内容。具体来说，两者的区别有以下几点：

(1) 法制属于制度的范畴，是一种实际存在的东西；而法治是相对于“人治”而言的，是一种治理原则和方法，是对法制的完善和改造。

(2) 法制的产生和发展与所有国家直接相联系，在任何国家都存在法制；而法治的产生和发展不与所有国家直接相联系，只在民主制国家才存在法治。

(3) 法制的基本要求是各项工作都法律化、制度化，并做到有法可依、有法必依、执法必严、违法必究；而法治的基本要求是严格依法办事，法律在各种社会调整措施中具有至上性、权威性和强制性，不是当权者的任性。

(4) 实行法制的主要标志，是一个国家从立法、执法、司法、守法到法律监督等方面，都有比较完备的法律和制度；而实行法治的主要标志，是一个国家的任何机关、团体和个人，包括国家最高领导人在内，都严格遵守法律和依法办事。

二、法治与法制的联系

法治与法制的联系在于：法制是法治的基础和前提条件，要实行法治，必须具有完备的法制；法治是法制的立足点和归宿，法制的发展前途必然是最终实现法治。总的来说，两者都强调了静态的法律制度，以及将这种静态的法律制度运用到社会生活当中的过程。

两者最大的不同表现在于：

(1) 法制的概念不包含价值，法治包含价值内涵，强调人民主权。

(2) 法制只是强调形式意义方面的内容，而法治既强调形式意义的内容，又强调实质意义的内容。

(3) 法制更偏重于法律的形式化方面，强调“以法治国”的制度、程序及其运行机制本身，它所关注的焦点是法律的有效性和社会秩序的稳定。这也正是法治的第一方面(形式意义的法治)所要求达到的目标。由此可见，法制是法治的前提条件和基础。没有法制，也就谈不上法治。但仅仅强调法律的形式化方面，还不能揭示法治(尤其是实质意义的法治)的深层次内涵。

第三节　依法治国与依法治教

奉法者强则国强，奉法者弱则国弱。随着社会的发展进步，我国公民越来越信奉法律、崇尚法治。因为越来越多的人已经意识到，在中国这样一个 14 亿人口的大国，要实现政治清明、社会公平、民心稳定、长治久安，最根本的还是要靠法治。只有法治建设持续深入地推进，其成效才会成倍放大。

一、中国的法治建设进程

(一) 新中国成立前的法治建设

我国的土壤里也有过法治的种子。早在数千年前的春秋战国时期，我们就有过“奉法者强则国强”(《韩非子·有度》)的法治宣言，也有过“王子犯法与庶民同罪”(《史记·商君列传》)的法治原则，但同时也有“刑不上大夫”(《礼记·曲礼》)的法治缺憾。1840年开始的鸦片战争，使得中国遭受了一系列屈辱，促使当时的士大夫阶层开始反思，我们的国家发生了什么问题，为什么由盛转衰。后来，许多人发现是制度出问题了，几千年的中国传统社会治理结构已经落后于时代发展的要求。当时的清政府迫于内外压力，推行了立宪运动，进行了名义上的立宪改革；但其实质只是为了维护自己的统治，从而最终导致了封建帝制的垮台。

1911年，以孙中山为首的民族资产阶级发动辛亥革命，摧毁了两千多年的君主专制制度，在中国建立起效仿西方的“分权”体制，并且颁布了一系列法律法规，试图建立起较为理想的法治框架和运行体系。但是，由于现实社会条件的限制和统治者对《中华民国临时约法》的蔑视，最终并未取得根本性的革命胜利，法治的环境并未真正建立。直到新中国成立后，这一进程才取得了显著的成效。

(二) 新中国成立初期的法治建设

1949年，中华人民共和国成立。随后，在除旧布新的洪流中旧中国的一套制度被彻底否定，旧的司法体系被彻底打倒。为了维护新中国成立初期的社会秩序，先后制定了一些与人民群众生活密切相关和维护政权迫切需要的法律、法规和条例，保障了人民民主政权的稳定。

1954年，第一届全国人民代表大会通过了首部《中华人民共和国宪法》，这是我国第一部社会主义类型的宪法，标志着我们从此走上了探索和实践法治的道路。

(三) 党的十一届三中全会以来的法治建设

1978年，在中国共产党十一届三中全会上，党中央提出了“发展社会主义民主，健全社会主义法制”的目标，并提出“有法可依，有法必依，执法必严，违法必究”的社会主义法治建设基本方针，极大地推进了我国法治建设的进程和步伐。随后，我国制定和颁布了一系列法律，推行了一系列制度创新，并取得了显著成就。

1997年，“党的十五大”明确提出依法治国，将“依法治国”确立为治国基本方略，同时将“建设社会主义法治国家”确定为社会主义现代化的重要目标，并提出了建设中国特色社会主义法律体系的重大任务。1999年，九届全国人大二次会议对宪法进行了修订，将“中华人民共和国实行依法治国，建设社会主义法治国家”载入宪法，使中国的法治建设揭开了新篇章。这一时期的法治建设取得了长足进展。

2012年，党的十八大报告明确“全面推进依法治国”的方略，指出：“法治是治国理政的基本方式。要推进科学立法、严格执法、公正司法、全民守法，坚持法律面前人人平等，保证有法必依、执法必严、违法必究。”会议通过了《中共中央关于全面深化改革若干重大问题的决定》，对加强社会主义民主政治制度建设和推进法治中国建设提出明确要求。党的十八大报告吹响了在新的历史起点上全面推进依法治国的进军号，对加快建设社会主义法治国家具有重要指导意义。党的十八大以来，全面依法治国实现了历史性突破，法治已经成为治理体系的关键一环，各领域各环节的改革进程都在法治轨道上有序推进。

2014年10月，中国共产党十八届四中全会首次专题讨论依法治国的问题，通过了《中共中央关于全面推进依法治国若干重大问题的决定》，提出了推进依法治国的路线图，标志着依法治国进入更深的层次，预示着法治建设将要走向一个新的高度，法治的实践将达到一个新境界。

法者，治之端也。在党的十九大报告中“坚持全面依法治国”已经被纳入新时代坚持和发展中国特色社会主义的基本方略。加强党对全面依法治国的领导，更加充分地体现了新时代党对推进社会主义法治进程的信心与决心。全面依法治国，加强了党的核心领导地位。在党的十九大报告中提出了“必须把党的领导贯彻落实到依法治国全过程和各方面。”在党中央作出成立全面依法治国领导小组的决定下，将会不断完善党内法规体系和纪律性，不断加强和改善党的领导，不断提高党的领导能力和水平，从而提高党的凝聚力和战斗力，为强化党的核心领导地位夯实基础，为党领导全局、协调各地铺平道路。全面依法治国，保障了决胜全面建成小康社会的战略目标。

2019 年，党的十九届四中全会通过了《中共中央关于坚持和完善中国特色社会主义制度、推进国家治理体系和治理能力现代化若干重大问题的决定》，明确指出“建设中国特色社会主义法治国家是坚持和发展中国特色社会主义的内在要求”。这是深刻总结我国社会主义法治建设成功经验和深刻教训做出的重大选择，是坚持和发展中国特色社会主义的重大任务，是着眼于实现中华民族伟大复兴中国梦、实现党和国家长治久安的战略谋划。

回顾过往，党的十八大以来，法治已成为我国建设社会主义和谐社会的重要保障，也是推进社会有序发展的重要基石。随着一系列法律法规的立改废释及司法体制改革，我国法治已经逐渐迈向新的台阶，也标志着我国法治进程正处于一个新的起点，而全面依法治国必然将会带动我国在法治建设新起点上创造新的辉煌。

(四) 法治建设的里程碑

2020 年 5 月 28 日，《中华人民共和国民法典》(以下简称民法典)诞生。民法典在中国特色社会主义法律体系中具有重要地位，是一部固根本、稳预期、利长远的基础性法律。法律，国之重器；法典，则是重中之重。编纂一部真正属于中国人民的民法典，是新中国几代人的夙愿。民法成典，从我国法治进程角度来说，具有里程碑式的意义。

(1) 民法典彰显了时代精神。

进入 21 世纪后，世界发生了深刻的变化。随着经济发展和国民财富的积累，随着互联网、大数据、人工智能等新科技的出现，人民对民主、法治、公平、正义、安全、环境等方面的要求日益增长，也希望对自身权利的保护更加充分、更加有效。人民美好生活的需要集中表现为并且最终归结为权利需求和权利确认。民法典延续了民法通则、民法总则保护民事权利的精神，专门一章集中列举民事权利。这是我国民事立法的一大特点，再次表明民法作为权利宣言的存在。在我国全面依法治国、建设社会主义法治国家的时代背景下，应运而生的中国民法典，与具有代表性的各国民法典相比，具有其典型的时代特征和中国元素。无论是在编纂方式、立法理念、立法目的、体例结构还是在具体制度上，都具有诸多创新性的元素。

(2) 民法典彰显了民族精神。

民法的终极价值是对人的关怀，民法典充分体现了以人民为中心，以保护民事权利为出发点，对个体权利的尊重，对个体尊严的维护，对个体发展的保护。民法典立足中国传统和实际来进行民事生活领域的规则构建，具有中国特色，关注中国问题，反映人民意愿，是中华民族精神的最新立法表达。例如，高度重视社会主义核心价值观的融会贯通，如第八条守法与公序良俗原则、第八十六条营利法人的社会责任、第一百八十四条紧急救助的责任豁免、第一百八十五条英雄烈士人格利益的保护。此外，强调诚信原则、自愿原则，树立优良家风等规定，映照出中华民族的精神内涵和价值追求。民法典对人的关注是终其一生的，其以体系性方式确立了公民的人身权、财产权、人格权等各项权利的规范基础，明确了解决民事纠纷的基本规则，将民事权利法定化、具体化，从根本上解决各种民事法之间的矛盾。它既是社会生活的百科全书，又是保护人民民事权利的宝典，蕴涵着本民族鲜明的精神特质。

(3) 民法典彰显了科学和民主立法精神。

2014 年 10 月，党的十八届四中全会《中共中央关于全面推进依法治国若干重大问题的决定》提出编纂民法典的任务。在民法典编纂过程中，广大专家学者、人民群众广泛参与、建言献策。参与面之广，举办的各类座谈会、研讨会、论坛之多，收到的修改建议内容之丰富，为我国立法史上所罕见。在审议过程中，立法机关通过召开不同形式的座谈会、论证会，在互联网上公开征询意见等多种方式，多次听取收集方方面面的意见和建议，反复斟酌和修改草案，充分反映广大人民群众的要求，呈现出立法的民主性，努力使民法典成为中国智慧的集中体现。同时，法典还通过“提取公因式”的方式，最大程度提升了立法的体系性与科学性。编纂工作注重规则的逻辑性、体系性和法律本身的规律，既协调好总则与分则的关系，又协调好民法典与其他法律的关系，从而形成逻辑缜密的有机整体。尊重立法的历史延续性，以民法通则和现行民事单行法为基础，设计民法典草案的结构和具体法律制度。既立足本国国情，又吸收世界各国民法典编纂的成功经验，同时将社会主义核心价值观融入其中。

(4) 民法典彰显了良法善治的法治精神。

国家治理现代化需要良法善治，能否落实良法善治是衡量国家治理现代化是否实现的重要指标。民法典被称为“社会生活的百科全书”，是市场经济的基本法、人民生活的基本行为准则，是民事司法的基本依据，因此被视为法治现代化的重要标志，是国家治理现代化的重要保障。通观我国民法典的整体内容及架构，较为完整地引领了良法善治的治理逻辑及精神实质。其中既有理念层面的规定，也有具体制度方面的更新和完善。例如，民法典第九条规定，民事主体从事民事活动，应当有利于节约资源、保护生态环境。民法典是我国社会主义法治建设的一座里程碑，这部具有中国特色、中国风格、中国气派的民法典，必将为法治文明进步贡献自有的法治成果。

回顾我国的法治历程，在一代代人的努力下，尤其是党的十一届三中全会以来，依法治国进程不断推进，不断根据我国发展的实际需要和面临的新形势，及时调整方向、制定策略、修正偏差。从 1997 年党的十五大把“依法治国”写进党章，到 1999 年宪法修订案明确“中华人民共和国实行依法治国，建设社会主义法治国家”，从 2012 年党的十八大明确“全面推进依法治国”方略，到中国共产党十八届四中全会通过《关于全面推进依法治国若干重大问题的决定》，再到党的十九大报告中强调：“全面依法治国是中国特色社会主义的本质要求和重要保障”，从党的十九届四中全会指出“建设中国特色社会主义法治国家是坚持和发展中国特色社会主义的内在要求”，到党的十九届五中全会提出“协调推进全面建设社会主义现代化国家、全面深化改革、全面依法治国、全面从严治党的战略布局”，充分表明了只有全面依法治国，建设中国特色社会主义法治体系，才能建设科学立法、严格执法、公正司法、全民守法的社会主义法治国家，以良法促进发展，保障善治。

二、全面依法治国的内涵

全面依法治国是中国特色社会主义的本质要求和重要保障，是实现国家治理体系和治理能力现代化的必然要求，事关我们党执政兴国，事关人民幸福安康，事关党和国家长治久安。党的十八大以来，全面依法治国被纳入“四个全面”的战略布局，一系列开创性的新理念、新思想、新战略的提出，为社会主义法治建设迈进新时代、开启新征程、谱写新篇章提供了强大思想武器和科学行动指南。

具体而言，依法治国就是广大人民群众在党的领导下，依照宪法和法律规定，通过各种途径和形式管理国家事务，管理经济文化事业，管理社会事务，保证国家各项工作都依法进行，逐步实现社会主义民主的制度化、法律化，使这种制度和法律不因个人意志而改变。正确理解依法治国的内涵，是实施全面依法治国的重要任务，主要包含以下两方面的内容：

(1) 依法治国的主体是广大人民群众。

我国宪法明确规定，国家一切权力属于人民。社会主义制度下的依法治国，本质特征是把广大人民的意志上升为国家意志，形成法律，用以治理国家，使社会主义民主制度化、法律化，切实保障人民群众当家作主的权利，由广大人民依法管理国家事务和社会事务。因此，依法治国的主体必须也只能是广大人民群众，国家行政管理机关和司法机关及其公务人员只是在人民授权范围内行使某些行政管理权或司法权，任何机构和个人绝不能未经人民授权或者超越人民授权，成为站在人民之上的治理国家的主体。

(2) 依法治国重在以法治权。

我国颁布实施的法律大多是通过行政活动来体现和实施的。所以，依法治国不仅要求全体公民自觉守法，依法维护国家利益和自身利益，更重要的是要依法规范国家机关和公务员的公务行为，使他们在行使人民赋予的权力时都必须受到法律的约束和监督，做到依法行政和公正司法。这是依法治国十分重要的任务。

三、依法治教

（一）依法治教的含义

依法治教是指全部教育活动都应当符合教育法律的有关规定，所有教育法律关系主体在从事各类教育活动时，都应当遵守教育法律的规定和精神。简单讲，依法治教就是运用法律来规范教育管理，协调教育关系，指导教育活动，解决教育纠纷，保护学校和师生的合法权益，促进教育事业的健康快速发展。

依法治教是依法治国在教育领域的具体体现，因此，对其正确的理解，应当包括以下几方面：

(1) 依法治教是运用法律手段管理教育事业，既包括国家和国家机关对教育事务的管理，也包括学校的内部管理。

(2) 学校应当符合国家教育发展规划，国家及国家机关对教育事务的管理应充分考虑国家利益和社会公共利益，不得以赢利为目的。

(3) 要在社会主义民主的基础上，通过法律的调整，使教育工作逐步向规范化、制度化和科学化的方向发展。

(二) 依法治教的内容

既然是依照法律手段规范管理教育活动，那么依法治教就应当包含教育活动整个过程的每一个环节，主要包括教育立法、教育普法、教育执法、教育司法、教育守法、教育法律监督、教育法律救济等方面的内容，这里仅对几个重点环节作简要说明。

(1) 教育立法。教育立法即教育法律法规的制定，是指一定的国家机关根据我国宪法和有关法律的规定，依照法定职权制定(包含修改和废止)在相应范围内适用的教育规范性文件的活动。教育立法是依法治教的根本和基础，是所有依法治教活动开展的保证。

(2) 教育执法。制定法律是为了实施，因此教育执法是教育法实施的关键所在。教育行政执法的形式主要有教育行政措施、教育行政处罚、教育行政强制执行等。国家有关机关应当按照法定的职权和程序适用教育法律规范，做到依法行政。

(3) 教育司法。国家机关依照法定权限和程序，运用法律处理教育违法案件和裁决教育纠纷的专门活动，就是教育司法，既包括国家司法机关处理涉及教育事项的专门活动，还包括国家行政机关依法做出裁决的活动。教育司法在我国还处于边探索、边实践的起步阶段，很多地方有待进一步加强。

(4) 教育守法。教育守法即教育法的遵守，一切国家机关及其公职人员、社会团体、企事业组织和全体公民应自觉按照教育法律规范行为，正确行使自己的权利，严格履行自己的法定义务。促进教育守法建设的一个重要手段就是教育普法。从 1986 年起，我国开始有计划地按照每 5 年一个阶段在全民中开展法制宣传教育工作，极大地增强了公民的法律意识，同时也提高了教育管理人员和教育工作者的法律素质，有力地保证了教育法律法规的贯彻实施。

(5) 教育法律监督。为了保证教育法律的有效实施，在加强立法、执法的同时，还必须进行有效的教育法律监督。我国目前教育法律监督的方式主要有权力机关监督、行政机关监督、司法机关监督、政党监督、社会组织监督、社会舆论监督、人民群众监督等。

(6) 教育法律救济。对于教育法律关系主体的合法权益受到侵犯并致损害的，我国教育法律制度设定了包括教育申诉制、教育行政复议、教育行政诉讼、教育民事诉讼、教育刑事诉讼、教育行政赔偿等多种方式的教育法律救济途径，受损者可依法通过上述途径使得自己的合法权益获得恢复和补救，保护受损者的合法权益。

依法治教虽然包含了诸多环节，每一个环节都紧密相关、丝丝相扣，缺少任何一个环节或步骤，都不完整。而在诸多环节中，依法行政和依法治校则是依法治教的重要环节和核心体现。

(三) 改革开放以来的教育法治建设

改革开放以来，党和国家一贯重视教育法治建设，先后从多个层面、多个角度对推进我国教育法制建设作出指示，促进教育立法、深入推进依法行政，使得我国依法治教工作取得长足进展。

早在 1982 年的改革开放之初，中共中央、国务院就在《关于普及小学教育若干问题的决定》中提出“要搞好教育立法”。1985 年中共中央在《关于教育体制改革的决定》中针对教育体制改革的新情况，重申“在简政放权的同时，必须加强教育立法工作”。

20 世纪 90 年代，随着改革的深入，对于依法治教工作也给予了更多的重视。1993 年，中共中央、国务院颁布了《中国教育改革和发展纲要》，系统提出教育法制建设的目标和任务，明确要求“加快教育法制建设，逐步走上依法治教的轨道。”1999 年颁布的《中共中央国务院关于深化教育改革全面推进素质教育的决定》进一步强调指出：“全面推进素质教育，根本上要靠法治、靠制度保障。”并对完善教育立法、各级政府及各部门依法行政、加大教育执法力度、深入开展普法宣传和加强教育法制工作机构建设等问题，提出了更加明确、具体的要求。

进入 21 世纪，随着“依法治国”“建设社会主义法治国家”被写入党章和宪法，教育领域的法治进程也进入一个崭新的时代。2003 年 7 月 17 日，教育部发布《关于加强依法治校工作的若干意见》，提出了一系列符合法治精神的要求和意见，促进依法治教向深入迈进。比如，学校要根据法律和国家的有关规定，建立健全学校教育教学制度，对违反法律、法规规定的学校管理制度和规定要及时修改或者废止；完善学校保护机制，依法保护学生权益；建立校内学生申诉制度，保障学生申诉的法定权利等。2010 年颁布实施的《国家中长期教育改革和发展规划纲要(2010—2020 年)》，从教育改革和发展全局的高度，对推进依法治教、依法治校、建设现代学校制度做出了全面部署。2013 年 1 月 16 日教育部又发布《全面推进依法治校实施纲要》，对师生在参与学校管理、行使监督权力、实现自我发展等方面的权益给予制度保障，强调并积极落实教师、学生的主体地位。《全面推进依法治校实施纲要》共分 9 个方面，全面涵盖了各级各类学校推进依法治校的目标要求和主要任务，对学校按照法治精神与原则，转变管理理念和手段、方式提出了系统要求。2020 年教育部在《关于进一步加强高等学校法治工作的意见》中提出“深化对高等学校法治工作重要性的认识、明确党政主要负责人推进法治工作第一责任人的职责、构建系统完备的学校规章制度体系、完善学校法人治理结构、健全师生权益保护救济机制、开展以宪法教育为核心的法治教育、加强法治工作机构和队伍建设、建立评价监督机制和工作报告制度、营造高等学校法治工作良好的外部环境”等 9 个方面的要求，进一步明确了学校依法治教、依法治校、依法办学的方向和重点内容。

在建设中国特色社会主义理论和民主法治建设理论的指引下，依法治教的另一个显著成效是教育立法成果显著。全国人大及其常委会先后制定颁布了学位条例、义务教育法、教师法、教育法、职业教育法、高等教育法等教育专门法律。其中，1986 年六届全国人大四次会议审议通过的《中华人民共和国教育法》，标志着我国教育工作进入全面依法治教的新阶段。教育法对落实教育优先发展的战略地位，促进教育的改革与发展，建立具有中国特色的社会主义现代化教育制度，维护教育关系主体的合法权益，加速教育法制建设，提供了根本的法律保障，因而也成为我国教育工作的根本大法，依法治教的根本大法。此外，国务院以及教育部、各地区都依据国家法律规定，制定颁布了一大批教育行政法规、部门规章和地方性教育法规，初步形成了有中国特色的社会主义教育法律法规体系，使教育的重大问题和教育工作的重要方面都有了法律的依据和保障。

为了推动教育法的实施，结合全民普法，教育部门及其他有关部门、各级各类学校广泛开展了教育法的普及工作。广大教育工作者、大中小学生的法律意识与法治观念明显提高。教育法律知识在全社会逐步普及，为教育的改革和发展营造了良好环境。教育行政执法工作开始起步，并朝着规范化方向发展。教育法律的实施与监督工作，日益受到各级人大、各级政府及政府各部门的重视。

通过一系列教育法律法规的出台，以及教育普法、执法、监督等实施活动，我国教育事业已初步走上法治的轨道，对教育在社会主义现代化建设全局中的地位、教育发展的宏观环境、教育体系和管理、运行机制等，都产生了重大的影响。

(四) 依法治教法源构成

正如依法治国是一个需要长期努力才能实现的目标一样，依法治教作为依法治国在教育领域的具体表现，同样也必须经历一个长期的过程。同时，这个过程也是不断调整、不断修正、循序渐进的过程。

既然依法治教是一个长期过程，就需要对其实施状况进行及时掌控，从而达到最终实现依法治教的目的。那么如何了解这一过程是否符合法治的精神和要求呢？换言之，以什么样的标准或什么样的条件判定依法治教是否已经全面实现呢？这就是依法治教的评判体系问题。

根据“动态与静态相结合、实然与应然相结合”的基本原则，同时借鉴国外依法治教的经验，我们认为，在我国全面实现依法治教应当具备、或者达到以下条件和目标：

(1) 完备的教育法体系。

教育立法是依法治教的基础。只有健全、完备的教育法体系，才能为依法治教工作提供全面的法律依据，也才能使依法治教有法可依，有章可循。

(2) 严格依法行政，教育执法制度健全、严格、公正。

“徒法不足以自行”。依法行政是依法治教的重要组成部分，是对教育行政部门及其他有关部门提出的基本要求。要做到依法行政、严格执法，必须具备以下条件：

① 实现教育行政机关职能转变。教育管理工作由主要依靠行政手段转变为主要依靠法律手段，并综合运用多种手段，同时善于运用法律引导和保障教育的改革和发展。

② 教育行政机关法制工作机构健全。该机构应当牵头组织办理重大和涉及综合性的行政执法案件，审核业务职能机构作出的行政处罚决定，承担对本部门提出的行政复议、行政赔偿请求的受案和处理工作。

③ 教育法律关系主体职责明确。各有关部门及其工作人员必须依据现行的法律、法规，依法履责，依权限履责，依程序履责，确保教育经费投入及其他物质保障条件，保护学校正常的教学秩序，调解和处理各类教育纠纷，积极维护学校、教师、学生等教育法律关系主体的合法权益。

④ 高效的教育执法队伍。法律能否得到全面贯彻执行，与执法者的业务、道德素质及工作作风、能力等直接相关，是依法治教的关键。因此，必须通过建立完善行政执法人员法制培训、业务考核和上岗持证等制度，建设一支法律素养较高、精通业务、执法严格、廉洁高效的教育执法队伍。

⑤ 严格完善的教育行政执法程序和监督机制。要有完备、规范的行政行为实体性与

程序性制度，确保行政权力制约机制与监督机制充分有效。必须依照法律要求，建立起教育行政处罚制度、行政复议制度、教育申诉制度、教育仲裁制度、教育行政诉讼制度、教育行政赔偿制度等一系列完备的教育法律制度，以及行政许可、行政裁决、行政听证、行政强制措施等一整套规范的教育行政执法程序。此外，还须建立针对行政权力的制约机制，确保教育执法活动有效实施，依法保护公民在教育领域内的合法权益。

(3) 教育司法作用发挥充分。

司法机关应当认真查处教育违法案件，运用司法手段合理、公正地解决教育纠纷，制裁违法行为，并对教育行政机关的具体行政行为予以监督，做到有法必依、执法必严、违法必究。

(4) 教育法律监督制度健全。

监督标准和程序明确，国家权力机关监督、行政监督、司法监督、社会监督等监督作用显著，同时能够保证监督工作经常化、制度化。

(5) 社会成员具有较强的教育法律意识。

教育法律意识是人们对于教育法律现象的思想、观点、知识和心理的总称，包括人们对教育法律本质及作用的理解与评价、对教育执法和司法的信任程度和守法、用法的自觉性等方面。只有具备良好的教育法律意识，才能保证社会成员客观、公正的认识和评价教育法律体系，同时增强守法、用法的自觉性。

(6) 全面实现依法治校。

依法治校是依法治教的重要组成部分和标志之一，也是依法治教在学校管理工作中的具体体现。各级各类学校及其他教育机构应依照有关的法律法规组织实施教育教学活动，实现学校管理与运行机制的制度化和规范化。

上述依法治教评判体系中，依法行政和依法治校是所有评判指标中的核心，也是依法治教能否实现的重要指标和要求。如果说立法是基础、普法是手段、司法是惩戒、救助是补偿的话，这些所有的一切都是围绕依法行政和依法治校这个中心来实现的，只有这两个指标的实现，才能保证教育领域依法治教工作目标的达成，因此，应当给予高度重视。

(五) 依法治校

如前所述，依法治校是依法治教的核心，是深化教育改革，推动教育发展的重要内容。只有抓住这一关键环节，才能使依法治教的目标得到实现。但是，我们同时应当看到，依法治校目标的实现，还是一个长期的过程，需要全社会高度关注，成为学校的自觉行为。

按照依法治国方略和依法治教的要求，全面实现依法治校，需要具备以下条件：

(1) 学校法律地位明确。

学校的法律地位，主要是指学校在法律上具有的主体资格，包括在民事法律关系中作为民事主体的法律地位，在教育行政法律关系中作为行政相对人的法律地位，以及在教育刑事法律关系中作为刑事法主体的法律地位。

仅以民事法律关系为例。首先，学校可以是法人。《中华人民共和国教育法》(以下简称教育法)第 31 条规定，“学校及其他教育机构具备法人条件的，自批准设立或者登记注册之日起取得法人资格”“学校及其他教育机构在民事活动中依法享有民事权利，承担民事责任”。具备法人条件的学校一旦依法取得法人资格，就意味着学校能够以独立的法人身份广泛地参与民事和经济活动，同时也意味着学校必须以独立法人身份依法承担一切因自己的民事行为引起的民事责任。其次，学校又是特殊法人。由于学校具有公益性特征，因而相对于一般法人而言，学校法人是一种特殊法人。虽然学校能以独立民事主体资格参加学校与社会的各类关系中，但学校不能像企业那样去赢利，不能用学校资产去进行抵押、担保等，学校的民事行为受到一定的限制。

(2) 依法行使学校权利，严格履行学校义务。

依法行使学校的权利和义务是依法治校的核心条件。作为专门的教育机构和场所，学校是教育法律关系的重要主体之一，有其特定的权利和义务。

学校要依据法律法规制定和完善学校章程，经主管教育行政部门审核后，作为学校办学活动的重要依据。要依法健全校内管理体制，国家主办的高等学校要依法实行党委领导下的校长负责制，明确学校党委、校长、校务委员会、学术委员会等各种机构的职责权限和议事规则，做到相互配合，权责统一，依法办事；中等及中等以下学校要依法健全校长负责制，完善校长决策程序，并发挥学校党组织的政治保障作用。民办学校和中外合作举办的教育机构要按照民办教育促进法和中外合作办学条例和国家有关规定规范办学行为，建立健全校董会、理事会或者其他决策机构的议事规则，规范决策程序。

权利和义务是统一的，学校及其他教育机构在享有权利的同时，也必须履行自己的义务。学校必须遵守法律、法规；认真贯彻执行国家的教育方针，执行国家教育教学标准，保证教育教学质量；完善教职工代表大会制度，切实保障教职工参与学校民主管理和民主监督的权利，保证教职工对学校重大事项决策的知情权和民主参与权。学习必须采取积极措施，维护受教育者、教师及其他职工的合法权益；通过合法、有效的途径，为受教育者及其监护人了解受教育者的学业成绩及其他有关情况提供便利。学校要从办学的公益性质出发，严格按照国家有关收费规定收取费用，并公开收费项目。学校对于权力机关、行政机关依法进行检查、监督等职务行为以及社会各界依法进行的社会监督，应积极予以配合，不得无理阻挠和拒绝。

(3) 加强法治教育，提高法律素质。

依法治校的关键在于转变观念，以良好的法律意识、法治观念指导学校管理和教育教学活动。教育行政部门和学校要坚持育人为本的思想，按照全国和教育系统普法规划的要求，以及《教育部、司法部等四部委关于加强青少年学生法制教育工作若干意见》的要求，加强对青少年学生的法制教育。学校要开展以宪法教育为核心的法治教育，把学习宣传宪法摆在普法工作的首要位置，将宪法教育寓于学生培养全过程；制定学校普法规划，推进国家普法规划和教育系统普法规划贯彻实施；发挥课堂主渠道作用，在思政课等课程中全面融入宪法精神；深入开展校园法治文化建设，探索参与式、实践式教育，加强与法律实务部门协同，提升法治教育的传播力、引导力、影响力；建立学校领导干部、全体教师学法制度，学校党委理论学习中心组每年至少要安排 1 次以法治为主题的学习活动。

推进法治高校建设，主体的法律素质与法律意识至关重要，这是法治高校实现的重要保障。若要形成校内师生员工积极投身学法、知法、守法、用法的良好氛围，则可以通过多样化的法治活动，建设以法治精神为核心的校园法治文化，培育浓郁的校园法治文化气息，最终构建管理者依法办学、教师依法执教、学生依法受教的法治化高校。

(4) 严格教师管理，维护教师权益。

教育行政部门要严格依照教师法、教师资格条例的规定认定教师资格。学校要依法聘任具有相应资格的教师；依法与教师签订聘任合同，明确双方的权利、义务与责任，尊重教师权利，落实和保障教师待遇；建立校内教师申诉渠道，依法公正、公平解决教师与学校的争议，维护教师合法权益。

教育行政部门和学校要加强对教师的思想政治教育、道德教育和法制教育，不断提高教师的道德水准和法律素质。加强教师管理，依法处理品质恶劣、严重侵犯学生合法权益的教师，坚决杜绝教师侵犯学生人身权的违法犯罪行为。对教师严重侵犯学生人身权的案件，学校必须及时移送司法机关查处，并向主管教育行政部门报告，依法追究责任人、校长和主管教育行政部门负责人的责任。而当教师的合法权益受到侵害时，要积极协助有关单位，查处违法行为的当事人，保护教师和员工的合法权益。

(5) 完善学校保护机制，依法保护学生权益。

学校在日常教育教学活动中要树立以人为本的理念，自觉尊重并维护学生的人格权和其他人身权益。教育行政部门和学校要牢固树立“安全第一”的意识，认真贯彻落实有关校园安全的法律及规定；要建立完善的安全管理制度，明确职责，加强对学校教学、生活、活动设施的安全检查，落实各项安全防范措施，积极维护校园的安全与秩序；要加强对教师、学生的安全教育，实现安全教育制度化、规范化，预防和减少学生伤害事故，保护学生、教师的人身和财产安全；建立应对各类突发事件的工作预案，增强预防和妥善处理事故的能力；健全学生安全和伤害事故的应急处理机制和报告制度，不得瞒报或者漏报。

学校要健全学籍管理制度，按照有关法律的规定，严格保护学生的受教育权，中小学一般不得开除未成年学生；对学生的处分应当做到事实清楚、证据充分、依据合法，符合规定程序；建立校内学生申诉制度，保障学生申诉的法定权利。高等学校依法对学生做出处分决定应当经过校长办公会议讨论通过，保障学生的知情权、申辩权，并报主管教育部门备案。

依法治校涉及学校工作的各个方面，是一项系统工程，是教育改革与发展的一项重要任务，需要进行长期的实践和探索。只有全社会共同努力，才能最终实现依法治校的目标，保证各级各类学校在良好的法律环境下完成和实现社会主义教育事业的各项任务，为国家和社会培育优秀的建设人才，从而推进中国特色社会主义建设事业的完成，实现中华民族复兴的伟大目标。

第四节　新时代大学生法治教育的思政意蕴

2018 年习近平总书记在全国教育大会上强调：“在党的坚强领导下，全面贯彻党的教育方针，坚持马克思主义指导地位，坚持中国特色社会主义教育发展道路，坚持社会主义办学方向，立足基本国情，遵循教育规律，坚持改革创新，以凝聚人心、完善人格、开发人力、培育人才、造福人民为工作目标，培养德智体美劳全面发展的社会主义建设者和接班人，加快推进教育现代化、建设教育强国、办好人民满意的教育”，这些重要论述在高校教育工作者和青年学子中引发热烈反响。为认真学习领会和贯彻落实习近平总书记重要讲话精神，课程思政建设广泛深入开展。这是党和国家对新时期教育的重要指示和要求，也是加强当代大学生政治理论水平和德育教育必经之路，更是加强大学生理论联系实际水平，提高自身素质的重要手段。课程思政的主要形式是将思想政治教育元素，包括思想政治教育的理论知识、价值理念以及精神追求等融入各门课程中去，潜移默化地对学生的思想意识、行为举止产生影响。课程思政在本质上还是一种教育，是为了实现立德树人。“育人”先“育德”，注重传道授业解惑、育人育才的有机统一，一直是我国教育的优良传统。思想政治教育是做人的工作，“培养什么样的人、如何培养人以及为谁培养人”是高校思想政治工作的根本问题。我们的教育要培养德智体美全面发展的社会主义建设者和接班人。因此在课堂上要坚持以德立身、以德立学、以德施教，注重加强对学生的世界观、人生观和价值观的教育，传承和创新中华优秀传统文化，积极引导当代学生树立正确的国家观、民族观、历史观、文化观，从而为社会培养更多德智体美劳全面发展的人才，为中国特色社会主义事业培养合格的建设者和可靠的接班人。法治教育的基础性工作在于学校法治教育。学校法治教育的主要目的在于使学生逐步熟悉与践行社会主义法律制度，弘扬社会主义法治精神和社会主义法治文化，成为具有政治意识、法治意识和国家意识的合格公民。从教育目标与内容来看，学校法治教育蕴含着丰富的思想政治教育价值意义。

新时代的大学生群体有新的特点，如生活经验和社会阅历还有不足，法律维权意识普遍增强，心理压力增大和心理承受能力有待提高等。当前，涉及大学生群体的安全事故并不少见，相当一部分是由于安全意识不到位导致。安全意识的养成首先在法治思维。就法治教育来说，更需要将思想政治元素寓于、融入法治教育实践活动中来，才能潜移默化养成法治思维。学校法治教育是增强学生法律素养，培育其法治观念与法治信仰的重要路径，蕴含着极其丰富的思想政治教育价值意义。高校法治教育以向学生传授法律知识为主要内容，学生通过了解国家制定的法律法规，明确何可为、何必为、何不可为以及相应的法律后果，通过对现实生活中大量法律现象的观察与思考，潜移默化中就会逐渐自觉形成规则意识、责任意识，形成对法律的尊崇心理。这些意识与心理因素对学生自身的思想观念和行为起到一定的导向和调控作用，促使学生自觉遵纪守法，自觉践行法治的各项要求。因此，从法治教育的深层次目标来看，学校法治教育彰显塑造学生法治人格，促使学生树立风险意识、规则意识、权利意识、法治观念及法治精神的价值功能。

从根本上说，引导大学生对中国特色社会主义法治道路的认同与践行，是新时代学校法治教育的旗帜和政治方向。高校法治教育彰显培育大学生政治素养的价值功能。政治素养主要是指在政治立场、政治品质和政治水平等政治素质方面的修养。通过法治教育，能促使大学生坚定正确的政治立场，树立正确的政治意识，不断提升其政治品质和政治水平。通过对中国特色社会主义法治道路的内涵、要义、价值意义等的全面理解，大学生能充分树立坚持中国共产党的领导的政治意识，认识到中国特色社会主义的本质特征是中国共产党的领导，中国特色社会主义制度的最大优势是中国共产党的领导。通过高校法治教育的不断推进，大学生能切实领悟到中国特色社会主义法治道路的优越性，不断形成对中国特色社会主义法治道路的价值认同、制度认同，成为社会主义法治的忠实崇尚者、自觉遵守者、坚定捍卫者。

社会主义法治既是社会主义核心价值观的基本要求，也是社会主义核心价值观的重要保障机制。学校法治教育应把社会主义核心价值观教育作为应有的重要目标价值取向。学校法治教育的根本任务在于使学生崇尚社会主义法治，形成自由、平等、公正的社会主义法治精神，树立正确的世界观、人生观、价值观。通过法治教育，使学生树立以规则意识、诚信意识、权利意识、民主意识等为主要内容的法治意识，不仅与民主、平等、公正、法治、诚信等价值观认同与践行直接相关，也与富强、文明、和谐、爱国、敬业、友善等价值观认同与践行具有紧密的内在联系性。因此，学校法治教育与社会主义核心价值观教育具有高度的契合性，是促进社会主义核心价值观内化于心、外化于行的重要手段与途径。学校法治教育要以社会主义核心价值观为引领、为主线，注重以法治精神和法律规范弘扬社会主义核心价值观，以良法善治传导正确的价值导向。

学校在法治教育的课程思政建设的具体方式：

(1) 在实践课程中，可以采取集体朗诵宪法普法仪式、社会案件调研、法庭旁听、组织校内模拟法庭等方式安排学生进行，那么学生通过实践对法律知识和社会有序化具有更为清晰的思考和理解，对于如何理性判断西方法治思想有了新的认识深度，对国家为什么要大力推进法治建设和社会主义法治理念有了深刻的感悟和体会。

(2) 在教学过程中需要做到“三个结合”，即把课堂教学和实际实践教学结合起来，这种教学模式可以引导大学生积极参加各种社会实践，从实践中获得知识，磨砺能力；把法制教育和心理健康教育、思想道德教育结合起来，这三者的关系是密不可分、相互联系促进的，这三者的有机结合可以大幅度地提高大学生的综合素质；把课堂教师教育和课下自我教育相结合，课堂教师教育在学生的学习中是起到引导和启发的作用，课下的自我学习才是学生消化知识的关键，二者相互结合后能更有效提高学生的法律素养。

(3) 加强理论研究阐释，不断提升回答重大理论和实践问题的能力，要加强马克思主义法学思想研究，系统梳理马克思主义经典作家和习近平总书记关于法治的基本论述和核心思想，科学阐明中国特色社会主义法治的独特创造，为全面推动依法治国，建设社会主义法治国家、法治政府、法治社会贡献更多有分量有价值的研究成果；要完善教材体系内容研究，把党的理论创新成果全面准确系统地转化为教材体系，帮助学生从整体上把握中国特色社会主义法治理论的基本内容、内在逻辑、本质内涵；要加强重点问题研究，加强对各种热点难点问题的阐释解读和解疑释惑，消除大学生思想上的模糊认识，提高他们维护宪法和法律权威的自觉性；要发挥理论联系实际的优良学风，及时把实践经验升华到理论层面，转化为理论研究成果，转换为课堂教学案例，不断增强理论说服力和课堂教学感染力。

【课后练习题】

1. 法制与法治的区别和联系是什么？
2. 大学生法治教育与课程思政建设的关系是什么？
3. 全面依法治国的基本内涵是什么？

专题二　大学生与宪法

第一节　宪法的精神内涵

一、宪法的精神内涵

宪法是什么？宪法是国家的总章程，是国家的根本法、最高法，是“法律的法律”。那么，为什么宪法是国家的根本法呢？为什么要制定一部具有根本法地位的宪法呢？

从本质上讲，宪法的根本大法地位来源于宪法所调整社会关系的根本性。宪法主要调整人民与政府(即广义上的大政府，包括立法、行政、司法机关)之间的关系，实质上是人民授予政府权力的契约。从宪法的起源可以看出，宪法取代神权、君权，出现于有了用法律制约政治权力并将政治权力置于法律之下的需要之中。宪法是人民与政府之间的一个社会契约，正是这一点决定了宪法的根本大法地位。

宪法作为根本大法，通过规定国家权力的界限和组织方式来实现对人民权利的制度化保障。正是这一点决定了宪法存在的必要。约束政府权力，保护个人权利，乃是宪法的核心问题。这两个方面犹如车之两轮，鸟之两翼，相互配合而不可偏废。这才是真正的宪法精神。

宪法作为我国的根本大法，既是宪法的法律位阶象征，也是与其他普通法律最重要的区别之一。我国宪法作为根本大法的法律特征主要体现在内容、法律效力、修改程序等方面。

(1) 在内容上，宪法规定的是国家的根本制度、根本任务、公民的基本权利和义务等国家最根本、最重要的问题。我国宪法分为序言、总纲、公民的基本权利和义务、国家机构、国旗、国歌、国徽、首都这几部分。整个宪法的规定都围绕着国家政治、经济、文化和社会生活等各个方面的主要内容及发展方向，具有全局性的统帅作用。

(2) 在法律效力上，宪法具有最高法律效力。法律效力是指一部法律的对外强制力和约束力。我国宪法是国家立法活动的基础，是其他法律的产生依据及归置准则，对其他法律都能产生强制力与约束力，在国家法律体系中具有最高位阶的法律地位和效力，解决国家生活中全局性、根本性的问题。

如果法律是衡量公民行为和政府行为正当与否的标尺，那么宪法则是衡量法律正当与否的标尺。违反法律的行为是“违法”，是无效的，应当被撤销；违反宪法的法律或行为则是“违宪”，也同样无效，应被撤销。我国宪法第五条规定：“中华人民共和国实行依法治国，建设社会主义法治国家。国家维护社会主义法制的统一和尊严。一切法律、行政法规和地方性法规都不得同宪法相抵触。一切国家机关和武装力量、各政党和各社会团体、各企业事业组织都必须遵守宪法和法律。一切违反宪法和法律的行为，必须予以追究。任何组织或者个人都不得有超越宪法和法律的特权。”本条规定明确指出了宪法在法律体系中具有最高的权威，一切法律法规的内容和精神都必须在宪法的范围内进行归置，不得超越或与宪法相抵触，否则，就会因违宪而无效。同时，在我国宪法序言中也明确指出了宪法的地位与效力："本宪法以法律的形式确认了中国各族人民奋斗的成果，规定了国家的根本制度和根本任务，是国家的根本法，具有最高的法律效力。全国各族人民、一切国家机关和武装力量、各政党和各社会团体、各企业事业组织，都必须以宪法为根本的活动准则，并且负有维护宪法尊严、保证宪法实施的职责。"

(3) 在修改程序上，由于宪法多规定原则性、政治性的根本问题，为保证权威性与稳定性，宪法的修改程序较一般法律更加严格。我国宪法第六十四条规定："宪法的修改，由全国人民代表大会常务委员会或者五分之一以上的全国人民代表大会代表提议，并由全国人民代表大会以全体代表的三分之二以上的多数通过。法律和其他议案由全国人民代表大会以全体代表的过半数通过。"

(4) 宪法是国家的根本法，也是治国安邦的总章程，在本质上同普通法律一致。但因为它是根本法，又与普通法律有所不同，具有其特殊属性。宪法规定了国家的根本制度、国家生活的基本原则，有的国家因此就把宪法称为根本法或基本法。宪法除规定社会制度和国家制度的基本原则外，还规定国家政权机关组织和确认公民基本权利和义务，宪法是一切组织和个人的根本活动准则。由于宪法所规定的是国家生活中最根本、最重要的原则和制度，宪法就成为立法机关进行日常立法活动的法律基础。因而宪法又被称为"母法""最高法"，普通法律则被称为"子法"。但是宪法也只能规定立法原则，而不能代替普通立法。

二、宪法的起源与分类

(一) 宪法的起源

"宪法"一词，来源于拉丁文 constitution，本是组织、确立的意思。古罗马帝国用它来表示帝王的"诏令"或"谕旨"，以区别于市民会议通过的法律文件。欧洲"封建"时代用它表示在日常立法中对国家制度的基本原则的确认，含有组织法的意思。英国在中世纪时期建立了代议制度(当然这种情况在中国先秦时期是没有的)，确立了国王没有得到议会(代议机关)同意就不得征税和进行其他立法的原则。后来代议制度普及于欧美各国，人们就把规定代议制度的法律称为宪法，指确认立宪政体的法律。"宪""宪令""宪法"等词在中国古代典籍中与"法"同义，日本古代"宪"也指法令、制度，都与现代"宪法"一词含义不同。19 世纪 60 年代明治维新时期，随着西方立宪政治概念的传入，日本才有相当于欧美的概念出现。1908 年中国清政府颁布以 1889 年《大日本帝国宪法》为蓝本的《钦定宪法大纲》，从此"宪法"一词在中国就成为国家根本大法的专用词。

世界上最早的宪法是英国的不成文宪法。它是 17 世纪中期资产阶级与封建贵族争夺政权过程中互相妥协的产物。通过一系列逐步限制王权和扩大资产阶级政治权力的宪法性法律，如权利法案、人身保护法、王位继承法、国会法等，这些宪法性法律同政治惯例、司法判例一起构成了英国宪法，确立了英国立宪君主制政体和议会内阁制。

美国在反对英国殖民统治的独立战争胜利后，于 1776 年由各州的代表参加的制宪会议草拟了《邦联条例》，经各州批准后于 1781 年 3 月生效，成为美国也是世界上第一部成文宪法，开创了一个成文宪法时代。1787 年 9 月通过的《美国宪法》于 1789 年 3 月 4 日生效，这部宪法确立了美利坚合众国的联邦制度和以三权分立为核心的总统制。1791 年法国制定了欧洲大陆第一部宪法，把 1789 年法国大革命中诞生的《人权与公民权宣言》作为宪法的序言，在这部宪法的基础上建立起法兰西第一共和国。

美国宪法是资本主义国家第一部成文宪法，它是以 1776 年美国独立战争胜利后通过的《独立宣言》和联邦条例为基础，于 1787 年在费城制宪会议上制定的，在资本主义国家制宪中产生了很大的影响。

(二) 宪法的分类

(1) 成文宪法与不成文宪法。这是从宪法是否具有统一的法典形式而进行的分类。对法律的这种分类早在古罗马时代就有了，成文宪法是指法典化的宪法，不成文宪法是指非法典化的、主要由单行法律和习惯构成的宪法。由于不成文宪法是“自然生长”的宪法，其中也包含成文的法律文件，所以，也有些法学家认为成文与不成文宪法的区别不科学，而把这种分类精确为“法典化宪法”和“非法典化宪法”。成文宪法以美国宪法为典型，不成文宪法以英国宪法为典型。英国宪法主要由四部分构成：各种历史文件，如大宪章、权利法案等，含有宪法内容的议会制定法，宪法性判例和宪法惯例或习惯。

(2) 刚性宪法与柔性宪法。这是从宪法的效力和修改程序的简繁而作的分类，其典型仍是美国宪法和英国宪法。凡是效力最高，且修改程序比较严格和复杂的宪法就叫作刚性宪法；凡是与普通法律效力相等，后法优于前法，且修改程序与普通法律相同的宪法就叫作柔性宪法。这是英国学者布赖斯(Jarnes Bryce)对宪法的分类，他认为英国宪法优于美国宪法，因为英宪“柔之如水”，能适应各种时代和形势的变化。但实际上这种分类的意义已经不大了，因为美国宪法因判例而变柔，英国宪法因传统的束缚而变刚。

(3) 钦定宪法、协定宪法和民定宪法。这是从制定机关的不同而作的分类。19 世纪的欧洲有许多钦定宪法的情况，如路易十八颁布的 1814 年法国宪章、1851 年的普鲁士宪法、1889 年日本明治天皇颁布的大日本帝国宪法等，它们都是秉承君主的意志制定的或由君主制定的，且都是为了维护君主专制或集权统治的。协定宪法是君主与人民(议会)妥协而产生的宪法，反映了双方的意志和利益，如 1830 年法国“七月王朝”奥尔良公爵统治时的宪章，目的是防止巴黎人民夺取政权。凡由国民的代表机关、制宪机关或者由“全民投票”表决通过的宪法称为民定宪法。民定宪法是现代世界大多数国家的宪法形式，如美国宪法、法国现行宪法等。

(4) 平时宪法和战时宪法。这是以宪法的适用时期为标准对宪法所作的一种分类。在正常时期或和平时期制定并适用的宪法是平时宪法。平时宪法与战时宪法相比较，它的特点是：规定的内容和结构都比较全面、周密；公民的自由和权利比较有法律保障；国家任务重在经济建设；国家机构的设置比较正规化；制定和修改的程序比较严格；贯彻施行稳定性比较强。世界上各国的宪法基本上都属于平时宪法。在平时宪法中，有的国家宪法特别规定不发动战争，不保持战争力量，不承认国家的交战权等有关内容。例如，1946 年法国宪法在序言中宣称法国尊重国际公法规则，不发动任何带征服性的战争，永远不使用武力侵略其他民族之自由；1946 年日本国宪法第 2 章规定放弃战争；1949 年德意志联邦共和国基本法第 2 章第 26 条规定禁止侵略战争。

(5) 社会主义宪法和资本主义宪法。宪法是阶级斗争的产物，由在阶级斗争中取得胜利、掌握国家权力的阶级所制定，用以维护和巩固本阶级的政权，是这一阶级的胜利成果。从宪法的阶级实质来看，现代宪法基本上可以分为两个类型，即资产阶级宪法和社会主义宪法。无产阶级宪法在 20 世纪出现之后，马克思主义宪法学家根据国家的类型，根据宪法的阶级本质的不同，把宪法区分为社会主义类型的宪法和资本主义类型的宪法两大类。这种分类方法揭示了宪法的本质属性，因而是科学的分类方法。

第二节　我国的国体与政体

一、我国的国体

国体即国家的性质，指各阶级在国家中的地位，概括来说，就是国家政权掌握在哪个阶级手里、哪个阶级是统治阶级、哪个阶级是被统治阶级。具体来说，它包括三个层次：第一层面是国家“属于谁”的问题；第二层面是国家“依靠谁”的问题；第三层面是国家“为了谁”的问题。

我国宪法第一条规定：“中华人民共和国是工人阶级领导的、以工农联盟为基础的人民民主专政的社会主义国家。社会主义制度是中华人民共和国的根本制度。禁止任何组织或者个人破坏社会主义制度。”

宪法第一条开宗明义确立我国的国体是工人阶级领导的、以工农联盟为基础的人民民主专政。人民民主专政反映了我国政权建设的特点，适合我国的国情。我国宪法序言记载：“一八四〇年以后，封建的中国逐渐变成半殖民地、半封建的国家。中国人民为国家独立、民族解放和民主自由进行了前仆后继的英勇奋斗。二十世纪，中国发生了翻天覆地的伟大历史变革。一九一一年孙中山先生领导的辛亥革命，废除了封建帝制，创立了中华民国。但是，中国人民反对帝国主义和封建主义的历史任务还没有完成。一九四九年，以毛泽东主席为领袖的中国共产党领导中国各族人民，在经历了长期的艰难曲折的武装斗争和其他形式的斗争以后，终于推翻了帝国主义、封建主义和官僚资本主义的统治，取得了新民主主义革命的伟大胜利，建立了中华人民共和国。从此，中国人民掌握了国家的权力，成为国家的主人。”中国的社会主义革命发生在一个半殖民地半封建的社会里，这就决定了它必然具有不同于一般无产阶级专政的特点，在完成资产阶级民主革命后，进行了社会主义革命，建立了工人阶级领导的、以工农联盟为基础的人民民主专政的社会主义国家。

工人阶级是我国的领导阶级，这是由工人阶级的阶级性质和它肩负的历史使命决定的。工人阶级是先进生产力的代表，具有远见、大公无私，具有高度的革命性、组织性和纪律性。只有工人阶级才能承担大力发展生产力，建设社会主义物质文明、政治文明和精神文明，实现共产主义的历史使命。

工农联盟是指工人阶级和农民阶级的联盟，是我国的政权基础。历史经验表明，农民阶级是工人阶级从事革命和建设最可靠的同盟军。

人民民主专政是对我国政权阶级属性的准确描述，是无产阶级专政在我国的具体表现形式。一方面，在最广大的人民内部充分实行民主，发展社会主义民主政治；另一方面，对极少数敌对势力、敌对分子实行专政，制裁犯罪活动，维护社会秩序，确保社会主义现代化建设顺利进行，二者相辅相成、不可分割。

社会主义制度是我国的根本制度。我国处于并将长期处于社会主义初级阶段，我国的社会主义制度是与初级阶段国情相适应的中国特色社会主义制度，并随着现代化建设进程的推进而不断发展完善。

二、我国的政体

政体又称政权组织形式，指国家政权的组织方式、内部构成及各部分之间的关系，是实现国家权力的一种形式。政体具体指国家权力归属地以及基于国家权力的运用需要设置的相应国家机关之间进行权力配置的一种政治制度。如果说国体是处理统治阶级与被统治阶级之间的关系，政体则是处理统治阶级内部之间的关系。二者关系可概述为：国体决定政体，政体体现并服务于国体，同时政体具有相对独立性；受其他因素的影响，国体相同，但政体不一定相同。如果没有适当的政权组织形式，就无法集中统治阶级的共同意志，确定并实施有利于统治阶级的政策，达到维护统治阶级利益、巩固统治阶级的目的。所以，任何统治阶级都十分重视政权组织的建设，以便使本阶级的统治目的通过适宜的政权组织形式得以实现。

我国宪法第二条规定："中华人民共和国的一切权力属于人民。人民行使国家权力的机关是全国人民代表大会和地方各级人民代表大会。人民依照法律规定，通过各种途径和形式，管理国家事务，管理经济和文化事业，管理社会事务。"

人民代表大会制度，是我国宪法所确立的根本政治制度，是我国的政权组织形式。这一制度是中国共产党领导全国各族人民，根据中国的实际情况，在长期的革命和建设历程中创造和发展起来的。在民主选举基础上选派代表，组成全国人民代表大会和地方各级人民代表大会作为行使国家权力的机关，其他国家机关由人民代表大会产生，并受人民代表大会的监督，其核心是国家的一切权力属于人民。实践证明，它是适合中国国情的一种政权组织形式，是马克思主义关于政治制度的学说在中国的具体应用。

国体决定政体，有什么样的国体，就有与之相适应的政权组织形式。我国的国体是工人阶级领导的、以工农联盟为基础的人民民主专政。这一国体要求国家的政权组织形式必须反映工人阶级的领导地位，反映各阶级、各阶层在国家政权体制中的力量对比，保证在最广大的人民内部充分实行民主。人民代表大会制度是由我国人民民主专政的国家性质决定的。

我国幅员辽阔，人口众多。虽然人民是国家权力集体所有者，但不可能人人都直接行使权力，而必须选举代表，即全体人民通过广泛选举产生工人、农民、知识分子等各方面的代表，组成全国人民代表大会和地方各级人民代表大会，统一行使国家权力，代表人民去行使国家权力。选出的代表对人民负责，为人民服务，受人民监督，以确保在最广大的人民内部充分实行民主。

第三节　宪法赋予大学生的权利

我国宪法赋予公民的人身、政治、经济和文化各方面的权利和自由。这是中国人民在中国共产党领导下，经过长期革命斗争和事业发展取得的胜利成果。人民民主专政的政权和社会主义制度保证中国公民享有广泛的和真实的基本权利。我国宪法第五十一条规定：

“中华人民共和国公民在行使自由和权利的时候，不得损害国家的、社会的、集体的利益和其他公民的合法的自由和权利。”这条规定是防止滥用权利的限制性规范，也是公民正确行使权利和自由的指导原则。这项原则包括下述含义：① 自由和权利是社会的，个人自由应以社会自由为前提和基础；② 自由和权利是相对的、有限制的，自由和权利都不是绝对的和无限的；③ 自由，特别是政治自由只有与法律联系在一起才能实现。权利是指在宪法和法律规定的范围内，公民可以作某种行为，以及要求其他主体(国家、组织、公民)做出某种作为或不作为的资格。国家通过法律来保障公民实现某种愿望或获得利益的可能性。我国宪法在第二章中从第三十三条到五十六条规定了我国公民的基本权利和义务。其中，与大学生息息相关的条文主要有以下几点。

1. 平等权

我国宪法第三十三条规定：“凡具有中华人民共和国国籍的人都是中华人民共和国公民。中华人民共和国公民在法律面前一律平等。国家尊重和保障人权。任何公民享有宪法和法律规定的权利，同时必须履行宪法和法律规定的义务。”平等是社会主义法律的基本属性。公民在法律面前一律平等，是公民实现其他权利的基础权利，也是参与社会生活的前提条件。这里的平等既包括平等地享有宪法和法律规定的权利，也包括平等地履行宪法和法律规定的义务。公民的义务是在宪法和法律的规定下必须履行某种作为或不作为的义务。

2. 政治上的选举权和被选举权

我国宪法第三十四条规定：“中华人民共和国年满十八周岁的公民，不分民族、种族、性别、职业、家庭出身、宗教信仰、教育程度、财产状况、居住期限，都有选举权和被选举权；但是依照法律被剥夺政治权利的人除外。”在我国，具有选举资格的公民依照法律规定，通过各种途径和形式选举产生自己的代表，组成各级权力机关，再由各级权力机关代替公民去行使权利。行使选举权和被选举权必须具备两个基本条件：一是年龄条件，年满十八岁；二是政治条件，必须是未被剥夺政治权利的人。在我国，会因犯罪等行为被判处剥夺政治权利。

3. 自由权

我国宪法第三十五条规定：“中华人民共和国公民有言论、出版、集会、结社、游行、示威的自由。”

自由权是公民的基本权益之一，依据宪法和法律的规定，我国公民可以通过语言、各种出版物、结成某种社会团体、集合在露天场所等方式表达自己的思想见解。值得注意的是，这种自由是相对的，必须在宪法和其他法律规定的范围之内，不得侵犯他人、其他组织和国家的正当权益。

我国宪法第三十六条规定：“中华人民共和国公民有宗教信仰自由。任何国家机关、社会团体和个人不得强制公民信仰宗教或者不信仰宗教，不得歧视信仰宗教的公民和不信仰宗教的公民。国家保护正常的宗教活动。任何人不得利用宗教进行破坏社会秩序、损害公民身体健康、妨碍国家教育制度的活动。宗教团体和宗教事务不受外国势力的支配。”

正常宗教活动是有组织、有秩序的活动，我国宪法对宗教信仰的保护出于每名公民的自由意愿选择，不允许传教及干预等非正常宗教活动。

我国宪法第三十七条规定：“中华人民共和国公民的人身自由不受侵犯。任何公民，非经人民检察院批准或者决定或者人民法院决定，并由公安机关执行，不受逮捕。禁止非法拘禁和以其他方法非法剥夺或者限制公民的人身自由，禁止非法搜查公民的身体。”

人身自由是公民其他权益能否得到落实的保障。我国宪法对公民人身自由的保护是严格而全面的。对公民的逮捕、搜身、限制等行为必须由特定的机关依照法律程序进行，其他组织和人员都无权对公民的人身自由进行剥夺。

4. 人格尊严权

我国宪法第三十八条规定：“中华人民共和国公民的人格尊严不受侵犯。禁止用任何方法对公民进行侮辱、诽谤和诬告陷害。”人格尊严是公民在社会生活中的重要保障。除宪法进行原则上的规制外，我国对公民人格的尊严保护同时散见于刑法与民法之中，任何侮辱、诽谤和诬告陷害的行为都是为法律所明令禁止的。一旦言论自由对他人实施了侮辱、诽谤和诬告陷害的行为，就已经超出了宪法赋予的自由权，就会受到相关法律的制裁惩罚。

5. 隐私权

我国宪法第三十九条规定：“中华人民共和国公民的住宅不受侵犯。禁止非法搜查或者非法侵入公民的住宅。”住宅是公民赖以生存的固定场所，除特定司法机关严格依据程序外，禁止任何组织和个人擅自闯入公民的住宅。

我国宪法第四十条规定：“中华人民共和国公民的通信自由和通信秘密受法律的保护。除因国家安全或者追查刑事犯罪的需要，由公安机关或者检察机关依照法律规定的程序对通信进行检查外，任何组织或者个人不得以任何理由侵犯公民的通信自由和通信秘密。”

通信自由是指通过书信、电话、电子邮件等方式，自主与他人进行交往的自由。通信秘密是指这些方式所涉及的内容，任何组织、个人都无权窃取获悉。这里的通信秘密有两种例外，即国家安全以及犯罪事实。

6. 其他权利

我国宪法第四十七条规定：“中华人民共和国公民有进行科学研究、文学艺术创作和其他文化活动的自由。国家对于从事教育、科学、技术、文学、艺术和其他文化事业的公民的有益于人民的创造性工作，给以鼓励和帮助。”

科学文化活动是经济发展的助推器，大学生应当享有广泛的科学文化活动的自由和权利。

值得注意的是，宪法规定了各种公民自由权，但这种自由是相对的，并有着严格的规范性限制。当两种自由权发生冲突时，必有一方利益受到损失甚至牺牲，以保全更高位阶的利益。只有在遵守宪法和法律的前提下，公民才能享有权利和自由的保护，不受限制的权利和自由是不存在的。我国宪法第五十一条规定：中华人民共和国公民在行使自由和权利的时候，不得损害国家的、社会的、集体的利益和其他公民的合法的自由和权利。

当公民的行为损害国家的、社会的、集体的利益以及其他公民的合法的权利和自由时，不但不受法律保护，若造成一定的危害后果，还要承担相应的法律责任。

第四节　宪法与大学生应履行的义务

1. 劳动的义务

我国宪法第四十二条规定：“中华人民共和国公民有劳动的权利和义务。国家通过各种途径，创造劳动就业条件，加强劳动保护，改善劳动条件，并在发展生产的基础上，提高劳动报酬和福利待遇。劳动是一切有劳动能力的公民的光荣职责。国有企业和城乡集体经济组织的劳动者都应当以国家主人翁的态度对待自己的劳动。国家提倡社会主义劳动竞赛，奖励劳动模范和先进工作者。国家提倡公民从事义务劳动。国家对就业前的公民进行必要的劳动就业训练。”

劳动是公民实现自身价值的重要途径，既是一项基本权利，也是对国家与社会应承担的义务。大学生在遵守劳动规章和制度的前提下，应积极行使劳动权利，履行劳动义务，为社会主义建设添砖加瓦。

2. 维护祖国统一和民族团结的义务

我国宪法第五十二条规定：“中华人民共和国公民有维护国家统一和全国各民族团结的义务。”

国家统一包括领土、政权、主权的统一。保卫祖国、抵抗侵略是中华人民共和国每一个公民的神圣职责。大学生是祖国的希望和未来，身兼保卫祖国统一重任。大学教育是一个人人生成长的重要阶段，有来自五湖四海各个民族的兄弟姐妹。各民族团结互助，是全民族共同发展和繁荣的基本条件，在大学期间尊重各民族同学的信仰，友好相处，是对每名大学生的基本要求和重要任务。

3. 遵守法律，保守秘密的义务

我国宪法第五十三条规定：“中华人民共和国公民必须遵守宪法和法律，保守国家秘密，爱护公共财产，遵守劳动纪律，遵守公共秩序，尊重社会公德。”

宪法是保持我国国家统一、民族发展和长治久安的法制基础，全国各族人民、各组织团体都必须以宪法为根本活动准则，维护宪法尊严，保证宪法的实施，这也是大学生在校期间的基本行为准则。大学生要严格保守国家秘密，防止国内外敌对分子窃取。大学生是社会主义事业的接班人，有义务珍惜和保护国家和集体的财产，在遵守公共秩序与社会公德上争当表率。

4. 维护祖国安全、荣誉和利益的义务

我国宪法第五十四条规定：“中华人民共和国公民有维护祖国的安全、荣誉和利益的义务，不得有危害祖国的安全、荣誉和利益的行为。”

祖国的安全关系到主权和领土的完整，是全体人民各项权利实现的基础，也是中华民族能否屹立在世界之林的保障。维护祖国安全，是每一名大学生义不容辞的光荣职责，任何威胁到祖国安全、荣誉和利益的行为，都会受到严厉的制裁。

第五节　国家宪法日与大学生应遵守的公德

一、国家宪法日的设立与意义

国家宪法日(National Constitution Day)是为了增强全社会的宪法意识，弘扬宪法精神，加强宪法实施，全面推进依法治国，在每年的12月4日而设立的节日。2014年11月1日，十二届全国人大常委会第十一次会议作出决定，将现行宪法通过、公布、施行日期12月4

日设立为国家宪法日。国家宪法日的历届主题如下：

(1) 2014 年：弘扬宪法精神，建设法治中国。

(2) 2015 年：弘扬宪法精神，推动创新、协调、绿色、开放、共享发展。

(3) 2016 年：大力弘扬法治精神，协调推进“四个全面”战略布局。

(4) 2017 年：学习贯彻党的十九大精神，维护宪法权威。

(5) 2018 年：尊崇宪法、学习宪法、遵守宪法、维护宪法、运用宪法。

(6) 2019 年：弘扬宪法精神，推进国家治理体系和治理能力现代化。

(7) 2020 年：深入学习宣传习近平法治思想，大力弘扬宪法精神。

首先，设立国家宪法日有助于落实依宪治国，发挥宪法作用，维护宪法权威。2012 年 12 月 4 日，习近平总书记在首都各界纪念现行宪法公布施行 30 周年大会上指出：“全面贯彻实施宪法，是建设社会主义法治国家的首要任务和基础性工作。”2014 年 9 月 5 日，习近平总书记在庆祝全国人大成立 60 周年大会上指出：“宪法是国家的根本法，坚持依法治国首先要坚持依宪治国，坚持依法执政首先要坚持依先执政。”党的十八届四中全会重申了这一点，并强调全国各族人民、一切国家机关和武装力量、各政党和各社会团体、各企事业组织，都必须以宪法为根本的活动准则，并且负有维护宪法尊严、保证宪法实施的职责。要落实这一系列精神，需要提高宪法宣传的实效性，积极探索宪法宣传的生动形式。

其次，设立国家宪法日有助于普及宪法知识，有助于公民通过各种宪法宣传活动感受宪法的价值，扩大宪法实施的群众基础。尊重宪法、实施宪法、维护宪法，实质上就是尊重民主、维护民主、实施民主。开展国家宪法日活动，能够培养广大人民群众的公民意识和国家公职人员的法治意识，有利于不断巩固执政党的执政地位，营造建设政治文明的良好氛围。

再次，设立国家宪法日有助于落实 2011 年 4 月全国人大常委会作出的《关于进一步加强法制宣传教育的决议》。该决议第一部分明确提出，要突出抓好宪法的学习宣传，深入学习宣传宪法确立的我国的国体政体、根本制度、根本任务、公民的权利和义务等主要内容和精神，进一步增强公民的宪法意识和社会主义民主法治观念，形成崇尚宪法、遵守宪法、维护宪法权威的良好氛围。设立国家宪法日不仅有利于落实《关于进一步加强法制宣传教育的决议》精神，还有利于深化法制宣传教育的内涵，发挥法制宣传在培育社会主义核心价值观方面的积极作用。

最后，设立国家宪法日也有助于在国际社会树立我国尊重宪法的良好形象，扩大我国宪法的国际影响。设立专门的宪法日或者纪念日是各国的通行做法。一些国家设有固定的宪法节，还有许多国家把自己国家通过、颁布或实施宪法的那一天确定为宪法日或宪法纪念日。

二、大学生应遵守的社会公德

社会公德是公民需要遵守的公共道德准则。与法律的强制规定相比，社会公德更多属于道德范畴，并不通过强制力来约束，更多是精神层面的自律。如果说法律用来遵守，则社会公德更多的是需要尊重。社会公德的推行主要是通过政府引导、社会呼吁、公民自觉三个方面施行的。在校大学生是受过高等教育的团体，承担着更多的社会责任，在社会主义公德的推行上更需要以身作则，率先垂范。

我国宪法第二十四条规定："国家通过普及理想教育、道德教育、文化教育、纪律和法制教育，通过在城乡不同范围的群众中制定和执行各种守则、公约，加强社会主义精神文明的建设。国家倡导社会主义核心价值观，提倡爱祖国、爱人民、爱劳动、爱科学、爱社会主义的公德，在人民中进行爱国主义、集体主义和国际主义、共产主义的教育，进行辩证唯物主义和历史唯物主义的教育，反对资本主义的、封建主义的和其他的腐朽思想。"

(1) 爱祖国，是人们对自己祖国的一种深厚感情，有国才有家，祖国繁荣富强，才能让每一个小家庭欣欣向荣。

(2) 爱人民，就是要努力为人民服务，一切从人民利益出发，一切为了人民，同一切危害人民利益的思想和行为进行坚决斗争。

(3) 爱劳动，就是要树立正确的劳动态度，诚实、积极、主动地进行劳动，积极参加公益劳动，通过劳动培养为社会服务的精神和尊重劳动人民的思想感情，理解、尊重各行各业的劳动者。

(4) 爱科学，就是要有"学科学、用科学"的强烈愿望和兴趣；努力钻研科学文化知识，老老实实，勤奋求知；努力把学到的科学知识运用于生活实践中，并不断加以创新；同一切封建迷信思想作斗争，自觉抵制各种愚昧、迷信倾向，反对伪科学。

(5) 爱社会主义，就是要认识到社会主义制度是我国的根本制度，有其无可辩驳的优越性，必须拥护中国特色社会主义的各项路线、方针、政策，积极参加社会主义现代化建设，并且同一切危害社会主义事业的行为作斗争。

爱祖国、爱人民、爱劳动、爱科学、爱社会主义作为公民道德建设的基本要求，是每个公民都应当承担的法律义务和道德责任。必须把这些基本要求与具体道德规范融为一体，贯穿公民道德建设的全过程。作为在校大学生，更需要以这些公德为行事准则，要发扬爱国主义精神，提高民族自尊心、自信心和自豪感，以热爱祖国、报效人民为最大光荣，以损害祖国利益、民族尊严为最大耻辱，提倡学习科学知识、科学思想、科学精神、科学方法，艰苦创业、勤奋工作，反对封建迷信、好逸恶劳，积极投身于中国特色社会主义伟大事业。

第六节　常见法律问题与解析

案例 1

【基本情况】

2013 年 4 月 19 日，在毕业前的考试中，大四学生张某带纸条进入考场，被监考老师发现后立即终止答题，学校随后对张某给出了开除学籍的处分决定，理由是"张同学在几年前一场考试中请他人代考，学校已经给予了留校察看处分，此次考试作弊属于再次违反了校纪校规，按照学校的违纪处分规定，可以作出开除学籍处分"。张某向学校及省教育厅申诉无果后，选择与母校对簿公堂。不过，这起官司历经一审、二审，张某皆败诉，两级法院依法作出了维持学校对张某开除学籍的处分决定。

【案例解析】

受教育权，是我国宪法赋予公民的一项基本权利，也是公民享受其他文化教育的前提和基础。我国宪法第二十三条规定："国家培养为社会主义服务的各种专业人才，扩大知识分子的队伍，创造条件，充分发挥他们在社会主义现代化建设中的作用。"受教育权是指公民享有从国家接受文化教育的机会和获得受教育的物质帮助的权利。受教育权包括两个基本要素：一是公民均有上学接受教育的权利；二是国家提供教育设施，培养教师，为公民受教育创造必要机会和物质条件。如果一个人没有受教育的机会，无法上学，他就丧失了受教育权；如果缺乏教育的物质保障或法律保障，公民的受教育权也可能落空。

作弊行为既是道德问题，也因为学校会根据相关法律做出惩罚而成为法律问题。大学生考试作弊的行为固然应该受到惩罚，但开除学籍的惩罚措施未免过于严厉，一定程度上，该措施侵犯了当事人的受教育权。开除考试作弊的学生，在当前作弊现象普遍增多的情况下，确实能起到一定的杀一儆百的效果，但这只是暂时的，待"风声"过后，一切几乎烟消云散。

防范考生作弊，首先要认识到该行为发生的根本原因——学生诚信意识和规则意识或是说法律意识的缺乏。另外，学生的侥幸心理，不明答案及作弊工具的来源，以及整所学校的考试风气等，都在一定程度上助长了考试作弊风气。因此，可以在保留学生学籍的前提下，采取相应的惩罚措施，让作弊考生承担错误的后果，又能再给他一次改过自新的机会。当出现"屡教不改"的现象时，要弄清楚这名学生的内心想法，惩罚与教育并行。另外，学校应务实学生平时的课业学习，作弊很多时候是因为平时学得不好而临时有了歪念。学校还应加强诚信教育。众所周知，社会主义市场经济下，诚信是当代大学生的另一种竞争软实力，是积极贯彻社会主义核心价值观的要求，因此应提高大学生的诚信意识。一名大学生的培养并不容易，家庭、学校、社会都为其发展付出了很多。我们不姑息错误，但我们也应保护大学生的受教育权。这体现了对宪法的尊重，对权利的保护，对人的关怀。

案例 2

【基本情况】

2008 年，广东某职业学院男生宿舍管理员协同学生工作部门工作人员在没有经过学生同意的前提下，突击检查了女生宿舍，很多女生衣衫不整，受到惊吓，管理员没收相关违禁物品。2010 年，在云南某职业学院组织的安全大检查中，学校管理人员协同老师趁着学生上课悄悄利用备用钥匙打开学生宿舍门，对学生宿舍进行了地毯式的搜查，并搜查出大量违禁物品。学生纷纷抱怨管理人员把学生宿舍翻得非常乱，且有丢掉贵重物品的现象出现。2012 年，在广西某高校例行的宿舍安全检查中，管理员未经学生同意擅自进入宿舍，没收了一批手机、吹风机、打火机等违禁品。

【案例解析】

我国宪法第三十九条规定："中华人民共和国公民的住宅不受侵犯。禁止非法搜查或者非法侵入公民的住宅。"第三十七条规定："中华人民共和国公民的人身自由不受侵犯。任何公民，非经人民检察院批准或者决定或者人民法院决定，并由公安机关执行，不受逮捕。禁止非法拘禁和以其他方法非法剥夺或者限制公民的人身自由，禁止非法搜查公民的身体。"第五十三条也规定："中华人民共和国公民必须遵守宪法和法律，保守国家秘密，爱护公共财产，遵守劳动纪律，遵守公共秩序，尊重社会公德。"

宪法是我国的根本大法，在宪法中明确规定了公民的住宅不容侵犯，学生宿舍作为学生的住宅同样适用，因此上述学校在未经学生允许的情况下进入学生宿舍进行检查是明显错误的，而没收学生的个人物品更是在一定程度上触犯了法律。不能否认，学校的初衷是好的，是为了更好地规范学生的行为，帮助学生养成良好的学习、生活习惯，但无论如何也要在法律的要求之下培养学生。因此需要不断规范学校的行为，建立一个让学生们放心的宿舍环境。

作为一名在校大学生，能真真切切感受到宿舍与学校管理之间存在的矛盾，但是当我们换位思考时就不难体会到学校在学生宿舍管理上的难题。所以作为学生不能只是一味地抱怨学校的制度不合理，还要从自身角度出发，遵守学校的相关规定，不携带规定以外的物品。只有这样，在学校与学生的共同努力下，才能真正地处理好法律、学校与学生的关系，让宪法真正地发挥它维护社会稳定和谐的作用。

案例 3

【基本情况】

2007 年暑假，湖北某大学工程系大三学生金某为减轻家庭负担前往一家家具厂打工，在修补被冰雹打破的塑料瓦时不慎从 5 米高的塑料顶棚上坠落，经抢救后被诊断为脑死亡，医药费问题很长时间无法得到有效解决。

【案例解析】

我国宪法第三十三条规定："中华人民共和国公民在法律面前一律平等。任何公民享有宪法和法律规定的权利，同时必须履行宪法和法律规定的义务。"但作为劳动者中的特殊成员，从事兼职的大学生往往无法得到与正式员工平等的权利。

我国宪法第四十二条规定："中华人民共和国公民有劳动的权利和义务。国家通过各种途径，创造劳动就业条件，加强劳动保护，改善劳动条件，并在发展生产的基础上，提高劳动报酬和福利待遇。国家对就业前的公民进行必要的劳动就业训练。"由于大部分大学生所选择的兼职工作技术含量较低，因而在上岗前往往忽视必要的劳动就业培训和安全教育，这就导致大学生在从事兼职过程中易发生安全事故。但根据劳动部于 1995 年颁布的《关于贯彻执行〈中华人民共和国劳动法〉若干问题的意见》第 12 条规定："在校生利用业余时间勤工俭学，不视为就业，未建立劳动关系，可以不签订劳动合同。"兼职大学生因缺少劳动合同保障，一旦发生事故，维权困难不言而喻，这显然不利于发挥大学生在社会主义建设中的作用，与宪法第二十三条(即国家培养为社会主义服务的各种专业人才，扩大知识分子的队伍，创造条件，充分发挥他们在社会主义现代化建设中的作用)相矛盾。目前社会上大学生从事兼职已成普遍现象，越来越多的大学生通过兼职来提高自己的社会实践能力，并赚取部分生活费以满足日常生活需要。但由以上事件不难看出，大学生从事兼职时权益受损现象较严重，而这种现象又是多种因素共同作用的结果。我国大学生做兼职不用与单位签订劳动合同，这意味着大学生权益无法得到劳动合同的保护。同时大学生维权意识与分辨能力弱，诸多不良中介机构趁机通过虚假承诺、克扣工钱、联合用人单位诈骗等形式对大学生进行欺诈压迫。面对这种情况，据相关报道，大学生一般选择自己承担损失或与中介机构私下协商解决，鲜有求助于法律者。为改变大学生在兼职时的被动处境，实践宪法精神，首先，我国应完善法律体系，对劳动法条款进行适度修正，将维护大学生打工权益纳入劳动法保障范围；

同时，考虑大学生经济能力弱等问题，在大学生打工诉讼维权方面应简化程序，争取准确、省时、高效作出判决，确保大学生依法维权的可行性；大学生本身也应提高自我保护意识与辨别能力，树立法治观念，在权益受损时积极运用法律武器；校方应加强对学生的教育引导，充分发挥校勤工助学有关部门的作用，为学生提供准确的兼职信息。

案例 4

【基本情况】

2012 年 6 月，曹某从北京某学院毕业，开始了就业求职的道路。她在求职网站上看到某教育机构招聘行政助理的信息，觉得自己各方面条件都很符合要求，于是向招聘邮箱投递了求职信息，但等待十几天未见面试通知。半个月后，曹某通过电话询问，得到一名工作人员的答复："这个职位只招男性，即使你各项条件都符合，也不会予以考虑。"曹某通过法律咨询意识到，用人单位因为性别原因拒录属于性别歧视，违反了就业促进法、妇女权益保障法等相关法律法规。2012 年 7 月，曹某向北京市海淀区法院递上了一纸诉状，决定通过法律途径来维护自己的合法权益。

对于自己遭遇的经历，曹某在庭审陈述中表示，该公司发布岗位信息"仅限男性"的行为侵犯了自己的平等就业权，不仅让作为应届毕业生的原告失去借以谋生的工作机会，还严重打击了原告就业和生活的信心，遭此挫折以来一直情绪沮丧。为此，曹某在起诉状中提出三项诉讼请求：第一，要求该公司赔礼道歉；第二，支付赔偿精神损害抚慰金 50 000 元；第三，承担诉讼费用。

【案例解析】

这家公司的做法违反了宪法的公平原则，同时侵犯了国家对妇女权利的保护。我国宪法第三十三条规定："凡具有中华人民共和国国籍的人都是中华人民共和国公民。中华人民共和国公民在法律面前一律平等。国家尊重和保障人权。任何公民享有宪法和法律规定的权利，同时必须履行宪法和法律规定的义务。"

在我国，男性公民与女性公民是平等的。曹某作为中华人民共和国的公民，不应在就业时因性别受到歧视。除非一些特种行业，例如公安、司法、军队等需要在一线艰苦地区的工作外，任何单位都不得以任何理由歧视女性求职者。本案例中，该企业在招聘时并未涉及特种行业，也未在招聘告示中提前限制说明。曹某通过层层选拔考试，符合录用条件，单位拒绝录取是不合法的。

此外，我国宪法第四十八条规定："中华人民共和国妇女在政治的、经济的、文化的、社会的和家庭的生活等各方面享有同男子平等的权利。国家保护妇女的权利和利益，实行男女同工同酬，培养和选拔妇女干部。"

本条以条文的形式直接确立了妇女在我国政治、经济、文化、社会等方面拥有与男性同等的权利。国家对妇女权益的保护方针有三个方面：① 国家保护妇女的权利和利益，即妇女依法享有各项权利和利益，都受到宪法和法律保护，任何个人和组织都不得侵犯；② 国家实行男女同工同酬，即妇女与男子从事同一种工作，技术水平、熟练程度与男子相同，就应该获得与男子相同的报酬；③ 国家培养和选拔妇女干部，即国家在挑选干部人选时要注意妇女干部的配备，大胆使用和提拔经过实践证明有能力的、群众信得过的、德才兼备的妇女干部，提高妇女在国家和社会生活中的地位。

案例 5

【基本情况】

身高不足 1.5 米、22 岁的某大学历史系应届毕业生郭某报名参加省公务员考试，没想到却被人事部门的一纸规定拦在考场外。她在报考时，由于所学专业对口、学习成绩优秀并发表过专业论文，用人单位对她各方面的情况表示满意，她顺利拿到了该单位的准考证。可是时隔不到 1 小时，她突然接到用人单位的电话，通知她立即退回准考证。郭某随即找用人单位了解情况，该单位的工作人员解释说，省人事部门对报名参加公务员考试的人员身高有文件规定，身材过矮的人员不允许报考，而郭某身高差了两厘米，按规定不能接受其报名。用人单位工作人员还带她到省人事部门进行政策咨询，得到的答案是省 26 号令规定身高不够不能参加公务员考试。

【案例解析】

本案例中，郭某的就业平等权受到了侵害。我国宪法第三十三条规定了公民的就业平等权："凡具有中华人民共和国国籍的人都是中华人民共和国公民。中华人民共和国公民在法律面前一律平等。国家尊重和保障人权。任何公民享有宪法和法律规定的权利，同时必须履行宪法和法律规定的义务。"

在就业招聘中，参与竞争的主体应当是平等的，大学毕业生因身高条件被拒之门外，用人单位应说明身高与工作的关系，不是特定行业不能对身高进行限制，限制身高的做法是以身高歧视的方式侵害了大学毕业生的平等就业权。

招聘单位不公示其限制理由直接剥夺符合法律规定的、具有劳动就业能力的应聘者平等、公平就业竞争的机会是违反宪法规定的。大学毕业生若因身高条件被拒之门外，用人单位应事先说明身高与工作的关系，或在招录公告中载明这一限制性条件。如果没有事先载明或是涉及特殊岗位领域，在考试及招录中对身高进行限制，就是剥夺了符合法律规定的具有劳动就业能力的应聘者进行平等、公平就业竞争的机会。

就业中出现的身高歧视现象，说明了用人单位对人才以及宪法没有真正重视。近年来，人才市场上发布的各种招聘信息对年龄、身高等方面时见约束，但目前我国没有专门制定和颁布有关禁止歧视的法律法规。在一些特殊行业存在对身高的要求，比如警卫、空姐等职业，法律给予了用人单位部分自主权。但是任何自由都不可能绝对，如果特殊行业有特殊需要，对应聘者的身高确实有要求，也应当履行公示的原则，把限制内容的合理性和必要性予以充分说明并且需提前告知说明，否则就会因违反宪法的基本原则而宣告无效。

案例 6

【基本情况】

近年来，"钓鱼岛游行""抵制日货""抵制家乐福"等游行活动的发生，是我国国民公民权觉醒的标志，但也带来了相关问题。例如，在游行中不理智行为带来了侵犯他人权益甚至犯罪的行为。

【案例解析】

我国宪法第三十五条规定："中华人民共和国公民有言论、出版、集会、结社、游行、示威的自由。"行使这一权利是大学生群体公民意识的重要体现。然而，游行示威需要在宪法的规定下依照程序进行，否则，正当的游行示威活动就可能被不法分子利用，借机对国家、集体、个人的财产进行破坏，成为引发其他矛盾、破坏社会秩序稳定的诱因。

集会、游行、示威是一项不可剥夺的宪法权利，行使这项权利需要遵循相关的程序与规则，不得损害国家的、社会的、集体的利益和其他公民的合法的自由和权利。由宪法衍生出的《中华人民共和国集会游行示威法》就对相关程序有着明确的规定。例如，其中第四条规定："公民在行使集会、游行、示威的权利的时候，必须遵守宪法和法律，不得反对宪法所确定的基本原则，不得损害国家的、社会的、集体的利益和其他公民的合法的自由和权利。"第五条规定："集会、游行、示威应当和平地进行，不得携带武器、管制刀具和爆炸物，不得使用暴力或者煽动使用暴力。"

法律条文的规定对公民正当的游行、示威权利都是予以充分保障的。值得大学生注意的是，在表达自己的想法与意见时要注意采取适当的方式方法。一旦爱国失去理性，就容易产生不可控制的局面，在个体层面，可能会对他人的人身财产权益产生危害；在全局层面，情绪化地排斥他国的有益经验，有可能耽误自己民族的发展进程。只有理性爱国，才能将自己的意见充分表达，避免因不理性的爱国行为给自己招惹麻烦。

案例 7

【基本情况】

处在信息大爆炸的时代，各网站的索引功能使得各类信息的获取变得空前便利，"人肉搜索"就是在这样的背景下产生的。"人肉搜索"这个名词最早受到关注是在汶川大地震中，全国人民借助网络的力量，在当时传统通信设备失灵的情况下，将失踪和幸存人口的信息公布于网络，极大地便利了各类信息的流通，为不少家庭的团聚、灾区的物资援助、受伤同胞的医疗救助和心理康复起到了十分重要的作用。此外，在丢失儿童的寻找(如"宝贝回家"网站)中，就是利用寻亲父母或儿童的记忆片段，采取人肉搜索的方式，为寻找亲人搭建了一座数据化、信息化的桥梁，不少失散多年的亲人正是依靠这一手段得以团聚。

然而，随着网络的发展，个人信息在网络上留下的痕迹越来越多，人肉搜索功能越来越强大的同时，也出现了不可控性。"人肉搜索"第一案发生在2007年的北京。某公司员工姜某(女性)自杀后，姜某的姐姐在网上发表了一篇文章，"讲述"了姜某与王某之间的故事。随后，部分网站转载这一文章并披露了王某和所谓第三者的真实姓名、工作单位、居住小区等内容，引来了全国网友的广泛关注。网友通过"人肉搜索"对当事人进行了道德上的"声讨"，虽然王某在诉讼中获得了精神抚慰金的赔偿，但此事造成了当事人巨大的精神压力，使其正常生活受到了严重干扰。

【案例解析】

我国宪法第三十三条规定："凡具有中华人民共和国国籍的人都是中华人民共和国公

民。中华人民共和国公民在法律面前一律平等。国家尊重和保障人权。任何公民享有宪法和法律规定的权利，同时必须履行宪法和法律规定的义务。”

隐私权是人权的重要组成部分，保护隐私权就是保护人权。缺乏规制的“人肉搜索”，无论是否有道德理由为其辩护，都存在着侵犯他人权利的风险。我国宪法第三十八条规定：“中华人民共和国公民的人格尊严不受侵犯。禁止用任何方法对公民进行侮辱、诽谤和诬告陷害。”

使用“人肉搜索”是表达自由权的一种形式，网友在网络上可以了解相关当事人的信息，发表对当时事件的看法，这对当事人以及社会而言都是一种外力的监督，但在这个过程中当事人的隐私无法得到有效保障，一旦网络上的信息出现不真实的缺位现象，相关网民就可能对当事人进行错误的判断，甚至进行侮辱、诽谤和诬告陷害行为，产生获取知情权与保护他人隐私权之间的尖锐矛盾。

我国宪法第五十一条规定：“中华人民共和国公民在行使自由和权利的时候，不得损害国家的、社会的、集体的利益和其他公民的合法的自由和权利。”

个人信息在网络世界中极易泄露，如何规制网络对个人信息的保护是当前隐私权保护的发展重点。大学生在行使知情权时，务必要注意相关原则，不得损害国家的、社会的、集体的利益和其他公民的合法权益。大学生在行使言论自由的同时，要自觉并有效地保障他人隐私，用好“人肉搜索”这把双刃剑，发挥其积极的社会功效。

案例 8

【基本情况】

网络主播杨某在其住宅内直播时，篡改国歌曲谱，以嬉皮笑脸的方式表现国歌内容，并将国歌作为自己所谓的网络音乐会的“开幕曲”。当地公安机关依法对杨某处以行政拘留 5 日。

【案例解析】

我国宪法规定公民有维护国家安全、荣誉和利益的义务。公民必须尊重社会公德主要是指公民必须树立祖国安全高于一切的观念，同一切损害祖国尊严、危害国家安全的行为进行斗争；保护国家的声誉和荣誉不受损害；维护国家的政治、经济、文化等文面的利益。此案中杨某随意篡改国歌，已经违反了公民的宪法义务。《中华人民共和国国歌法》第 15 条规定，在公共场合故意篡改国歌歌词、曲谱，以歪曲、贬损方式奏唱国歌，或者以其他方式侮辱国歌的，由公安机关处以警告或者十五日以下拘留；构成犯罪的，依法追究刑事责任。

【课后练习题】

1. 为什么说宪法是根本法和最高法？
2. 我国的国体和政体是什么？
3. 我国的国家宪法日是每年几月几日？
4. 宪法赋予大学生的权利主要有哪些？
5. 试举出一例与大学生相关的宪法案例，并进行分析。

专题三　大学生与国家安全法

自从有了国家，国家安全就成为民众关注的基本与首要问题。全球化背景下的国际形势复杂多变，我国仍面临多元化的安全威胁和挑战，传统安全威胁和非传统安全威胁相互交织，维护国家统一、领土主权、确保国家安全稳定的工作更加紧迫。当前，我国反恐怖斗争形势依然严峻，恐怖主义威胁将长期存在。高校人才荟萃，知识密集，信息资源丰富，涉外交往频繁，是意识形态领域中极为敏感、极为重要的地方。同样，大学生群体也是境内外敌对势力渗透、颠覆、演变的重要目标。与国际国内安全形势发展的速度相比，一些大学生的国家安全意识相对滞后，对国家安全法律法规不熟悉不了解，在遇到与国家安全相关的法律问题时概念模糊，认识片面，不知如何应对处理，甚至触犯法律，走入歧途。

为此，本专题通过对国家安全法、反恐怖主义法、反间谍法、保密法等一系列法律的解读，结合典型案例列举大学生在国家安全方面的常见问题与建议措施，提高大学生对复杂安全形势的正确认知能力，增强大学生的国家安全观念和保密意识，强化大学生的国家安全意识与守法意识，使其切实认识到树立正确的国家安全观念、维护国家安全既是自己应尽的义务和责任，同时也是在保护个人的合法权益。

第一节　涉及国家安全的法律法规

一、《中华人民共和国宪法》

我国宪法既从宏观上规定了基本的安全方针，又从微观上规定了国家机关维护国家安全的职责以及公民安全义务等较为细致的内容。宪法是国家安全法律的立法依据。1999 年 3 月 15 日宪法修正案第十七条，明确将“国家安全”写进宪法。

二、《中华人民共和国刑法》

我国刑法中的危害国家安全罪，受中国特色社会主义理念、政治形势变化等因素的影响，在刑法体系、犯罪构成上呈现出独特性。其最大的特点为，危害国家安全罪是由反革命罪发展而来的。随着社会的发展和法律价值取向的变化，刑法在法治之路上不断进步，1997 年刑法取消反革命罪，并以危害国家安全罪之名予以取代。这是改革开放的需要，是国家政治形势发展的需要，也是进一步完善我国刑事法律制度的需要。此修改不仅有利于在国际规则中维护国家安全，努力满足世界刑法的基本标准，更体现了我国注重人权保障，防止国家权力无限扩张。在刑法体系上，该类犯罪位于分则之首，显示在立法上对该类犯罪重点打击的意图，是一类特别需要讲究规格与标准的犯罪。

《中华人民共和国刑法》第二条规定："中华人民共和国刑法的任务，是用刑罚同一切犯罪行为作斗争，以保卫国家安全"。刑法分则第一章"危害国家安全罪"规定了危害国家安全罪。第五十六条规定："对于危害国家安全的犯罪分子应当附加剥夺政治权利。"第六十六条规定："危害国家安全的犯罪分子在刑罚执行完毕或者赦免以后，在任何时候再犯国家安全罪的，都以累犯论处"。在危害国家安全的12个罪名中，7个罪名规定了死刑。

三、《中华人民共和国国家安全法》

国家安全法以法律的形式确立总体国家安全观的指导地位和国家安全的领导体制，明确维护国家安全的各项任务，建立维护国家安全的各项制度，为构建国家安全体系走出一条中国特色国家安全道路奠定了坚实的法律基础。

新修改的国家安全法增加了对太空、深海和极地等新型领域的安全维护任务，增加了保护和提高粮食综合生产能力、保障粮食供给和质量安全的规定；明确提出国家在和平利用核能的同时要防止核扩散，不断增强有效应对和防范核威胁、核攻击的能力；明确要求维护网络空间主权；等等。国家安全法中首次出现了香港，规定"维护国家主权、统一和领土完整是包括港澳同胞和台湾同胞在内的全中国人民的共同义务"。

国家安全法还规定，"国家加强国家安全新闻宣传和舆论引导，通过多种形式开展国家安全宣传教育活动，将国家安全教育纳入国民教育体系和公务员教育培训体系，增强全民国家安全意识。""每年4月15日为全民国家安全教育日。"公民和组织应当履行"遵守宪法、法律法规关于国家安全的有关规定，及时报告危害国家安全活动的线索，保守所知悉的国家秘密"等维护国家安全的义务。"机关、人民团体、企业事业组织和其他社会组织应当对本单位的人员进行维护国家安全的教育，动员、组织本单位的人员防范、制止危害国家安全的行为。""公民和组织支持、协助国家安全工作的行为受法律保护。""公民和组织对国家安全工作有向国家机关提出批评建议的权利，对国家机关及其工作人员在国家安全工作中的违法失职行为有提出申诉、控告和检举的权利。""在国家安全工作中，需要采取限制公民权利和自由的特别措施时，应当依法进行，并以维护国家安全的实际需要为限度。"

四、《中华人民共和国反恐怖主义法》

《中华人民共和国反恐怖主义法》规定国家将反恐怖主义纳入国家安全战略，综合施策，标本兼治，加强反恐怖主义的能力建设，运用政治、经济、法律、文化、教育、外交、军事等手段，开展反恐怖主义工作。其中，第三章安全防范第十七条："各级人民政府和有关部门应当组织开展反恐怖主义宣传教育，提高公民的反恐怖主义意识。""教育、人力资源行政主管部门和学校、有关职业培训机构应当将恐怖活动预防、应急知识纳入教育、教学、培训的内容。"

反恐怖主义法明确国家反对一切形式的恐怖主义，依法取缔恐怖活动组织，对任何组织、策划、准备实施、实施恐怖活动，宣扬恐怖主义，煽动实施恐怖活动，组织、领导、参加恐怖活动组织，为恐怖活动提供帮助的，依法追究法律责任；规定国家不向任何恐怖活动组织和人员作出妥协，不向任何恐怖活动人员提供庇护或者给予难民地位；规定反恐怖主义工作应当依法进行，尊重和保障人权，维护公民和组织的合法权益。在反恐怖主义工作中，应当尊重公民的宗教信仰自由和民族风俗习惯，禁止任何基于地域、民族、宗教等理由的歧视性做法。

五、《中华人民共和国刑事诉讼法》

《中华人民共和国刑事诉讼法》是为了保证刑法的正确实施，惩罚犯罪，保护人民，保障国家安全和社会公共安全，维护社会主义社会秩序，根据宪法制定的。其中，第二十条规定，危害国家安全案件由中级人民法院行使第一审权；第三十七条第三款规定，辩护律师在会见在押的危害国家安全犯罪嫌疑人时应当经侦查机关批准；第六十二条第一款规定，司法机关对危害国家案件的证人，在必要时可以采取诸如不公开真实姓名与地址等法律规定的方法进行保护；第七十三条第一款规定，对危害国家安全犯罪嫌疑人不逮捕而进行监视居住时，可以在指定居所进行；第八十三条第二款规定，危害国家安全犯罪嫌疑人进行拘留后可以不通知其家属，只要通知可能有碍侦查，但在有碍侦查情形消失以后应当立即通知；第一百四十八条第一款规定，公安机关对危害国家安全犯罪案件可以经批准采用技术侦查措施。

六、《中华人民共和国反间谍法》

《中华人民共和国反间谍法》于 2014 年 11 月 1 日第十二届全国人民代表大会常务委员会第十一次会议通过了法律修订并施行。其中，第四条规定：“中华人民共和国公民有维护国家的安全、荣誉和利益的义务，不得有危害国家的安全、荣誉和利益的行为。一切国家机关和武装力量、各政党和各社会团体及各企事业组织，都有防范、制止间谍行为，维护国家安全的义务。”第二十一条规定：“公民和组织发现间谍行为，应及时向国家安全机关报告；向公安机关等其他国家机关、组织报告的，相关国家机关、组织应该立即移送国家安全机关处理。”第二十九条规定：“明知他人有间谍犯罪行为，在国家安全机关向其调查有关情况、收集相关证据时，拒绝提供的，由其所在单位或者上级主管部门予以处分，或者由国家安全机关处十五日以下行政拘留；构成犯罪的，依法追究刑事责任。”

七、《中华人民共和国保密法》

《中华人民共和国保密法》中对保密事项的相关规定条款如下：

(1) 第二十一条：国家秘密载体的制作、收发、传递、使用、复制、保存、维修和销毁，应当符合国家保密规定。绝密级国家秘密载体应当在符合国家保密标准的设施、设备中保存，并指定专人管理；未经原定密机关、单位或者其上级机关批准，不得复制和摘抄；收发、传递和外出携带，应当指定人员负责，并采取必要的安全措施。

(2) 第二十二条：属于国家秘密的设备、产品的研制、生产、运输、使用、保存、维修和销毁，应当符合国家保密规定。

(3) 第二十三条：存储、处理国家秘密的计算机信息系统(以下简称涉密信息系统)按照涉密程度实行分级保护。涉密信息系统应当按照国家保密标准配备保密设施、设备。保密设施、设备应当与涉密信息系统同步规划，同步建设，同步运行。涉密信息系统应当按照规定，经检查合格后，方可投入使用。

(4) 第二十四条：机关、单位应当加强对涉密信息系统的管理，任何组织和个人不得有下列行为：

① 将涉密计算机、涉密存储设备接入互联网及其他公共信息网络；

② 在未采取防护措施的情况下，在涉密信息系统与互联网及其他公共信息网络之间进行信息交换；

③ 使用非涉密计算机、非涉密存储设备存储、处理国家秘密信息；

④ 擅自卸载、修改涉密信息系统的安全技术程序、管理程序；

⑤ 将未经安全技术处理的退出使用的涉密计算机、涉密存储设备赠送、出售、丢弃或者改作其他用途。

(5) 第二十五条：机关、单位应当加强对国家秘密载体的管理，任何组织和个人不得有下列行为：

① 非法获取、持有国家秘密载体；

② 买卖、转送或者私自销毁国家秘密载体；

③ 通过普通邮政、快递等无保密措施的渠道传递国家秘密载体；

④ 邮寄、托运国家秘密载体出境；

⑤ 未经有关主管部门批准，携带、传递国家秘密载体出境。

(6) 第二十六条：禁止非法复制、记录、存储国家秘密。禁止在互联网及其他公共信息网络或者未采取保密措施的有线和无线通信中传递国家秘密。禁止在私人交往和通信中涉及国家秘密。

(7) 第二十七条：报刊、图书、音像制品、电子出版物的编辑、出版、印制、发行，广播节目、电视节目、电影的制作和播放，互联网、移动通信网等公共信息网络及其他传媒的信息编辑、发布，应当遵守有关保密规定。

(8) 第二十八条：互联网及其他公共信息网络运营商、服务商应当配合公安机关、国家安全机关、检察机关对泄密案件进行调查；发现利用互联网及其他公共信息网络发布的信息涉及泄露国家秘密的，应当立即停止传输，保存有关记录，向公安机关、国家安全机关或者保密行政管理部门报告；应当根据公安机关、国家安全机关或者保密行政管理部门的要求，删除涉及泄露国家秘密的信息。

(9) 第二十九条：机关、单位公开发布信息以及对涉及国家秘密的工程、货物、服务进行采购时，应当遵守保密规定。

(10) 第三十条：机关、单位对外交往与合作中需要提供国家秘密事项，或者任用、聘用的境外人员因工作需要知悉国家秘密的，应当报国务院有关主管部门或者省、自治区、直辖市人民政府有关主管部门批准，并与对方签订保密协议。

(11) 第三十一条：举办会议或者其他活动涉及国家秘密的，主办单位应当采取保密措施，并对参加人员进行保密教育，提出具体保密要求。

(12) 第三十二条：机关、单位应当将涉及绝密级或者较多机密级、秘密级国家秘密的机构确定为保密要害部门，将集中制作、存放、保管国家秘密载体的专门场所确定为保密要害部位，按照国家保密规定和标准配备、使用必要的技术防护设施、设备。

(13) 第三十三条：军事禁区和属于国家秘密不对外开放的其他场所、部位，应当采取保密措施，未经有关部门批准，不得擅自决定对外开放或者扩大开放范围。

(14) 第三十四条：从事国家秘密载体制作、复制、维修、销毁，涉密信息系统集成，或者武器装备科研生产等涉及国家秘密业务的企业事业单位，应当经过保密审查，具体办法由国务院规定。机关、单位委托企业事业单位从事前款规定的业务，应当与其签订保密协议，提出保密要求，采取保密措施。

(15) 第三十五条：在涉密岗位工作的人员(以下简称涉密人员)，按照涉密程度分为核心涉密人员、重要涉密人员和一般涉密人员，实行分类管理。任用、聘用涉密人员应当按照有关规定进行审查。涉密人员应当具有良好的政治素质和品行，具有胜任涉密岗位所要求的工作能力。涉密人员的合法权益受法律保护。

(16) 第三十六条：涉密人员上岗应当经过保密教育培训，掌握保密知识技能，签订保密承诺书，严格遵守保密规章制度，不得以任何方式泄露国家秘密。

(17) 第三十七条：涉密人员出境应当经有关部门批准，有关机关认为涉密人员出境将对国家安全造成危害或者对国家利益造成重大损失的，不得批准出境。

(18) 第三十八条：涉密人员离岗离职实行脱密期管理。涉密人员在脱密期内，应当按照规定履行保密义务，不得违反规定就业，不得以任何方式泄露国家秘密。

(19) 第三十九条：机关、单位应当建立健全涉密人员管理制度，明确涉密人员的权利、岗位责任和要求，对涉密人员履行职责情况开展经常性的监督检查。

(20) 第四十条：国家工作人员或者其他公民发现国家秘密已经泄露或者可能泄露时，应当立即采取补救措施并及时报告有关机关、单位。机关、单位接到报告后，应当立即作出处理，并及时向保密行政管理部门报告。

除《中华人民共和国保密法》之外，其他法律法规也有部分内容涉及国家安全，如：《中华人民共和国公民出入境管理法》《中华人民共和国外国人入境管理法》《中华人民共和国保密法》《中华人民共和国邮政法》《中华人民共和国档案法》《外国商会管理暂行规定》《外国记者和外国常驻新闻机构管理条例》《中华人民共和国军事设施保护法》《中华人民共和国外资企业法实施细则》《中国公民往来台湾地区管理办法》《中华人民共和国领海及毗连区法》《中华人民共和国国家安全法》《中华人民共和国无线电管理条例》《中华人民共和国对外贸易法》《中华人民共和国国家安全实施细则》《中华人民共和国人民警察法》《中华人民共和国出境入境边防检查条例》《商用密码管理条例》《中华人民共和国电线条例》《互联网信息服务管理办法》《中华人民共和国行政许可法》等。①

---

① 《中华人民共和国公民出入境管理法》第八条："国务院有关主管机关认为出境后将对国家安全造成危害或者对国家利益造成重大损失的，不批准出境。"《中华人民共和国外国人入境管理法》第十二条："被认为入境后可能危害中国的国家安全、社会秩序的外国人，不准入境。"《中华人民共和国宪法》第四十条："中华人民共和国公民的通信自由和通信秘密受法律的保护，除因国家安全或者追查刑事犯罪的需要……"。《中华人民共和国档案法》第三十二条："非国有企业社会服务机构等单位和个人形成的档案，档案所有者有权公布。公布档案应当遵守国家有关法律、行政法规的规定，不得损害国

第二节 国家安全概念的提出与国家安全观的演进

提起国家安全，同学们头脑里浮现的第一个念头，或者第一幅画面是什么？答案是反间防谍、保守国家秘密还是反恐防暴？实际上，这些都是国家安全的重要内容。提起国家安全，我们首先来说文解字一番。先来看“国家”二字，国家是由领土、人民(民族，居民)、政府三个要素组成的，是指拥有共同的语言、文化、种族、血统、领土、政府或者历史的社会群体。那么安全呢？在古代汉语中，并没有“安全”一词，但“安”却在许多场合下表达着现代汉语中“安全”的意义，表达了人们通常理解的“安全”这一概念。如“君子安而不忘危，存而不忘亡，治而不忘乱，是以身安而国家可保也”。《易经·系辞传》中国古语中曾这样解释安全，“无危则安，无损则全”，即安全意味着没有危险且尽善尽美。这是与人们的传统的安全观念相吻合的。在中国，危害国家安全罪的存在可以追溯到夏朝，在唐朝的《唐律疏议》中，记载了专门规定危害国家安全罪的“十恶”：谋反、谋大逆、谋叛、恶逆、不道、大不敬、不孝、不睦、不义、内乱。其中，前三种一直是中国古代历朝历代规定危害国家安全的蓝本。

家安全和利益，不得侵犯他人的合法权益”。《外国商会管理暂行规定》第三条：“外国商会必须遵守中华人民共和国法律、法规的规定，不得损害中国的国家安全和社会公共利益。”《外国记者和外国常驻新闻机构管理条例》第十四条：“外国记者和外国常驻机构不得进行与其身份和性质不符或者危害中国国家安全、统一、社会公共利益的活动。”《中华人民共和国军事设施保护法》第三条：“各级人民政府和军事机关应当共同保护军事设施，维护国防利益。”《中华人民共和国外资企业法实施细则》第六条：“申请设立外资企业，‘危及中国国家安全的’，不予批准。”《中国公民往来台湾地区管理办法》第五条：“中国公民往来台湾与大陆之间，不得有危害国家安全、荣誉和利益的行为。”《中华人民共和国领海及毗连区法》第一条：“为行使中华人民共和国对外领海的主权和对毗连区的管制权，维护国家安全和海洋权益，制定本法。”《中华人民共和国无线电管理条例》第七条：“根据维护国家安全、保障国家重大任务、处置重大突发事件等需要，国家可以实施无线电管制。”《中华人民共和国对外贸易法》第十六条：“为维护国家安全、社会公共利益或者公共道德，需要限制或者禁止进口或者出口的”，国家可以限制或者禁止有关货物、技术的进口或者出口”。《中华人民共和国国家安全实施细则》第十三条：“国家安全机关对查验中发现不符合维护国家安全要求的……设备、设施，可以进行必要的处理货依照有关的法律、行政法规的规定处理”。《中华人民共和国人民警察法》第一条：“为了维护国家安全和社会治安秩序……根据宪法，制定本法”；第二条：“人民警察的任务是维护国家安全……”。《中华人民共和国出境入境边防检查条例》规定：“出境入境人员‘有危害国家安全、利益和社会秩序嫌疑的出境、入境人员，边防检查站有权限制其活动范围，进行调查或者移送有关机关处理。”《商用密码管理条例》第二十三条：泄露商用密码技术秘密、非法攻击商用密码……对有危害国家安全行为的，由国家安全机关依法处以行政拘留。”《中华人民共和国电线条例》第六条：“任何组织或者个人不得利用电信网络从事危害国家安全、社会公共利益或者他人合法权益的活动”。《互联网信息服务管理办法》第十五条：互联网信息服务提供者不得制作、复制、发布、传播含有“危害国家安全，泄露国家秘密”内容的信息。《中华人民共和国行政许可法》第十二条“直接涉及国家安全、公共安全……特定活动，需要按照法定条件予以批准的事项”可以设定行政许可。

由此可见，中国古代已经形成了以“居安思危、治国兴邦、大一统”为主要内容的国家安全观念的萌芽。1949年新中国成立后，我国的主权和领土完整受到威胁。尤其是冷战时期，由于核武器的出现，催生了冷战这种冷和平的格局。这一时期，“战争与革命、民族独立、自力更生”成为毛泽东时代中国国家安全观的主题。20世纪90年代初，两极格局瓦解，经济安全在整体国家安全战略中的地位逐渐上升。同时，中国奉行和平发展战略，已成为构建国际政治格局中的平衡力量。改革开放的总设计师邓小平同志提出了以“和平与发展、经济安全、安全合作”为主要内容的国家安全观，使我国的国家安全观有了一个概念性的转折，由毛泽东时代的“战争与革命”发展成为了“和平与发展”，进一步提高了我国在世界上的地位。

2001年时任中共中央总书记、国家主席、中央军委主席江泽民在讲话中提出：要头脑清醒，居安思危，深刻认识新形势，维护国家政治安全、经济安全、国防安全的极端重要性、紧迫性。确保信息安全、金融安全和粮食、石油等战略物资安全，树立互信互利平等和协作的新型安全观。国家安全观的内涵和外延进一步丰富了。

以胡锦涛同志为核心的党中央，根据新世纪新阶段国际国内的形势发展，沿着上述国家安全发展的思想道路，明确提出了要确保国家政治安全、经济安全、文化安全、信息安全、国防安全的要求，更加确保了我国在不受外国侵略的同时，防止内部矛盾爆发，发展经济的目标。

2014年4月15日，中共中央总书记、国家主席、中央军委主席习近平在主持召开中央国家安全委员会第一次会议时提出，坚持总体国家安全观，走出一条中国特色国家安全道路，首次提出总体国家观，并首次系统提出“11种安全”。要构建集政治安全、国土安全、军事安全、经济安全、文化安全、社会安全、科技安全、信息安全、生态安全、资源安全、核安全等于一体的国家安全体系，要准确把握国家安全形势变化新特点新趋势，坚持总体国家安全观，走出一条中国特色国家安全道路。

国家安全是国家生存发展的前提、人民幸福安康的基础、中国特色社会主义事业的重要保障。党的十八大以来，习近平总书记多次强调，当前我国国家安全内涵和外延比历史上任何时候都要丰富，时空领域比历史上任何时候都要宽广，内外因素比历史上任何时候都要复杂，必须坚持总体国家安全观……走出一条中国特色国家安全道路。党的十九大报告将“坚持总体国家安全观”作为新时代坚持和发展中国特色社会主义基本方略之一。总体国家安全观是习近平新时代中国特色社会主义思想的重要组成部分，是新时代维护国家安全、建设军事强国的强大思想武器，充分体现着中国共产党奋力开创国家安全工作新局面的伟大智慧和责任担当，对决胜全面建成小康社会、加快推进社会主义现代化、实现中华民族伟大复兴的中国梦具有重要的时代意义、理论意义、实践意义和世界意义。

2015年7月1日，全国人大常委会通过了《中华人民共和国国家安全法》，规定每年4月15日为全民国家安全教育日，并对国家安全进行了首次界定：国家安全是指国家政权、主权、统一和领土完整、人民福祉、经济社会可持续发展和国家其他重大利益相对处于没有危险和不受内外威胁的状态，以及保障持续安全状态的能力。我国目前已制定包括国家安全法、反间谍法、反恐怖主义法、保守国家秘密法、反分裂国家法、集会游行示威法、国防法、突发事件应对法、网络安全法等相关法律法规，基本形成国家安全法律体系，总体能够满足维护国家安全需要。

习近平总书记提出的总体国家安全观，主要核心内容有以下几个方面：

(1) 以人民安全为宗旨，以政治安全为根本，以经济安全为基础，以军事、文化、社会安全为保障，以促进国际安全为依托，走出一条中国特色国家安全道路。贯彻落实总体国家安全观，必须既重视外部安全，又重视内部安全，对内求发展、求变革、求稳定、建设平安中国，对外求和平、求合作、求共赢、建设和谐世界。

(2) 既重视国土安全，又重视国民安全，坚持以民为本、以人为本，坚持国家安全一切为了人民、一切依靠人民，真正夯实国家安全的群众基础；既重视传统安全，又重视非传统安全，构建集政治安全、国土安全、军事安全、经济安全、文化安全、社会安全、科技安全、信息安全、生态安全、资源安全、核安全等于一体的国家安全体系。

(3) 既重视发展问题，又重视安全问题，发展是安全的基础，安全是发展的条件，富国才能强兵，强兵才能卫国；既重视自身安全，又重视共同安全，打造命运共同体，推动各方朝着互利互惠、共同安全的目标相向而行。

处在大安全时代，我们应该了解下“总体国家安全观”的四个维度。

① 安全观念。树立总体国家安全观，兼顾传统安全与信息安全、生态安全、资源安全等非传统安全，对内求发展、求变革、求稳定、建设平安中国，对外求和平、求合作、求共赢、建设和谐世界，甚至包括人与自然、国家与国际的总体安全。

② 安全道路。中国特色的国家安全道路，不走西方安全扩张老路，不重复诸如“修昔底德陷阱”[①]之类的历史安全悲剧，在安全领域实现道路自信与可持续发展。

③ 安全体制。国家安全委员会，建立集中统一、高效权威的国家安全体制，加强对国家安全工作的领导。

④ 安全目标。安全命运共同体，摈弃一国安全建立在他国不安全基础上的安全零和思维与对立式安全理念，树立“你安全所以我才安全”的人类新安全观，确立人类共同家园、休戚与共的安全新思维。

第三节　新时代国家安全的内涵与法律解读

根据《中华人民共和国国家安全法》，国家安全是指国家政权、主权、统一和领土完整、人民福祉、经济社会可持续发展和国家其他重大利益相对处于没有危险和不受内外威胁的状态，以及保障持续安全状态的能力。

首先，国家安全包含多个方面的内容，主要有国民安全、领土安全、主权安全、政治安全、军事安全、经济安全、文化安全、科技安全、生态安全、信息安全等 11 个方面的基本内容。

其次，国家安全是国家不处于内外威胁的一种的客观状态。所谓外部的威胁与侵害，

---

① 修昔底德陷阱，是指一个新崛起的大国必然要挑战现存大国，而现存大国也必然会回应这种威胁，这样战争变得不可避免。2015 年 9 月习近平主席访美时再次提到：“世上本无‘修昔底德陷阱’，但如果一些人一再发生战略误判，就可能自己给自己挖个‘修昔底德陷阱’。

大致可分为外部自然界的威胁和侵害与外部社会的威胁和侵害两大类。但由于国家安全是一种社会现象，国家的外部威胁和侵害主要是指处于一国之外的其他社会存在对本国造成的威胁和侵害，如其他国家的威胁、非国家的其他外部社会组织和个人的威胁，如某些国际组织或地区组织对某国的威胁和侵害、国内反叛组织在国外从事的威胁和侵害本国的活动等。

最后，国家安全是国家没有内部的混乱与疾患的客观状态。危及国家生存的力量不仅来源于一个国家的外部，而且还时常来源于一个国家的内部。国内的混乱、动乱、骚乱、暴乱，以及其他各种形式的疾患，直接都会危害到国家生存，造成国家的不安全。只有在同时没有内外两方面的危害的条件下，国家才安全。因此，只有这两个方面的统一，才是国家安全的特有属性。

一、国家安全法相关内容的新解读

我国曾于 1993 年制定国家安全法，以规定国家安全机关的职权和反间谍工作为主要内容，随着国家的发展，国家安全形势发生了巨大变化，维护国家安全的任务和要求也发生了变化，该法律已难以适应全面维护各领域国家安全的需要。2014 年 11 月 1 日全国人大常委会第十一次会议审议通过了《中华人民共和国反间谍法》，相应废止了原有的国家安全法，为制定新的国家安全法创造了条件。2015 年 7 月第十二届全国人大常委会第十五次会议高票通过了国家安全法，该法将自公布之日起正式生效。

新的国家安全法共七章，对维护国家安全的任务与职责，国家安全制度，国家安全保障，公民、组织的义务和权利等方面进行了规定。对政治安全、国土安全、军事安全、文化安全、科技安全等 11 个领域的国家安全任务进行了明确。为提升全社会的国家安全意识，新国家安全法把 4 月 15 日定为全民国家安全教育日，并要求通过多种形式开展国家安全宣传教育活动。

1. 新型领域被纳入立法范围

在维护国家安全的任务方面，新法要求，国家建设网络与信息安全保障体系，提升网络与信息安全保护能力，加强网络和信息技术的创新研究和开发应用，实现网络和信息核心技术、关键基础设施和重要领域信息系统及数据的安全可控。

此外，国家坚持和平探索和利用外层空间、国际海底区域和极地，增强安全进出、科学考察、开发利用的能力，加强国际合作，维护我国在外层空间、国际海底区域和极地的活动、资产和其他利益的安全。

2. 公民有义务及时报告危害活动的线索

新的国家安全法还对公民、组织的义务和权利做了规定，包括及时报告危害国家安全活动的线索等。

3. 公民因国家安全工作所致损失可获补偿

新的国家安全法规定：公民和组织因支持、协助国家安全工作导致财产损失的，按照国家有关规定给予补偿，造成人身伤害或者死亡的，按照国家有关规定给予抚恤优待。在国家安全工作中，需要采取限制公民权利和自由的特别措施时，应当依法进行，并以维护国家安全的实际需要为限度。

4. 公民对国家安全工作作出重大贡献的可获奖励

国家对支持、协助国家安全工作的组织和个人给予保护，对维护国家安全有重大贡献的给予奖励。“重大贡献”包括以下几个方面：

(1) 为国家安全机关提供重要线索，发现、破获严重危害国家安全的犯罪案件的。

(2) 为国家安全机关提供重要情况，防范、制止严重危害国家安全的行为发生的。

(3) 密切配合国家安全机关执行国家安全工作任务，表现突出的。

(4) 为维护国家安全，与危害国家安全的罪犯进行斗争，表现突出的。

(5) 在教育、动员、组织本单位的人员防范、制止危害国家安全行为的工作中，成绩显著的。

5. 危害国家安全的五种行为

(1) 阴谋颠覆政府，分裂国家，推翻社会主义制度的行为。例如，“台独”分子一直没有放弃“两个中国”的妄想；达赖喇嘛在境外成立了流亡政府；东突厥势力也在国内大搞破坏、谋杀、爆炸等活动。

(2) 参加境外各种间谍组织，或者接受间谍组织或代理人的任务的行为。无论行为人是否接受了间谍组织的任务，是否进行了窃取、刺探、收买、非法提供情报或其他破坏活动，只要参加了间谍组织，即构成了间谍犯罪。未参加间谍组织，却接受了间谍组织或其代理人的任务，也不管其任务实现与否，不影响间谍犯罪的成立。

(3) 窃取、刺探、收买、非法提供国家秘密的行为。一般指在未参加间谍组织，也没接受其代理人任务的情况下，主动为间谍机构窃取、刺探、收买、提供情报。不管情报是否到了间谍手中，都不影响间谍犯罪的成立，就属于危害国家安全的行为。

(4) 策动、勾引、收买国家工作人员叛变或者将防地设施、武器装备交付他国或敌方的行为。

(5) 进行危害国家安全的其他破坏活动的行为，主要有以下几种行为：

① 组织、策划或者实施危害国家安全的恐怖活动的。

② 捏造、歪曲事实，发表、散布文字或者言论，或者制作、传播音像制品，危害国家安全的。

③ 利用设立社会团体或者企业、事业组织，进行危害国家安全活动的。

④ 利用宗教进行危害国家安全活动的。

⑤ 制造民族纠纷，煽动民族分裂，危害国家安全的。

⑥ 境外个人违反有关规定，不听劝阻，擅自会见境内有危害国家安全行为或者有危害国家安全行为重大嫌疑的人员的。

二、反间谍法的具体解读

(1) 反间谍法明确了5类行为属于间谍行为。

反间谍法对间谍行为进行明确定义，这是中国首次对具体间谍行为进行了法律认定。

① 间谍组织及其代理人实施或者指使、资助他人实施，或者境内外机构、组织、个人与其相勾结实施的危害中华人民共和国国家安全的活动。

② 参加间谍组织或者接受间谍组织及其代理人的任务的。

③ 间谍组织及其代理人以外的其他境外机构、组织、个人实施或者指使、资助他人实施，或者境内机构、组织、个人与其相勾结实施的窃取、刺探、收买或者非法提供国家秘密或者情报，或者策动、引诱、收买国家工作人员叛变的活动。

④ 为敌人指示攻击目标的。

⑤ 进行其他间谍活动的。

(2) 反间谍法明确了违反该法的法律责任。

反间谍法规定："境外机构、组织、个人实施或者指使、资助他人实施，或者境内机构、组织、个人与境外机构、组织、个人相勾结实施间谍行为，视不同情节给予不同处罚。实施间谍行为，有自首或者立功表现的，可以从轻、减轻或者免除处罚；有重大立功表现的，给予奖励。明知他人有间谍犯罪行为，在国家安全机关向其调查有关情况、收集有关证据时，拒绝提供的，由其所在单位或者上级主管部门予以处分，或者由国家安全机关处十五日以下行政拘留；构成犯罪的，依法追究刑事责任。"

(3) 反间谍法明确了国家安全机关反间谍工作的特殊权限。

反间谍法赋予了国家安全机关开展工作所必需的特殊权力，如验证、调查权，进入有关场所和查档权，优先通行权，优先使用交通、通信工具和场地、建筑物权，查验电子通信设备权及提请免检权等。这些规定，将党中央和国务院赋予国家安全机关的工作权力法律化，为国家安全工作提供了基本法律依据和保障。

(4) 反间谍法明确了社会各界维护国家安全的义务。

维护国家安全，特别是开展反间谍工作，不能仅靠国家安全机关，还必须充分动员全社会的力量，得到全社会的大力支持和配合。

三、反恐怖主义法中煽动分裂国家罪的解读

由最高法、最高检、公安部联合出台的《关于办理暴力恐怖和宗教极端刑事案件适用法律若干问题的意见》(简称《意见》)，规定 7 种情形可认定为组织、领导、参加恐怖组织罪，6 种情形可认定为煽动分裂国家罪。扬言炸航班等行为，也被《意见》列为暴力恐怖案件处理。

(1) 准备作案工具也可定罪。

认定案件性质是《意见》的重点。《意见》规定有 7 种行为定性为"组织、领导、参加恐怖组织罪"，比如"参与制订行动计划、准备作案工具等活动的"。如果在这些行为中同时实施杀人、放火、爆炸、非法制造爆炸物、绑架、抢劫等，以组织、领导、参加恐怖组织罪和故意杀人罪、放火罪、爆炸罪、非法制造爆炸物罪、绑架罪、抢劫罪等数罪并罚。

《意见》同时规定，组织、纠集他人，宣扬、散布、传播宗教极端、暴力恐怖思想等 6 种情形，煽动分裂国家、破坏国家统一的，将以煽动分裂国家罪定罪处罚。

对于此前曾多次发生的扬言炸航班情况，《意见》再次进行了明确，并列为暴力恐怖案件处理。编造以发生爆炸威胁、生化威胁、放射威胁、劫持航空器威胁、重大灾情、重大疫情等严重威胁公共安全的事件为内容的虚假恐怖信息，或者明知是虚假恐怖信息而故

意传播、散布，严重扰乱社会秩序的，将以编造、故意传播虚假恐怖信息罪定罪处罚。

(2) 网站可作为分裂罪共犯。

《意见》还对一些共同犯罪的情形进行了明确。其中，网站、网页、论坛、博客、微博、即时通信工具、聊天室、手机应用软件及其他网络应用服务的建立、开办、经营、管理者，如果明知他人散布、宣扬利用宗教极端、暴力恐怖思想煽动分裂国家、破坏国家统一或者煽动民族仇恨、民族歧视的内容，允许或者放任他人发布，也将以煽动分裂国家罪或者煽动民族仇恨、民族歧视罪的共同犯罪定罪处罚。

曾因实施暴力恐怖、宗教极端违法犯罪行为受到行政、刑事处罚、免予刑事处罚，或者被责令改正后又实施的，应当认定为明知。其他共同犯罪嫌疑人、被告人或者其他知情人供认、指证，行为人不承认其主观上“明知”，但又不能作出合理解释的，依据其行为本身和认知程度，足以认定其确实“明知”或者应当“明知”的，应当认定为明知。

(3) 扬言炸航班将按暴恐案处理。

① 为组织、领导、参加恐怖组织罪发起、建立恐怖活动组织或者以从事恐怖活动为目的的训练营地，进行恐怖活动体能、技能训练的。

② 为组建恐怖活动组织、发展组织成员或者组织、策划、实施恐怖活动，宣扬、散布、传播宗教极端、暴力恐怖思想的。

③ 在恐怖活动组织成立以后，利用宗教极端、暴力恐怖思想控制组织成员，指挥组织成员进行恐怖活动的。

④ 对特定或者不特定的目标进行爆炸、放火、杀人、伤害、绑架、劫持、恐吓、投放危险物质及其他暴力活动的。

⑤ 制造、买卖、运输、储存枪支、弹药、爆炸物的。

⑥ 设计、制造、散发、邮寄、销售、展示含有暴力恐怖思想内容的标识、标志物、旗帜、徽章、服饰、器物、纪念品的。

⑦ 参与制订行动计划、准备作案工具等活动的。

(4) 6 种行为认定为煽动分裂国家罪。

① 组织、纠集他人，宣扬、散布、传播宗教极端、暴力恐怖思想的。

② 出版、印刷、复制、发行载有宣扬宗教极端、暴力恐怖思想内容的图书、期刊、音像制品、电子出版物或者制作、印刷、复制载有宣扬宗教极端、暴力恐怖思想内容的传单、图片、标语、报纸的。

③ 通过建立、开办、经营、管理网站、网页、论坛、电子邮件、博客、微博、即时通信工具、群组、聊天室、网络硬盘、网络电话、手机应用软件及其他网络应用服务，或者利用手机、移动存储介质、电子阅读器等登载、张贴、复制、发送、播放、演示载有宗教极端、暴力恐怖思想内容的图书、文稿、图片、音频、视频、音像制品及相关网址，宣扬、散布、传播宗教极端、暴力恐怖思想的。

④ 制作、编译、编撰、编辑、汇编或者从境外组织、机构、个人、网站直接获取载有宣扬宗教极端、暴力恐怖思想内容的图书、文稿、图片、音像制品等，供他人阅读、观看、收听、出版、印刷、复制、发行、传播的。

⑤ 设计、制造、散发、邮寄、销售、展示含有宗教极端、暴力恐怖思想内容的标识、

标志物、旗帜、徽章、服饰、器物、纪念品的。

⑥ 以其他方式宣扬宗教极端、暴力恐怖思想的。

四、保密法相关内容的解读

1. 保密知识教育的必要性

国家秘密是关系到国家安全和利益，依照法定程序确定在一定时间内，只限一定范围人员知悉的事项。国家秘密按其秘密程度划分为“绝密”“机密”“秘密”三级。按其工作对象分为：科学技术保密、经济保密、涉外保密、宣传报道保密、公文保密、会议保密、政法保密、军事军工保密、通信保密、电子计算机保密等。

有国家就有秘密，就需要保密工作。保密工作是国家一项十分重要的工作，上至国家机关，下至单位个人都有不可推卸的责任。随着改革发展的深入，国内与国外组织、外籍人士的交流与合作更加广泛，这同时也意味着增加了更多的失密、泄密的机会。因此，保密工作就显得更加重要。国外一些谍报组织和人员经常利用参观、旅游、讲学、合作研究等各种借口在国内游荡，伺机对一些科研技术，科学成果进行窃密、收买。一些意志薄弱人员，禁不住金钱和物质的诱惑，帮助谍报组织进行窃密活动，造成重大科研、科技泄密，给国家带来巨大损失。

2. 造成失密、泄密的因素

(1) 新闻出版工作失误造成泄密。国内新闻泄密案件曾经占整个新闻出版泄密案的一半以上，特别是在科技、经济方面，给国家造成了巨大的损失，同时也在政治上产生严重影响。境外的一些中国问题专家在谈到搜集中国情报的方法时，认为主要手段就是分析研究中国的报刊和出版物。境外谍报组织广泛收集我国公开发行的报纸、杂志、刊物、官方报告、人名通讯录、企业电话号码簿以及车船、飞机时刻表等，经过选择让专家分析研究。美国中央情报局把凡是能弄到手的每一份共产党国家的出版物都买下来，每月约有 20 多万份，他们认为，所需要情报的 80%可以从这些公开的材料中得到满足，称之为“白色”情报。

(2) 违反保密制度，在不合适的场所随意公开内部秘密。这主要表现在接待外来人员的参观、访问、贸易洽谈之时，违反保密制度，轻易地将宝贵的内部秘密泄露出去。

(3) 不正确使用手机、电话、传真或互联网技术造成泄密。一些谍报组织借助科学技术成果，利用先进的间谍工具进行窃听、窃照、截取电子信号、破获电子信件等获取机密。

(4) 保密观念不强，随身携带秘密载体造成泄密。有些保密观念不强的人，随意将一些秘密资料、文件、记录本、样品等携带出门，遇上丢失、被盗、被抢、被骗，很快就会造成泄密事件。

(5) 保密意识淡薄，或无保密意识，有意无意把秘密泄露出去。有些保密意识淡薄，缺乏保密常识的人，不分场合，随意在言谈中或通信中涉及国家秘密或秘密事项，或炫耀自己的见识广博，不料“道者无意，听者有心”，不经意造成泄密。

3. 《中华人民共和国保守国家秘密法实施条例》解读

《中华人民共和国保守国家秘密法实施条例》(以下简称《实施条例》)第五条规定：

机关、单位不得将依法应当公开的事项确定为国家秘密，不得将涉及国家秘密的信息公开。

本条是贯彻落实保密法第四条规定的“既确保国家秘密安全，又便利信息资源合理利用”保密工作方针，对保密与信息公开关系作出了进一步明确。

实施条例第五条所指的“依法应当公开”，与保密法第四条第二款所指的“依法公开”含义是一致的，一是指法律法规要求公开的必须公开，不得将其确定为“国家秘密”不予公开或者拒绝公开；二是指公开前必须依法进行保密审查，公开事项不得涉及国家秘密；三是指公开的程序和方式必须符合法律规定。我国法律对依法应当公开的事项有明确规定。依法应当公开的事项主要包括：涉及公民、法人或者其他组织切身利益的事项；需要社会公众广泛知晓或者参与的事项；反映本行政机关机构设置、职能、办事程序等情况的事项；其他依照法律、法规和国家有关规定应当主动公开的事项。目前，我国涉及信息公开的法律多达七十余件，如监督法、公务员法、行政许可法、行政复议法、治安管理处罚法、政府采购法、招标投标法等。对这些法律规定应当公开的事项，都应严格依照法律规定予以公开。

我国法律对国家秘密的确定也有明确规定。保密法对国家秘密事项范围作出了 7 个方面的原则规定。国家保密局会同中央有关机关制定了一系列保密事项范围。这些法律法规和规章是确定国家秘密的法律依据。

保密与信息公开是一个问题的两个方面。正确认识和把握二者辩证统一的关系，关键要做到依法保密、依法公开、保放适度。当前，一些机关、单位不能正确处理信息公开与保密的关系，既有定密随意、定密过多过滥的问题，也有不严格落实定密和信息公开保密审查规定，擅自将不应公开的国家秘密公开，造成泄密的问题。实施条例对信息公开与保密的关系作出进一步明确规定：“机关、单位不得将依法应当公开的事项确定为国家秘密，不得将涉及国家秘密的信息公开”。机关、单位对法律规定应当公开的事项，要严格按照法律规定公开；对依法应当严格保密的事项，要准确规范定密；对根据形势变化或工作需要应当解密或公开的事项，要严格履行解密程序和信息公开保密审查程序。对应当定密的事项不定密，或者对不应当定密的事项定密，造成严重后果的，都应依法追究法律责任。这一规定对于增强机关、单位依法保密、依法公开意识具有重要意义，既有利于确保国家秘密安全，又有利于保障公民的知情权、参与权和监督权。

4. 新保密法对严重违反保密规定的行为的惩处

过去违反保密法规定，必须造成泄密后果才给予处分或追究刑事责任。新保密法改“结果罚”为“行为罚”。该法第四十八条规定，有下列行为之一的，不论是否造成泄密后果，依法给予处分；构成犯罪的，依法追究刑事责任。

(1) 非法获取、持有国家秘密载体的。

(2) 买卖、转送或者私自销毁国家秘密载体的。

(3) 通过普通邮政、快递等无保密措施的渠道传递国家秘密载体的。

(4) 邮寄、托运国家秘密载体出境，或者未经有关主管部门批准，携带、传递国家秘密载体出境的。

(5) 非法复制、记录、存储国家秘密的。

(6) 在私人交往和通信中涉及国家秘密的。

(7) 在互联网及其他公共信息网络或者未采取保密措施的有线和无线通信中传递国家秘密的。

(8) 将涉密计算机、涉密存储设备接入互联网及其他公共信息网络的。

(9) 在未采取防护措施的情况下，在涉密信息系统与互联网及其他公共信息网络之间进行信息交换的。

(10) 使用非涉密计算机、非涉密存储设备存储、处理国家秘密信息的。

(11) 擅自卸载、修改涉密信息系统的安全技术程序、管理程序的。

(12) 将未经安全技术处理的退出使用的涉密计算机、涉密存储设备赠送、出售、丢弃或者改作其他用途的。

有上述行为尚不构成犯罪，且不适用处分的人员，由保密行政管理部门督促其所在机关、单位予以处理。

第四节　大学生群体维护国家安全的做法

第一，大学生要始终如一地树立国家安全高于一切的观念。增强国家安全意识，克服麻痹思想，提高识别能力，不要被一些假象所迷惑，认为世界处处充满爱，认为改革开放的年代，哪有那么多的间谍、特务，看不见隐蔽战线上尖锐复杂的斗争。

第二，善于识别各种伪装。大学生在对外交往中不能只讲友情，不讲敌情，既要热情友好又要内外有别，牢记国家利益高于一切，不能认为国家安全与己无关，对危害国家安全的行为视而不见，失去应有警惕，或出于个人私利泄露国家机密，危害国家利益；不能接受西方腐朽的思想意识、价值观念和生活方式，应自觉地抵制和斗争。

第三，发现外教或外籍人员在不恰当的场所宣扬西方的“自由”“民主”“人权”，散布极端的个人主义和无政府主义思潮，宣传西方物质文明及拜金主义等等，都要及时向有关部门报告。对于收到的反动心战宣传品要及时主动上交，防止扩散和产生不良影响。与外国人接触要严守国家秘密。

第四，大学生到国外留学就读时，出行前要主动接受国家安全教育，了解和掌握国家安全知识，不但要做好物资准备工作，还要做好充分的思想准备，提高国家安全和防范意识，自觉维护国家安全，抵制敌对势力的策反、拉拢、威胁、利诱活动，并定期向学校汇报学习生活情况；同时，要严格遵守外事纪律和有关规章制度，遵守前往国家的法律法规，尊重人家的社会公德和风俗习惯，避免产生误会或出现不应有的问题，绝不能做有损国格、人格的事情。

第五，要克服妄自菲薄等不正确的思想。任何国家都有其自己的安全利益，在政治、经济、文化、军事、科技、资源等方面都不尽相同。我国更是地广物博，如果缺乏正确的认识，就有可能产生错误的看法，乃至做出亲者痛、仇者快的事情来。

第六，要坚决打击一切在中国进行意识形态渗透的言行，警惕西方敌对势力把宗教渗透作为对我国进行意识形态渗透的重要工具，企图改造并同化中华民族精神信仰、道德观念、文化根基的野心，反对文化渗透和文化霸权主义，真正认识到其迷惑性、欺骗性和危害性。

第五节　常见法律问题与解析

案例 1

【基本案情】

我国某大学国家安全小组联络员，在互联网上发现一篇介绍某国防重点工程研制进度、近期研制规划和总装、试验情况，以及中央军委领导亲临研制现场的有关情况的文章，立即将该文下载并报告成都市安全局。通过侦破，确认是某研究所工作人员郭某所为。

【案例解析】

发现国家秘密泄露或可能泄露，应马上采取措施，或向有关部门汇报，请求国家安全机关、公安机关及时处理。这是每一名中华人民共和国公民所应具备的基本素质。本案中联络员发现机密泄露，及时上报安全机关，使案件及时侦破，并做了相应的处理，有效地避免了机密大范围地泄露，挽回了更大的损失。

案例 2

【基本案情】

小刘是一名在校大学生，同时也是一名军事发烧友，在军迷圈子里小有名气。2016 年 3 月的一天，大家正在群里讨论时，有一人发问："谁有两会的资料?"这里所说的两会是每年 3 月在北京举行的全国人民代表大会和中国人民政治协商会议，彼时 2016 年两会还没有召开。对方自称是为了学术研究，于是小刘就把自己了解到的有可能成为热点的话题进行了归纳分析并发给对方。没想到，对方表现出极大的兴趣，并主动支付 150 元报酬。几天后，对方再次出现，但提出要所有关于军事基地方面资料和飞机情况的"任务"资料，相应的报酬会大幅提高至 1.5 万元。小刘意识到自己可能真的遇上了间谍之类的人员，事情远比自己想象的要复杂得多。可这时，对方开始步步紧逼，常来询问事情核实的进度，并用金钱加以诱惑。小刘想起曾看过一个与自己经历相似的反间谍宣传片，意识到只有依靠国家安全机关才有可能摆脱困境，于是果断地拨打了 12339。

【案例解析】

小刘因为意识到事情的严重性，及时停止了和对方的交易，并积极向国家安全机关举报，才使事情没有发展到恶劣的程度。同时，由于他所提供的信息没有涉及国家机密，因此并不涉嫌违法犯罪。

案例 3

【基本案情】

某重点大学国际政治系四年级学生李某在毕业前夕，被在校任教的美籍英语教师、美国中央情报局间谍约翰·德雷克斯策反，参加了美国情报组织，并为其收集我国的各类情报。约翰以帮助李毕业后找工作、担保出国、物质、金钱引诱，以及个人感情(二人同居)等手段将其拉下水，被发展为情报人员。

【案例解析】

毕业后找到一份理想的工作，或者能够继续出国深造，是每一个大学生的梦想，而对国内日益严峻的就业形势，大学生们难免会想尽一切可能的办法。国外间谍组织也正是利用了大学生的这种需求心理，许以各种诱惑，用各种手段进行腐蚀、拉拢，把一些意志薄弱、经不起诱惑的同学拉下水，成为谍报组织服务的工具。

案例 4

【基本案情】

小王是某大学大一学生，课余时间喜欢军事、政治方面的新闻。2018 年 11 月的一天，小王登录 QQ 上网时发现，他所在的“军事爱好者群”有陌生人员主动与其联系，添加好友后，对方问了他学习专业、兴趣爱好、家庭关系、社会交往等信息。对方自称是“某研究中心研究员”，因研究需要搜集各类信息，非诈骗、酬劳高，希望能够获得小张的帮助，完成一些领域的研究。出于好奇和兼职考虑，小王询问对方的工作信息以及需要哪些方面的资料。对方回复称，“我受雇于境外民间企业公司，对中国发展有着极大的研究兴趣，目前主要负责社会文化、政治、军事方面的研究……”在来往数封邮件和聊天信息后，小王总结发现对方的最终目的：兼职即可，给高薪报酬当回报，根据指令搜集我部队、军事等相关领域信息。随后，小王在第一时间拨打国家安全机关受理公民和组织举报电话 12339。小王说“在聊天的时候，对方总是把‘军’写成‘君’或‘均’，‘武警’写成‘wj’，并说有些字眼太敏感，不方便写明白；还有，既然是民间组织，为何频频打探军事信息？我怀疑对方不是什么研究员，可能是境外间谍情报机关人员。”小王主动寻求与国家安全机关联系对接，并到国家安全机关反映自己掌握的情况。

【案例解析】

近年来境外间谍情报机关对我国大学生的勾连策反越来越多，全国国家安全机关已侦办多起涉及大学生的间谍案。此案中由于小张的及时举报，国家安全机关第一时间消除了相关间谍窃密的敌情隐患，维护了国家安全，也对小张不为金钱蒙蔽利诱，主动协助国家安全机关工作的行为表示称赞，并决定按照相关规定对其给予奖励。

案例 5

【基本案情】

某大学的几个研究生，在导师的指导下，经过几年的苦心钻研获得了一些学术研究成果。这时，有的研究生想尽快得到国际上的认可；有的研究生想拉关系出国，私自将研究资料寄出境外。结果寄出去的东西石沉大海，在相隔一年后被改头换面变成了他人的成果。

【案例解析】

案例中的涉案人员的保密意识淡薄，往往会带来意想不到的后果。大学生更加缺乏这方面的经验，不能很好地判断是非曲直，被他人利用，在无意识的状态下泄密。

案例 6

【基本案情】

南方某市科研所博士李某，承担一项重大高科技研究项目。在外出工作期间，李某经常在电话中与同事研讨科研项目进展情况，被境外谍报分子利用高科技手段进行监听，国家安全机关及时发现了这一情况，并立即与科研所取得联系。该科研项目也不得不做重大修改。

【案例解析】

随着电子通信技术的发展，沟通变得越来越便利，人们在享受着先进科技带来的便利时，却疏忽了对它的防范。先进的技术能为人类造福，同样，不正当地使用先进的技术会给人类带来无尽的灾难。境外谍报组织利用其掌握的先进技术肆意窃听，截获他人的秘密，巧取豪夺。因此，我们必须掌握充分的知识，学会利用先进的技术，更要防范他人利用先进的技术侵犯我们的正当利益。

案例 7

【基本案情】

某大学一美籍教师在研究生外语授课过程中，讨论中国人权及社会制度等方面的问题，被上课的研究生当场严词拒绝，并报告学校有关部门。后经国家安全机关调查，对该外籍教师做出限期离境的处理。

【案例解析】

作为大学生，遇有危害国家安全的行为，一定要挺身而出。国家的利益不容侵犯，这是每一名大学生所应行使的神圣职责。本案中的研究生，以大局为重，认清了外教的不法企图，并坚决给予回击，维护了祖国的尊严。人权和社会制度问题关系到一个国家的政治体制，是我国人民自己的问题，不允许他人横加干涉，更不允许以他人的标准衡量。外教想借用“文化大革命”事件对中国的人权、社会制度等问题进行攻击，其目的非常明显。研究生们的有力回击，也让外教认识到中国的主权不容侵犯。

案例 8

【基本案情】

某高校教授赵某，出生于韩国全罗北道。由于朝鲜战乱，其家庭离散，一个姐姐流落到日本，一个堂兄留在了韩国，而他却辗转来到了中国，成了中国公民。我国实行改革开放以后，他与日本的姐姐及韩国的堂兄取得了联系，后申请出国探亲，先后到日本和韩国。但赵的活动一开始就被韩国间谍机关掌握并进行了精心的策反安排，运用各种手段，特别是煽动民族情感、中国和朝鲜问题等，最后将赵某策反。赵某回国后仍在原学校任教，并利用教学、科研、出差等机会，在我边境地区收集政治、经济、军事情报，先后报告给韩国间谍情报机关。这种行为给我国造成了极其恶劣的影响。后来，赵某被我司法机关法办。

【案例解析】

作为一名高等院校的教授，有机会接触到更多的国家秘密，也有更便利的身份掩护自己的非法活动。因此，国外一些敌对势力一直把高校作为他们重点发展的目标。赵某正是被间谍机关策反、利用的人选。如果赵某能时刻以国家利益、民族团结、祖国统一为重，就不会被间谍机关策反，走上一条不归路。

【课后练习题】

1. 国家安全的内涵是什么？
2. 总体国家观中的“11 种安全”是什么？
3. 危害国家安全的五种行为有哪些？
4. 我国的全民国家安全教育日是每年几月几日？
5. 大学生群体如何维护国家安全？

专题四　大学生与刑法

刑法是规定犯罪及其法律后果(主要是刑罚)的法律规范。刑法可以分为广义刑法和狭义刑法。广义的刑法是指所有关于犯罪及其法律后果的法律规范，包括刑法典、单行刑法和附属刑法。刑法典是指国家以刑法名称颁布的、系统规定犯罪及其法律后果的法律。在我国，刑法典是 1979 年颁布、1997 年经过修订颁布的《中华人民共和国刑法》。单行刑法是指国家以决定、规定、补充规定、条例等名称颁布的规定某一类犯罪及其法律后果或者刑法的某一事项的法律。我国的现行单行刑法为全国人大常委会 1998 年 12 月 29 日颁布的《关于惩治骗购外汇、逃汇和非法买卖外汇犯罪的决定》。附属刑法是指附带规定于民法、行政法等非刑事法律中的罪行规范。狭义的刑法仅指刑法典。

我国现行的《中华人民共和国刑法》分为总则、分则和附则三部分，共四百五十二条。总则为一般规定，共五章；分则为具体规定，共十章；第四百五十二条为附则，规定了刑法的施行日期、相关法律的废止与保留。

第一节　犯罪的概念和分类

一、犯罪的一般概念

关于犯罪的概念，我国刑法第十三条规定：“一切危害国家主权、领土完整和安全，分裂国家、颠覆人民民主专政的政权和推翻社会主义制度，破坏社会秩序和经济秩序，侵犯国有财产或者劳动群众集体所有的财产，侵犯公民私人所有的财产，侵犯公民的人身权利、民主权利和其他权利，以及其他危害社会的行为，依照法律应当受刑罚处罚的，都是犯罪，但是情节显著轻微危害不大的，不认为是犯罪。”

刑法第十三条关于犯罪概念的规定包含两层含义：

(1) 犯罪必须是同时具备以下特征的行为：

① 具有社会危害性，即行为人通过一定的行为对社会造成一定危害。刑法第十三条规定，具有社会危害性的行为包括：危害国家主权、领土完整和安全的行为；分裂国家、颠覆人民民主专政的政权和推翻社会主义制度的行为；破坏社会秩序和经济秩序的行为；侵犯国有财产或者劳动群众集体所有财产的行为；侵犯公民私人所有财产的行为；侵犯公民的人身权利、民主权利和其他权利，以及其他危害社会的行为。

② 具有刑事违法性，即犯罪行为应当是刑法中禁止的行为。危害社会的行为多种多样，不是所有危害社会的行为都是犯罪，刑法规定的危害行为都是严重危害社会的行为。

③ 应受刑罚处罚，即犯罪是依照刑法规定应当受到刑罚处罚的行为。违法行为，不一定都构成犯罪，只有依照刑法规定应当受刑事处罚的行为才是犯罪。危害行为应受刑罚处罚，是犯罪行为与其他违法行为的基本区别。

以上三点是犯罪缺一不可的基本特征。

(2) 刑法第十三条规定了刑法不认为是犯罪的例外情况，这是对犯罪概念的重要补充。它从不认为是犯罪的例外情况说明什么是犯罪，进一步划清了罪与非罪的界限。刑法第十三条规定："情节显著轻微危害不大的，不认为是犯罪"，即行为人的危害行为虽属于刑法规定禁止的行为，但情节显著轻微，其社会危害尚未达到应当受刑罚处罚的程度，法律不认为是犯罪。

二、犯罪的分类

我国刑法分则根据犯罪所侵犯的法益性质，将犯罪分为十类：危害国家安全罪，危害公共安全罪，破坏社会主义市场经济秩序罪，侵犯公民人身权利、民主权利罪，侵犯财产罪，妨害社会管理秩序罪，危害国防利益罪，贪污贿赂罪，渎职罪，军人违反职责罪。

根据犯罪主体的不同，犯罪可以分为单位犯罪和个人犯罪。犯罪还可以分为亲告罪和非亲告罪。亲告罪是指告诉才处理的犯罪，即以被害人或者其他有告诉权的个人的控告作为必要条件的犯罪。其特点是与公共利益无直接联系，是否追诉可以由被害人或其他相关的人自由决定。因为有的危害行为，被害人如果不希望提起诉讼，那么就没有处罚的必要。但是如果对于某些危害行为是否提起刑事诉讼完全并且只能由被害人和其他相关人私人的意思决定，就可能不会很好地发挥刑事司法的作用，有悖于法律的严肃性，因此各国刑法对亲告罪的自诉权一般都有一些限制性规定。刑法第九十八条规定："本法所称告诉才处理，是指被害人告诉才处理。如果被害人因受强制、威吓无法告诉的，人民检察院和被害人的近亲属也可以告诉。"在我国现行刑法规定的亲告罪有以下四种。

(1) 侮辱罪、诽谤罪：一般都是告诉的才处理，但严重危害社会秩序和国家利益的除外。

(2) 暴力干涉婚姻自由罪：用暴力手段强行干涉他人结婚和离婚自由的行为，属中国刑法中妨害婚姻、家庭罪的一种。

(3) 虐待罪：指经常以打骂、禁闭、捆绑、冻饿、有病不给治疗、强迫过度体力劳动等方式，对共同生活的家庭成员进行肉体上、精神上的摧残、折磨，情节恶劣的行为，属中国刑法中妨害婚姻、家庭罪的一种。

(4) 侵占罪：指以非法占有为目的，将代为保管的他人财物、遗忘物或者埋藏物非法占为己有，数额较大，拒不交还的行为。

非亲告罪是指刑法没有明文规定为告诉才处理的犯罪。对于非亲告罪，无论被害人是否告诉，是否同意起诉，人民检察院均可提起公诉。除了刑法当中明确规定的亲告罪之外，其他绝大多数犯罪行为都是非亲告罪。

案例 1

【基本案情】

被告人，蒲某，男，46 岁，陕西省某市传染病医院住院部肝炎科医生，1987 年 7 月

29 日被逮捕，1988 年 9 月 23 日被取保候审。

被告人，王某，男，36 岁，陕西省某印染厂销售科职工，1987 年 7 月 29 日被逮捕，1988 年 9 月 23 日被取保候审。

被告人王某之母夏某长期患病，1984 年 10 月曾经被医院诊断为“肝硬化腹水”。1987 年年初，夏某病情加重，腹胀伴严重积水，多次昏迷。同年 6 月 23 日，王某与其姐妹商定，将其母亲送往市传染病医院救治，被告人蒲某为主管医生。蒲某对夏某的病情诊断结论是：肝硬化腹水(肝功失代偿期、低蛋白血症)；肝性脑病(肝肾综合征)；渗出性溃疡病褥疮Ⅱ～Ⅲ。医院当即开出病危通知书。蒲某按一般常规治疗，进行抽腹水回输后，夏某病情有所缓解。6 月 27 日，夏某病情加重，表现极为痛苦烦躁，喊叫想死，当晚惊叫不安，经值班医生注射了 10 毫克安定后方能入睡，28 日昏迷不醒。8 时许，该院院长雷某查房时，王某询问雷某是否有救。雷某回答说：“病人送得太迟了，已经不行了。”王某立即说：“既然我妈没救，能不能采取措施让她早点咽气，免受痛苦。”雷某未允许，王某坚持己见，雷某仍然拒绝。9 时许，王某又找到主管医生蒲某，要求给其母亲使用某种药物让其母亲无痛苦死亡，遭到蒲某的拒绝。在王某再三要求并表示愿意签字承担责任后，蒲某给夏某开了 100 毫克复方冬眠灵，并在处方上注明是家属要求，王某在处方上签了名。当该院医护人员拒绝执行此方时，蒲某又指派陕西省卫校实习学生蔡某、戚某等人给夏某注射，遭到蔡、戚等人的拒绝。蒲某生气地说：“你们不打(指不给夏注射)，回卫校去!”蔡、戚等人无奈便给夏某注射了 75 毫克的复方冬眠灵。下班时，蒲某又对值班医生李某说：“如果夏某 12 点不行(指夏某还没有死亡)，你就再给打一针复方冬眠灵。”当日下午 1 时至 3 时，王某见其母未死，便两次去找李某，李某又给夏某开了 100 毫克的复方冬眠灵，由值班护士赵某注射。夏某于 6 月 29 日凌晨 5 时死亡。经陕西省高级人民法院法医鉴定，夏某的主要死因是肝性脑病。夏某两次接受复方冬眠灵的总量为 175 毫克，用量在正常范围之内，并且患者是在第二次用药 14 小时后死亡，临终表现无血压骤降或呼吸中枢抑制。所以，复方冬眠灵仅仅加深了患者的昏迷程度，促进了死亡，并非其死亡的直接原因。

上述事实，有死者生前病史病例记载、证人证言、死因鉴定结论证实，被告人蒲某、王某也已供认，足以认定。

公诉人认为，被告人蒲某身为主管医生，故意给肝硬变病人夏某使用慎用或禁用药物复方冬眠灵，并强令实习学生进行注射，指示接班医生继续使用该药，促进夏某死亡。被告人王某不顾医院领导人的劝阻，坚决要求对其母亲夏某注射药物促其速死，并在医生用药的处方上签字，表示对其母的死亡承担责任。被告人蒲某、王某的行为均已触犯我国刑法第一百三十二条规定，构成故意杀人罪。

辩护律师认为，被告人蒲某、王某的行为与死者夏某的死亡之间没有直接的因果关系，不具备犯罪构成的 4 个要件，故两被告不构成犯罪，应当宣布无罪。

陕西省某市人民法院经过公开审理认为：被告人王某在其母夏某病危濒死的情况下，再三要求主管医生蒲某为其母注射药物，让其母无痛苦地死去，虽属故意剥夺其母生命权利的行为，但情节显著轻微，危害不大，不构成犯罪。被告人蒲某在王某的再三请求下，亲自开处方并指使他人给生命垂危的病人夏某注射促进死亡的药物，其行为也属故意剥夺公民的生命权利，但其用药量属正常范围，不是造成夏某死亡的直接原因，情节显著轻微，危害不大，不构成犯罪。依照《中华人民共和国刑法》(1979 年刑法)第十条和《中华人民共和国刑事诉讼法》(1979 年刑诉法)第十一条的规定，于 1991 年 4 月 6 日判决，宣布被告人蒲某、王某无罪。

宣判后，被告人蒲某、王某对宣布他们无罪表示基本满意，但对判决书认定他们的行为属于故意剥夺他人的生命权利表示不服，提出上诉，要求二审法院改判。

某市人民检察院认为：蒲某、王某二人在主观上有非法剥夺他人生命权利的故意，在客观上有实施非法剥夺他人生命权利的行为，社会危害性较大，符合我国刑法规定的故意杀人罪的基本特征，已构成故意杀人罪。据此，该院以原判定性错误、适用法律不当为理由，向陕西省某地区中级人民法院提出抗诉，要求对蒲某、王某两被告人予以正确惩处。

陕西省某地区中级人民法院二审审理后认为：原审人民法院对本案认定的事实清楚，证据确实、充分，定位准确，审判程序合法，适用法律和判决结果是适当的，应予维持，抗诉和上诉的理由均不能成立。该院于 1992 年 3 月 25 日依法裁定：驳回某市人民检察院的抗诉和蒲某、王某的上诉；维持某市人民法院对本案的裁决。

【案例解析】

安乐死是指对无法救治的病人停止治疗或使用药物，让病人无痛苦地死去。“安乐死”一词源于希腊文，意思是“幸福”的死亡。它包括两层含义：一是安乐地无痛苦死亡；二是无痛致死术。我国对安乐死的定义是在患了不治之症且生命垂危状态下，由于精神和躯体的极端痛苦，在病人和亲友的要求下，经医生许可，用人道的方式使病人在无痛苦的情况下结束生命的过程。安乐死包括积极安乐死和消极安乐死。积极安乐死是指病人患有痛苦不堪、无法治愈的疾病，为了减轻其死亡之前的痛苦，基于患者本人或者近亲属的请求或者同意，采取适当的方法，使其无痛苦地提前死亡的行为。消极安乐死通常是指对已经判断没有任何医疗价值和可能的患者停止使用医疗手段，任其死亡。消极安乐死一般不存在成立故意杀人罪的问题，但积极安乐死的法律性质是一个长期争论、尚无定论的问题。在法律没有明确将安乐死合法化的情况下，如何处理安乐死案件成为刑法理论和实践中的一个疑难问题。

该案是我国第一起安乐死案件。安乐死问题是一个涉及法医、医学、伦理学等诸多学科领域的复杂问题，目前世界上明确将安乐死予以合法化的国家仍是少数。我国同世界上多数国家一样，尚未通过法律明确规定安乐死合法化。在这种情况下，如何处理安乐死案件就成为刑法理论和司法实践中的一个难题。

关于安乐死案件的处理，目前学界主要有以下几种观点：

(1) 通说的观点认为，对实践中出现的安乐死案件，仍应以故意杀人罪定性，但可根据具体情况免除或者减轻处罚；

(2) 有学者认为，在法律未允许实行积极安乐死的情况下，实行积极安乐死的行为，仍然构成故意杀人罪，既不能认为这种行为不符合故意杀人罪的犯罪构成，也不宜以刑法第十三条规定“但是情节显著轻微危害不大的，不认为是犯罪”为根据宣告无罪，但量刑时可以从宽处罚；

(3) 还有学者认为，必须以刑法第十三条“但是情节显著轻微危害不大的，不认为是犯罪”为指导理解我国的犯罪构成，对犯罪构成进行实质的解释。对他人安乐死行为虽然具备刑事违法性，但缺乏犯罪程度的社会危害性，因而不属于故意杀人罪的犯罪构成，应对于安乐死案件中的被告宣告无罪。

司法实践对安乐死案件的处理主要有两种做法：

(1) 根据刑法第十三条"但是情节显著轻微危害不大的，不认为是犯罪"的规定宣告无罪，陕西某市法院对蒲某、王某的判决就是这种做法的典型，该判决体现了当时最高人民法院对安乐死案件的处理意见。最高人民法院于 1991 年 2 月 28 日在就蒲某、王某案件对陕西省高级人民法院的批复中提出：你院请示的蒲某、王某故意杀人一案，经高法讨论认为，安乐死的定性问题有待立法解决，就本案的具体情节，不提安乐死问题，可以依照刑法第十条的规定，对蒲某、王某的行为不做犯罪处理。

(2) 认定为故意杀人罪，但减轻处罚。河南、上海等地法院曾先后对妻子用农药毒死罹患晚期肝癌、痛苦不堪的丈夫，以及 67 岁的儿子电击致死因患脑出血瘫痪在床多年、只能靠输液维持生命的 92 岁老母等安乐死案件作出判决，认定被告人有罪并判处有期徒刑。

在国家立法机关没有将安乐死合法化的情况下，对安乐死案件进行非犯罪化处理是不合适的。对他人实施安乐死行为符合故意杀人罪的犯罪构成。我国刑法规定的故意杀人罪是指故意非法剥夺他人生命的行为，对他人实施安乐死行为的人，不但明知自己行为的性质是非法剥夺他人生命，而且明知自己行为的后果是导致他人死亡，因而行为人具备非法剥夺他人生命的故意行为，符合故意杀人罪的构成要件。虽然行为人实施安乐死行为的动机可能是减少病人的痛苦，但根据我国的犯罪构成理论，这种良好的动机不影响犯罪构成，只是量刑的情节。我国刑法第十三条是关于犯罪概念的规定，而犯罪概念与犯罪构成具有不同的功能：犯罪概念从宏观上规定什么是犯罪，揭示的是一切犯罪的共同本质；犯罪构成则从微观上确定行为是否构成犯罪，是认定犯罪的唯一法律标准。犯罪概念不是认定犯罪的具体标准，刑法第十三条"但是情节显著轻微危害不大的，不认为是犯罪"的规定也不是宣告无罪的具体标准。另一方面，考虑到我国刑事立法采用的是"立法定性又定量"的立法模式，在具体犯罪中规定了为数不少的"情节犯"，为了限制处罚范围，司法机关根据刑法第十三条"但是情节显著轻微危害不大的，不认为是犯罪"的规定对有些案件进行非犯罪化处理，可以说是一种迫不得已的权宜之计。但根据刑法第十三条"但是情节显著轻微危害不大的，不认为是犯罪"进行非犯罪化处理的案件应当是侵害非重大法益的案件，对于剥夺生命的安乐死案件不能根据刑法第十三条进行非犯罪化处理。另外，对他人实施安乐死的行为虽然具备刑事违法性，但缺乏犯罪程度的社会危害性的观点也是不妥当的。从社会危害性与刑事违法性的关系看，社会危害性是刑事违法性的前提，刑事违法性是社会危害性的法律表现形式，只有社会危害性达到犯罪程度的行为立法者认为有必要用刑法进行规制的，才会规定在刑法中，使其具备刑事违法性，具备刑事违法性但没有达到犯罪程度的社会危害性的行为是不存在的。

综上所述，在立法没有对安乐死非法犯罪化作出明确规定的情况下，根据刑法第十三条"但是情节显著轻微危害不大的，不认为是犯罪"对安乐死案件进行非犯罪处理缺乏理论依据，正确的做法应当是宣布为故意杀人罪，但根据案件的具体情况减轻或者免除处罚。

第二节　犯罪构成的四要件

犯罪构成要件是刑法规定的对行为的社会危害性及其程度具有决定意义的该行为成立

犯罪所必需的诸事实特征，即犯罪构成的要素。犯罪构成要件是一种法律规定，而不是具体事实。任何犯罪构成都包括四个方面的要件：犯罪客体、客观方面、犯罪主体和主观方面。

一、犯罪客体

说明某种犯罪危害了什么样利益的要件，在刑法学中称为犯罪客体。犯罪总是侵害了一定利益的。例如，故意杀人罪侵害了人的生命权，故意伤害罪侵害了人的健康权，盗窃罪侵害了公私财物所有权，等等。犯罪所侵害的利益实质都是刑法所保护的社会关系，因此，犯罪客体就是犯罪行为所侵害的而为刑法所保护的社会关系。在刑法中，不侵害任何社会关系的犯罪是不存在的，因此犯罪客体是任何犯罪都不可缺少的要件。

二、客观方面

说明犯罪是在什么样的客观条件下，用什么样的行为，使客体受到什么样危害的要件，在刑法学中称为犯罪的客观方面。犯罪客观方面首先是指行为人实施了危害行为，没有危害行为，就没有构成犯罪的前提。其次，是指危害行为造成或可能造成的危害结果。不管具体的犯罪行为表现形式如何复杂或具体的危害结果表现形式如何，它们都是犯罪构成的不可缺少的因素。

三、犯罪主体

犯罪主体指实施犯罪行为的人。每一种犯罪，都必须有犯罪主体，有的犯罪是一个人实施的，犯罪主体就是一人；有的犯罪是数人实施的，犯罪主体就是数人。在司法实践中，各种具体犯罪的主体情况尽管千差万别，但作为自然人犯罪，其共同之处都必须是达到刑事责任年龄具有刑事责任能力的人。刑法规定，公司、企业、事业单位、机关、团体实施犯罪的，构成单位犯罪，因此单位也可以成为犯罪主体。

四、主观方面

说明犯罪主体实施犯罪时主观心理状态的要件，刑法学上称为犯罪的主观方面。犯罪主观方面包括两种形式，即故意和过失。过失与故意均统一于罪过的概念之下，故二者具有相同之处：过失与故意都是认识因素与意志因素的统一，都说明行为人对合法权益的保护所持的背反态度。但是，过失与故意又是两种不同的罪过形式，各自的认识因素与意志因素的具体内容不同，过失所反映的主观恶性明显小于故意，所以刑法对过失犯罪的规定不同于故意犯罪。首先，过失犯罪均以发生危害结果为要件；而故意犯罪并非一概要求发生危害结果。其次，刑法规定“过失犯罪，法律有规定的才负刑事责任”“故意犯罪，应当负刑事责任”，这体现了刑法以处罚故意犯罪为原则、以处罚过失犯罪为特殊的精神，说明刑法分则没有明文规定罪过形式的犯罪只能由故意构成。再次，刑法对过失犯罪规定了较故意犯罪轻得多的法定刑。

1. 犯罪故意

犯罪故意是指行为人明知自己的行为会发生危害社会的结果，并且希望或者放任这种结果发生的一种心理状态。犯罪故意即对适合于犯罪构成要件的违法事实的认识。这些事实包括行为、行为的性质、行为的时间与地点、行为的情节、行为的客体、行为的结果、因果关系、身份等刑法规定的犯罪构成要件事实。关于违法性的认识是否属于故意的内容，传统的刑法理论认为，违法性认识不是故意的内容，罗马法时期便有“不知法律不赦”的格言；刑事古典学派基于道义责任论认为，违法性认识是犯罪故意的内容；刑法学新派基于道义责任论认为，对于故意的成立不需考虑行为人的违法性认识。

犯罪故意由两个因素构成：一是认识因素，二是意志因素。认识因素是指明知自己的行为会发生危害社会的结果的主观心理状态。由此可见，认识因素是事实性认识与违法性认识的统一。事实性认识是指对于构成事实的认识，这就为事实性认识限定了范围。例如，刑法第二百五十九条规定：“明知是现役军人的配偶而与之同居或者结婚的，处三年以下有期徒刑或者拘役。”根据这一规定，破坏军婚罪的构成以明知是现役军人的配偶为认识前提，否则不能构成本罪。违法性认识是指对于行为人的违法性的判断，属于对于认识的规范评价因素。简言之，事实性认识为对事的认知，违法性认识为对法的认知。无论是事实性认识还是违法性认识都属于对于某种客体的一种主观认知，而不是评价，这是确定无疑的。违法性认识之所以称为规范评价，是指凡具有违法性认识的，就可以认为具有犯罪认识，因而为在刑法上评价为犯罪故意提供了主观根据。因此，违法性认识是对行为具有违法性这一事实的认识。

犯罪故意的意志因素是指希望或者放任危害结果发生的主观心理态度。由此可见，意志因素是心理性意志与违法性意志的统一。从意志对行为结果的支配关系上，我们可以把故意中的意志区分为以下两种形态：

(1) 希望。希望是指行为人追求某一目的的实现。在刑法理论上，由希望这一意志因素构成的故意被称为直接故意。直接故意是与一定的目的相关联的，只有在目的行为中，才存在希望这种心理性意志。在希望的情况下，由于行为人是有意识地通过自己的行为实现某一目的，因此行为与结果之间的关系是手段与目的之间的关系，意志通过行为对结果起支配作用。

(2) 放任。放任是行为人对可能发生的结果持一种纵容的态度。在刑法理论上，由放任这一因素构成的故意被称为间接故意。放任与希望之间的区别是明显的：希望是对结果积极追求的心理态度，放任则是对某种结果有意地纵容其发生。两相比较，在意志程度上存在区别：希望的犯罪故意明显而坚决，放任的犯罪故意模糊而随意。

违法性意志是指心理性意志的评价因素，这种评价成为归责的根据。在心理性意志的基础上，之所以还要进一步追问违法性意志，是因为违法性的结果虽然是行为人所选择的，但如果这种选择是在不具有期待可能性的情况下作出的，即缺乏违法性意志，我们仍然不能归罪于行为人。因此，违法性意志其实就是一个期待可能性的判断问题。这里的期待可能性，是指在行为当时的具体情况下，能期待行为人作出合法行为的可能性。法并不强制行为人作出绝对不可能的事，只有当一个人具有期待可能性时，才有可能对行为人作出谴责。如果不具有这种期待可能性，那么也就不存在谴责可能性。在这个意义上说，期待可能性是一种归责要素。期待可能性是就一个人的意志而言的，意志是人选择自己行为的能力，这种选择只有在期待可能性的情况下，才能体现行为人的违法意志。在一般情况下，具有责任能力的人在具有违法性认识的基础上实施某一行为，通常就存在期待可能性。但在某些特殊情况下，期待可能性的判断仍然是必要的。例如，有配偶而与他人结婚，构成刑法上的重婚罪，但因自然灾害而流落外地，为生活所迫与他人重婚者，行为人明知本人有配偶，具有事实性认识，明知重婚违法，具有违法性认识，而仍然与他人结婚，具有心理性意志。但由于是为生活所迫，缺乏期待可能性，因而没有违法性意志。对此，不能以重婚罪论处。

2. 犯罪过失

刑法第十五条第一款规定："应当预见自己的行为可能发生危害社会的结果，因为疏忽大意而没有预见，或者已经预见而轻信能够避免，以致发生这种结果的，是过失犯罪。"据此，过失犯罪是在过失心理支配下实施的犯罪。犯罪过失则是指应当预见自己的行为可能发生危害社会的结果，因为疏忽大意而没有预见，或者已经预见而轻信能够避免，以致发生这种结果的心理态度。过失犯罪与犯罪过失是既有联系又有区别的两个概念。每种犯罪都必须具有一定形式的主观要件，行为人的行为在客观上虽然造成了损害结果，但不是出于故意和过失，则不构成犯罪。我国《刑法》根据行为人是否已经预见危害结果，将过失分为疏忽大意的过失与过于自信的过失。

(1) 疏忽大意的过失。该过失是指行为人应当预见自己的行为可能发生危害社会的结果，因为疏忽大意而没有预见，以致发生这种结果的心理态度。无罪过事件包含两种情况：一是不可抗力事件；二是意外事件。所谓不可抗力事件，是指行为在客观上虽然造成了损害结果，但不是出于故意和过失，而是由于不能抗拒的原因引起的。意外事件是指行为在客观上虽然造成了损害结果，但不是出于行为人的故意或者过失，而是由于不能预见的原因引起的。不可抗力事件与意外事件的区别在于引起事件的原因不同：前者是由于不可抗拒的原因引起的，也就是说预见到可能发生危害结果，但没有能力避免危害结果；后者是由于不能预见的原因引起的，也就是说不可能预见危害结果，当然也就无法避免危害结果的发生。疏忽大意的过失与无罪过事件的区别具有重要意义，前者属于承担刑事责任的犯罪行为，后者不需要承担刑事责任。在司法实践中需要准确认定，正确处理。

(2) 过于自信的过失。该过失是指已经预见自己的行为可能发生危害社会的结果，但轻信能够避免，以致发生这种结果的心理态度。过于自信的过失是有认识的过失。行为人已经预见自己的行为可能发生危害社会的结果，同时又轻信能够避免危害结果，这就是过于自信过失的认识因素。已经预见是事实，轻信能够避免是行为人在已经预见危害结果的同时还实施该行为的主观原因。轻信能够避免，是指在预见到结果可能发生的同时，又凭借一定的主客观条件，相信自己能够避免结果的发生，但所凭借的主客观条件并不可靠。轻信能够避免主要表现为两种情况：一是过高估计自己的主观能力；二是不当地估计了现实存在的客观条件对避免危害结果的作用。轻信能够避免又表明了行为人既不希望也不放任危害结果的发生，这便是过于自信过失的意志因素。这种意志因素也是不需要司法机关积极证明的因素。

案例 2

【基本案情】

即将参加高考的学生王某无证驾驶电动车由南向北行驶，在某路段与被害人张某发生碰撞，致张某当场受伤送院治疗。经公安机关法医鉴定，张某的损伤程度为重伤。公安机关作出的事故责任认定书认定被告人王某无证驾驶，承担事故的全部责任。后经法院一审判决结果：被告人王某犯交通肇事罪，判处有期徒刑十个月，缓刑一年。

【案例解析】

近年来，因电动车数量的不断增加及电动车管理的边缘性，驾驶该种“车辆”肇事的案件数量增多，且驾驶电动车的人群中存在很多无证人员，甚至包括部分未成年人及老人。对此类人员驾驶该类车辆发生事故后的定罪处罚，在实践中存在一定的争议。本案的被告人已满十八周岁，发生事故时是在校大学生，事故发生后被害人住院产生巨大费用，而被告人的家属在赔偿上并不积极，致使被害人家属不满情绪较大，在得不到合理赔偿的前提下，对被告人是否适用非监禁刑，尚存在较大的争议。

被告人犯罪时虽然已满十八周岁，但其是在校学生，还没有经济实际能力。在本案赔偿问题上，非其主观意志所能决定，其父母的不积极赔偿不应作为被告人的赔偿情节。虽然被告人已满法定的十八周岁，但在现实生活中还是完全依赖其父母的，且被告人即将面临高考，如果不适用非监禁刑，则被告人将无法参加应届高考，对其人生是一大遗憾。鉴于此，法院对被告人适用了非监禁刑处罚。

第三节　正当防卫与紧急避险

在现实生活中，有一些行为在客观上造成了一定损害结果，表面上符合一些犯罪的构成要件，但实际上没有犯罪的社会危害性，并不符合犯罪构成，因而不能成立犯罪。在刑法理论上，这种行为称为排除违法性的行为。我国刑法中明确规定了两种排除违法性的行为，即正当防卫和紧急避险。

一、正当防卫的概念

根据刑法第二十条的规定，正当防卫是指为了使国家、公共利益、本人或者他人的人身、财产和其他权利免受正在进行的不法侵害，而采取对不法侵害人造成或者可能造成损害的方法，制止不法侵害的行为。正当防卫属于排除犯罪的事由，虽然表面上与犯罪相似，但实质上没有犯罪性，依法不负刑事责任。

正当防卫包括两种：一般正当防卫与特殊正当防卫。一般正当防卫是针对正在进行的其他不法侵害所进行的防卫，具有防卫限度，因而存在防卫过当的问题。特殊正当防卫是针对正在进行的严重危及人身安全的暴力犯罪所进行的防卫，不存在防卫过当的问题。

二、正当防卫的构成条件

(1) 存在现实的不法侵害。所谓不法侵害，一般指犯罪行为的侵害，还包括一些侵犯人身、财产，破坏社会秩序的违法行为。所谓现实性，是指不法侵害必须是客观存在的，而非防卫人主观臆想的。如果客观上没有不法侵害，但行为人误认为存在不法侵害，进而进行所谓的防卫，则行为人构成假想防卫。

(2) 不法侵害应当是正在进行的，具有一定的紧迫性。所谓不法侵害正在进行，是指不法侵害行为已经开始，尚未结束。对尚未开始实施或者已经结束不法侵害的不法侵害人，不能采取正当防卫行为。如果不法侵害尚未开始或者已经结束而实行防卫的，是防卫的不适时(事先防卫或事后防卫)，不能成立正当防卫。

(3) 行为人具备防卫意识。一般来说，防卫意识包括防卫认识与防卫意志。防卫认识是指防卫人认识到不法侵害正在进行；防卫意志是指防卫人出于保护国家、公共利益、本人或者他人的人身和其他权利免受正在进行的不法侵害的目的。另外，防卫意识的重点在于防卫认识，即只要行为人认识到自己的行为是与正在进行的不法侵害相对抗，就应认为具有意识。因此，“防卫挑拨”不能成立正当防卫。所谓防卫挑拨，是指为了侵害对方，有意挑逗对方率先实施不法侵害行为，然后以遭到不法侵害为借口，实施加害对方的行为。另外，在互殴的场合，因互殴双方都有侵害对方的意图，所以一般都不能成立正当防卫。但是如果一方逃跑或者求饶，另一方继续实行加害行为，前者可基于防卫目的进行正当防卫。

(4) 行为人必须是针对不法侵害人本人实行防卫，包括对不法侵害人的人身和财产实行防卫两种方式。正当防卫只能通过给不法侵害人造成损害的方法来进行，而不能通过给他人造成损害的方式来进行。

(5) 一般正当防卫中，不能明显超过必要限度造成重大损害。所谓必要限度，是指足以制止正在进行的不法侵害所必要的限度。对于明显没有立即危及人身安全、国家和人民重大利益的不法侵害，不允许用重伤、杀害的手段防卫；明显能用较缓和的手段制止不法侵害时，不允许采用激烈手段，更不允许为保护微小利益而采用激烈的防卫手段，因为这些手段显然不是有效地制止不法侵害所必需的。所谓重大损害，指致人重伤、死亡或者造成重大财产损失。

三、特殊正当防卫

特殊正当防卫，也称无过当防卫，依据刑法第二十条第三款规定，特殊正当防卫是指对正在进行行凶、杀人、抢劫、强奸、绑架以及其他严重危及人身安全的暴力犯罪采取防卫行为，造成不法侵害人伤亡的，不属于防卫过当，不负刑事责任。

特殊正当防卫成立的前提条件是正在进行行凶、杀人、抢劫、强奸、绑架以及其他严重危及人身安全的暴力犯罪。它与一般正当防卫在成立上的区别如下：

(1) 特殊正当防卫所针对的只能是正在进行行凶、杀人、抢劫、强奸、绑架以及其他严重危及人身安全的暴力犯罪；而一般正当防卫所针对的是需要防卫的任何犯罪与其他一般违法行为(以需要防卫为前提)。因此，只有保护人身安全时，才可能属于特殊正当防卫。

(2) 特殊正当防卫没有必要限度，因而不存在防卫过当；一般正当防卫有必要限度，因而存在防卫过当。

四、防卫过当

防卫过当，指对正在发生的不属于“严重危及人身安全的暴力犯罪”的不法侵犯进行防卫时，超过了必要的限度，造成重大损害的行为。

根据刑法第二十条的规定，通常只有造成不法侵害人重伤或者死亡时，才存在防卫过当的问题；造成不法侵害人轻伤或一般财产损失的，不存在防卫过当的问题。

防卫过当的基本特征如下：

(1) 客观上造成了不应有的损害，具有社会危害性。

(2) 主观上对造成过限的损害具有过失或者故意，具有罪过性。

由于防卫过当具有“防卫”的性质，是为了防治不法侵害而实施的，只是超过了必要的限度，只是因为欠缺正当防卫的合理适度条件造成过分损害而构成犯罪，所以在承担责任方面酌情减轻或者免除处罚。防卫过当本身不是罪名，应当根据剧情情节依法定罪量刑。

五、紧急避险

紧急避险又称紧急避难，是指为了使国家、公共利益、本人或他人的人身财产和其他权利免受正在发生的危险，不得已而采取的损害较小的另一方的合法利益，以保护较大的合法权益的行为。紧急避险是排除社会危害性行为的一种。其特点是在两个合法权益发生冲突时，为了保护某种较大的权益，在没有其他办法的情况下，不得不损害另一方较小的权益。因而该行为不构成犯罪，行为人也不负刑事责任。

紧急避险成立的条件如下：

(1) 为了保护国家、公共利益，本人或者他人的人身财产和其他权利免受危险。

(2) 客观上具有正在发生的真实危险。

(3) 迫不得已而采取的行为。

(4) 不能超过必要的限度而造成不应有的危害。我国刑法规定，紧急避险超过必要限度造成不应有的危害的，应当负刑事责任，但应当酌情减轻或者免除处罚。对于避免本人危险的紧急避险，不适用于职务上、业务上负有特定责任的人。

此外，紧急避险成立还包括以下条件：

(1) 起因条件。紧急避险的起因条件是指必须有需要避免的危险存在。

(2) 时间条件。紧急避险的时间条件是指危险必须正在发生。

(3) 对象条件。紧急避险的本质特征就是为了保全一个较大的合法权益，而将其面临的危险转嫁给另一个较小的合法权益。因此，紧急避险的对象只能是第三者的合法权益，即通过损害无辜者的合法权益保全公共利益、本人或者他人的合法权益。

(4) 主观条件。紧急避险的主观条件即行为人必须有正当的避险意图。

(5) 限制条件。紧急避险只能是出于迫不得已。所谓迫不得已，是指当危害发生之时，除了损害第三者的合法权益之外，不可能用其他方法来保全另一合法权益。

(6) 限度条件。紧急避险的限度条件是指紧急避险不能超过必要限度造成不应有的损害。所谓必要限度，是指紧急避险行为所引起的损害必须小于所避免的损害。

六、正当防卫与紧急避险的区别与联系

正当防卫与紧急避险主要有以下区别：

(1) 危险的来源不同。正当防卫的危险来源是人的不法侵害行为；而紧急避险的危险来源比较广泛，可以是不法侵害，也可以是自然灾害和动物的侵袭。在遭遇到人的不法侵

害时，如果行为人是对不法侵害人进行反击，属于正当防卫的范畴；如果为了躲避不法侵害，而损害第三人(不法侵害之外的人)利益的，属于紧急避险的范畴。

(2) 紧急避险必须是出于迫不得已，而正当防卫无此要求。

(3) 对主体的要求不同。紧急避险要求主体不能有特定的身份(如警察、军人或消防队员等)；而正当防卫就没有这样的要求，任何人均有正当防卫的权利。

(4) 对损害程度的限度不同。紧急避险保护的是合法利益，损害的也是合法的利益(第三者的利益)，在这种情况下应两害相较取其轻，避险所保护的利益必须要大于避险行为所损害的第三者的利益，如果等于或者小于所损害的利益，避险就没有意义，法律也就没有保护的必要。正当防卫所造成的损害，允许等于或者大于不法侵害行为所可能造成的损害。

(5) 实施对象不同。正当防卫只能对不法侵害人实施，而紧急避险必须向第三者实施。

正当防卫与紧急避险主要有以下相同点：

(1) 目的相同：二者都是为了保护国家、公共利益，本人或者他人的人身、财产和其他权利。

(2) 前提相同：二者都必须是合法权益正在受到侵害时才实施。

(3) 责任相同：二者超过法定的限度造成相应损害后果的，都应当负刑事责任，但应酌情减轻或免除处罚。

案例 3

【基本案情】

张某等人在被告人姜某开设的饭店吃饭后未付钱。数日后，张某等人路过姜某的饭店时，姜某向其催讨所欠饭款。张某认为姜某的行为有损其声誉，故纠集郑某等人到该店滋事，姜某持刀反抗，张某等人即逃离。次日晚 6 时许，张某、郑某纠集王某、卢某、柯某等人又到姜某的饭店滋事，以言语威胁，要姜请客了事，姜某不从，张某即从郑某处取过东洋刀往姜某的左肩及头部各砍一刀。姜拔出自备的尖刀还击，在店门口刺中张某胸部一刀后冲出门外侧身将张某抱住，两人互相扭打砍刺。在旁的郑某见状拿起旁边的一张方凳砸向姜某的头部，姜某转身还击一刀，刺中郑某的胸部后又继续与张某扭打，将张压在地上并夺下张某手中的东洋刀。张某和郑某送医院抢救无效死亡，被告人也多处受伤。经法院鉴定，张某全身 8 处刀伤，左肺裂引起血气胸，失血性休克死亡；郑某系锐器刺戳前胸致右肺贯穿伤、右心耳创裂，引起心包填塞、血气胸而死亡；姜某全身多处伤，其损伤程度属轻伤。

案件争点在于正当防卫与防卫过当的区别。人民法院经审理认为：被告人姜某在分别遭到张某持刀砍、郑某用凳砸等不法暴力侵害时，持尖刀还击，刺死张某、郑某二人，其行为属正当防卫，不负刑事责任。依照《中华人民共和国刑法》第十二条第一款、第二十条第一款和第三款的规定，判决被告人姜某无罪。

一审宣判后，所在地区人民检察院向市中级人民法院提出抗诉，其主要理由是：姜某主观上存在斗殴的故意，客观上有斗殴的准备，其实施行为时持放任的态度，其行为造成二人死亡的严重后果。姜某的犯罪行为在起因、时机、主观、限度等条件上均不符合《中华人民共和国刑法》第二十条第三款的规定。

市中级人民法院经审理认为：姜某在遭他人刀砍、凳砸等严重危及自身安全的不法侵害时，奋力自卫还击，虽造成两人死亡，但其行为属于正当防卫，依法不负刑事责任。依照《中华人民共和国行使诉讼法》第一百八十九条第(一)项的规定，裁定驳回抗诉，维持原判。

【案例解析】

根据我国刑法第二十条第二款的规定，构成防卫过当需要具备两个条件：意识行为明显超过必要限度；二是造成重大损害。在发生严重后果的情况下，判断防卫过当的关键在于行为是否明显超过必要限度。判断行为是否明显超过必要限度，主要从以下两个方面考察：① 分析不法侵害行为的危险程度、侵害者的主观内容，以及双方的行为手段、行为强度、人员多少、所持工具、现场所处的客观环境与形势等；② 应当权衡防卫行为所保护的法益性质与防卫行为所造成的损害结果。即防卫行为所保护的法益与所损害的利益之间不能相差过大，不能为了保护微小的利益而侵害不法侵害人的生命与重大健康法益。

就本案而言，姜某的行为属于正当防卫行为，法院的判决是正确的。从案件起因上看，张某等人吃饭后不给钱，被告人姜某向其追索饭款是合理、合法的行为，而张某等人不但不给钱，还寻衅报复，其行为属于不法侵害。从防卫意图上看，姜某是为了保护自己的生命健康法益免遭不法侵害而实施防卫行为，符合正当防卫的主观条件。从防卫时间上看，姜某是在张某持东洋刀向其左臂、头部砍击两刀后才持尖刀反击的，其行为符合正当防卫时间条件。另外，姜某虽然事先准备了尖刀并随身携带，但不是为了斗殴，而是在预见到张某等人可能再次滋事的情况下为了防身而准备的，属于事先准备防卫工具的情形，不影响行为的正当性。从防卫对象上看，张某与郑某都是不法侵害者且正在进行不法侵害，因而也符合正当防卫的对象条件。

由此可见，姜某的行为符合正当防卫的起因条件、主观条件、事件条件和对象条件。那么姜某的行为是否符合正当防卫的限度条件呢？对此，法院适用了刑法第二十条第三款，即认为姜某的行为属于特殊正当防卫(也成为无过当防卫)。所谓特殊正当防卫是指对正在进行的行凶、杀人、抢劫、强奸、绑架及其他严重危及人身安全的暴力犯罪所进行的防卫。根据我国刑法的规定，特殊防卫行为造成不法侵害人伤亡的，不属于防卫过当，不负刑事责任。认定姜某的行为构成特殊正当防卫的第一个问题是刑法的事件效力问题，即姜某的行为能否适用刑法第二十条第三款，答案是肯定的。姜某的行为实施于 1979 年刑法实施期间，而审判时则是 1997 年 10 月即 1997 年刑法生效以后。由于 1979 年刑法没有规定公民的特殊防卫权，而 1997 年刑法则对特殊防卫权做了规定，相比较而言，1997 年刑法对被告人更为有利，根据从旧兼从轻的刑法适用原则，对姜某应当适用 1979 年刑法。对姜某的行为适用刑法第二十条第三款的另外一个问题是其行为执行的对象是否符合法律规定，也就是说相对方的行为是否属于刑法规定的“严重危及人身安全的暴力犯罪”，这也是不容置疑的。张某等人的行为明显属于刑法第二十条第三款规定的“行凶”行为。一般认为，行凶是指杀人于伤害界限不明，但有很大可能造成他人重伤或者死亡的行为。从本案具体案情来看，张某用东洋刀刺向姜某胸部、头部，郑某用方凳袭击姜某的头部，都是严重危及姜某生命的行凶行为，如果不及时反击，很有可能造成姜某的重伤或者死亡。

因此，姜某的行为虽然造成了张某和郑某的死亡，而其自身仅受轻伤，但其行为完全符合特殊防卫的条件，属于正当防卫行为。

最后需要特别指出的是，即使根据 1979 年刑法，或者不考虑刑法第二条第三款关于特殊防卫的规定，姜某的行为仍然属于正当防卫行为。首先，从双方的实力对比来看，张某等五六人手持东洋刀对姜某进行砍杀，侵害行为的强度很高、危险性极大，且在人数上占绝对的优势；而姜某一个人用尖刀自卫，明显处于劣势，属于被迫自卫。其次，从法益衡量的角度看，张某等人侵害的和威胁的是姜某的重大健康和生命法益，而姜某的行为所针对的也是对方的重大健康和生命法益，两者针对的法益基本相同，具有均衡性，不存在为了保护微小的利益而侵害对方的重大健康和生命法益的情形。最后，虽然姜某的行为造成对方两人死亡，但由于其行为是制止不法侵害、保护自身法益所必需的，因而属于必要限度范围之内的行为。

案例 4

【基本案情】

陈某与杨某驾驶摩托车回家，后荣某驾驶一辆助力摩托车追尾撞上陈某与杨某驾驶的摩托车。双方协商赔偿不成，准备到医院验伤。荣某拿到归还的钥匙后将车启动行驶。见此，陈某和杨某认为荣某想逃跑，便将荣某连人带车推倒在地，并动手殴打。其中，陈某持防盗锁向荣某的头部击打并进行围殴。荣某被打中头部后，从身上拿出一把刀将围在身边的二人刺伤，后一人经抢救无效于当日死亡。一审法院认定，被告人荣某犯故意伤害罪，判处死刑，缓期二年执行，剥夺政治权利终身。二审法院认定，上诉人荣某实施正当防卫明显超过必要限度造成重大损害，其行为构成故意伤害罪，判处有期徒刑六年。

【案例解析】

在正当防卫领域当中，有两个问题最容易引起争议：其一涉及防卫的前提条件，即不法侵害的紧迫性；其二涉及防卫的行为要件，即防卫限度的判断标准。本案较为典型地体现出了这两个方面。

(1) 虽然我国的刑法理论与司法实践大多认为，作为正当防卫前提条件的不法侵害应当具有紧迫性，但人们对于紧迫性的理解却并不一致。在此，可以明确以下两点：

① 即便侵害尚未迫切地危及人身健康和安全，也不能否定公民的防卫权。因为任何不法侵害都是对公民自由和权利的侵犯，根据我国宪法第三十三条第二款和第五十一条所确立的平等原则，遭受侵害的公民对不法侵害不负有忍受的义务。同时，由于刑法第二十条并未将防卫前提限定于严重的不法侵害，因此不法侵害的严重程度至多只能影响防卫限度的宽严。在承认行为人享有防卫权的前提下，行为人即便因为防卫明显超过了必要的限度而需要承担刑事责任，也可以根据刑法第二十条第二款关于防卫过当的规定享受“应当减轻或者免除处罚”的从宽待遇。

② 侵害行为是由双方先前的某种纠纷所引发的，这并不足以否定正当防卫前提条件的存在。因为，公民之间发生争端，这是社会生活中普遍存在的正常现象；事前纠纷的存在，绝不意味着一方享有侵害另一方的权利，更不意味着遭受侵害的一方丧失了反击的权

利。本案中，被告人先前因为追尾而造成了交通事故，甚至还有逃避民事赔偿责任的嫌疑，故对于双方冲突的发生负有一定的责任。但纠纷产生后，陈某与杨某他们完全可以采取更克制的方式理性地处理与荣某之间的纠纷，如暂时扣留荣某、打电话通知交警等。既然可以认定被害人一方的围殴行为属于正在进行的不法侵害，就应当肯定被告人有权采取反击措施。

(2) 在防卫限度的问题上，受到传统的基本相适应说的影响，我国司法实践存在着唯结果论的倾向。即一旦发现防卫行为的性质、强度和造成的损害结果重于不法侵害行为的性质、强度和可能造成的损害结果时，便倾向于认定防卫过当。为了纠正实践中的这一偏差，1997 刑法的立法者对正当防卫条款进行了大幅修改：一是进一步放宽了防卫限度的标准(刑法第二十条第二款)；二是增设了特殊防卫权这一注意性规定(刑法第二十条第三款)。因此，当涉及防卫的案件出现了被害人重伤、死亡的结果时，应当先考察行为是否成立特殊防卫权；在不成立的情况下，再根据基本的防卫限度标准进行判断。结合本案来看：

① 首先，尽管被害人等人实施了殴打行为，但在荣某拔刀捅刺之时，这种殴打尚未升级为能够与“杀人、抢劫、强奸、绑架”相提并论的严重危及人身安全的暴力犯罪。故本案无法直接适用刑法第二十条第三款规定的特殊防卫权。

② 其次，刑法第二十条第二款对于防卫过当设置了两个要件，一是“明显超过必要限度”，二是“造成重大损害”。只有在防卫手段显著逾越必要限度的情况下，重大损害才能成为防卫过当的依据；反之，如果防卫手段并未明显超过必要限度，则即便出现了不法侵害人重伤、死亡的结果，也不能认定为防卫过当。因此，就本案来说：荣某动用刀具防卫，这是适当的。在认定防卫限度时，不能孤立地对双方防卫手段的强度和危险性进行对比，还必须从整体上考察双方的实力对比关系，人数的多寡就是其中十分重要的一个因素。从表面上来看，对方只是赤手空拳地实施殴打，而被告人却持刀捅刺，双方防卫手段的强度似乎并不均衡。但需要注意的是，荣某身材矮小，而且是以一人抵挡三人，无论是在体力还是人数上均处于下风。在这种力量差距明显的情况下，被告人要及时、有效地制止对方的围殴，紧靠徒手还击是无法奏效的，他必须借助具有一定杀伤力的器械，才能弥补自身在人数、体力方面所具有的劣势。根据证人证言以及法医鉴定结论，荣某是持刀“乱刺”，导致两名死者全身共计 5 处刀创，且均集中在胸部。如果被告人当时选择用刀捅刺侵害人的非要害部位，或者在捅刺次数上略加控制，也完全可以对不法侵害人产生足够的威慑力，从而达到制止不法侵害的目的，那么连续多次朝对方致命部位袭击的手段就并非为制止不法侵害所必不可少。不过，考虑到事发在深夜，地点偏僻、经过人员较少，被告人存在紧张、恐惧的情绪，故可以较大幅度地予以从宽处罚。本案的二审判决明显是做了这样的认定。

第四节　故意犯罪的停止形态

司法实践中经常会出现这样的情况：有的犯罪分子为了犯罪准备了工具或者制造了条件，却由于意志以外的原因而未能着手实行犯罪；有的犯罪分子着手实行犯罪以后，却由于本人意志以外的原因而未能使犯罪得逞；有的犯罪分子在犯罪过程中，出于各种原因而自动停止犯罪或者主动采取措施有效避免犯罪结果发生。这些都属于故意犯罪的停止形态。

故意犯罪的停止形态也称犯罪的未完成形态，是指故意犯罪在犯罪过程的不同阶段由于主观或者客观原因而停止下来，不再发展的各种犯罪状态。按照我国刑法的有关规定，故意犯罪的停止形态分为犯罪的完成形态和未完成形态，前者指犯罪的既遂状态，后者则包括犯罪预备、犯罪未遂、犯罪中止等形态。我国刑法对犯罪的未完成形态在定罪与处罚上专门做了规定。

从表 4.1 中我们可以直观清晰地了解故意犯罪的各种停止形态。

表 4.1 故意犯罪的各种停止形态

故意犯罪的过程					
故意犯罪的阶段	预备阶段 (为犯罪进行准备)		实行阶段 (着手实施犯罪)		故意犯罪终止
停顿的原因	行为人自愿停顿	行为人非自愿停顿	行为人自愿停顿	行为人非自愿停顿	犯罪完成
故意犯罪的形态	犯罪中止	犯罪预备	犯罪中止	犯罪未遂	犯罪既遂

一、犯罪预备

犯罪预备亦称预备犯，是为犯罪准备工具、制造条件的行为。犯罪预备中介于犯罪决意与着手实行犯罪之间的一个阶段。行为人在此阶段上，主观方面具有犯罪的直接故意，即明知其预备行为是为侵害某种客体制造条件，并希望以此保证犯罪的既遂；客观方面表现为实施犯罪而准备工具、制造条件，既可以是作为的形式，也可以是不作为的形式。在司法实践中，预备犯罪的刑事处罚通常要比实行犯的处罚要轻。我国刑法第二十二条第二款规定，对于预备犯应当追究刑事责任。同时考虑到犯罪预备行为毕竟尚未着手实行犯罪，还没有实际造成社会危害，刑法又规定，对于预备犯，可以比照既遂犯从轻、减轻处罚或者免除处罚。

二、犯罪未遂

刑法第二十三条的规定，犯罪未遂是指犯罪分子已经着手实行犯罪，由于犯罪分子意志以外的原因而未得逞的，是犯罪未遂。对于未遂犯，可以比照既遂犯从轻或者减轻处罚。犯罪未遂一般由以下三个要件构成：

(1) 行为人已经着手实行犯罪，是指行为人开始实施刑法分则规定的作为某种具体犯罪构成要件的行为。

(2) 犯罪没有得逞，指犯罪的直接故意内容没有完全实现，没有完成某一犯罪的全部构成要件。犯罪是否得逞应从以下三个方面判断：

① 结果犯。刑法分则明确规定以一定的物质性的犯罪结果作为其犯罪构成的客体要件的结果犯，应当以法定的犯罪结果是否发生，作为犯罪是否得逞的标志，如故意杀人罪。

② 行为犯。刑法分则明确规定以完成一定的行为作为其犯罪构成要件的行为犯，以法定的犯罪行为是否完成，作为犯罪是否得逞的标志，如强奸罪。

③ 危险犯。刑法分则明确规定以造成某种危害结果的危险状态作为其犯罪构成要件的客观要件的危险犯，以是否造成了某种危险状态，作为犯罪是否得逞的标志，如破坏交通工具罪。

(3) 犯罪未得逞是由于行为人意志以外的原因。这种意外的原因是指违背行为人本意的原因。

三、犯罪中止

我国刑法第二十四条第一款规定犯罪中止的概念是“在犯罪过程中，自动放弃犯罪或者自动有效防止犯罪结果发生的，是犯罪中止。”犯罪中止存在两种情况：一是在犯罪预备阶段或者在实行行为还没有实行终了的情况下，自动放弃犯罪；二是在实行行为实行终了的情况下，自动有效地防止犯罪结果的发生。我国刑法规定，对于中止犯，没有造成损害的，应当免除处罚；造成损害的，应当减轻处罚。

犯罪中止的成立必须具备以下要件：

(1) 在犯罪过程中中止。犯罪既遂或者未遂后再主动退赃、退赔或者悔过等行为不能认定为犯罪中止。

(2) 犯罪中止的自动性。犯罪中止的自动性是指犯罪中止必须是行为人在自认为(确信)当时能够完成犯罪的情况下，基于本人的意志决定而停止犯罪行为，或者主动防止危害结果的发生。关键在于中止犯罪必须处于行为人本人的医院。

(3) 犯罪中止的有效性。犯罪中止的有效性是指在犯罪完成以前自动放弃犯罪或者有效防止犯罪结果的发生。

案例 5

【基本案情】

大学生陈某在逛商场时，趁珠宝柜台的售货员接待其他顾客时，伸手从柜台内拿出一个价值 2300 元的戒指，握在手中，然后继续在柜台边假装观看。几分钟后售货员发现少了一个戒指并怀疑陈某，便立即报告保安人员，陈某见状，速将戒指扔回柜台内后逃离。

【案例解析】

关于本案，陈某的盗窃行为已经既遂，陈某将戒指扔回柜台内不属于中止行为，而应属于犯罪既遂后返还财物的行为。就盗窃罪而言，其危害程度的大小不在于行为人是否控制了财物，而在于被害人是否丧失了对财物的控制。因此，即使行为人没有控制财物，但只要被害人丧失了对财物的控制，就成立盗窃既遂。

案例 6

【基本案情】

被告人胡某告诉被告人周某当地的古城遗址可能有古董、铜钱等文物，二人遂商定到古城遗址转一圈，看能否有所收获。某日下午，经踩点布局后，胡某驾车带着周某来到古城遗址，使用铁锹在遗址西门南侧斜坡上进行盗掘，但只挖到一块普通的石头，并未挖掘到文物，二人遂将挖掘的盗坑和石头制作成视频在朋友圈发布，然后自行离开。二人离开时在现场留下了盗坑，此盗坑距离古城遗址石碑有 10 多米。经当地博物馆鉴定，胡某、周某的盗掘行为对保护古城遗址本体局部造成了轻微的损坏，对古城遗址的历史、艺术、科学价值不构成损害。归案后，被告人胡某、周某如实供述了犯罪事实，并在庭审中自愿认罪认罚。

【案例解析】

法院审理后认为，被告人胡某、周某共谋实施盗掘被确定为全国重点文物保护单位的古文化遗址，其行为已构成盗掘古文化遗址罪。胡某、周某在犯罪行为既遂之前，自动放弃犯罪，是犯罪中止，对胡某、周某予以减轻处罚。胡某、周某到案后能如实供述犯罪行为，是坦白，依法予以从轻处罚；胡某、周某自愿认罪认罚，依法予以从宽处理。鉴于胡某、周某系初犯、偶犯，其犯罪行为尚未造成严重后果，到案后能够认罪悔罪，适用缓刑对其所居住社区无重大不良影响，遂依法作出胡某、周某均被以盗掘古文化遗址罪判处有期徒刑三年，缓刑三年，各处罚金 1 万元。

第五节　共同犯罪

一、共同犯罪的概念

共同犯罪分为一般共犯和特殊共犯两种，特殊共犯即犯罪集团。一般共犯是指二人以上共同故意犯罪，而三人以上为共同实施犯罪而组成的较为固定的犯罪组织，是犯罪集团。组织、领导犯罪集团进行犯罪活动的，或者在共同犯罪中起主要作用的，是主犯。对组织、领导犯罪集团的首要分子，按照集团所犯的全部罪行处罚。在此之外的主犯，应当按照其所参加的或者组织、指挥的全部犯罪处罚。共同犯罪人除主犯、从犯、胁从犯之外，还有教唆他人犯罪的教唆犯。

二、共同犯罪的未完成形态

共同犯罪的未完成形态是司法实践中比较复杂的现象，在共同犯罪行为同步的情况下，共同犯罪形态的认定比较容易。但在共同犯罪行为不同步的情况下，如有人实施犯罪预备行为而其他人实施犯罪实行行为，或者有人在犯罪过程中自动中止犯罪而其他人继续实施犯罪行为等，共同犯罪形态的认定就会出现困难。共同犯罪未完成形态的认定可以分两种情况来分析：

(1) 在共犯人中没有人成立犯罪中止的情况下，共同犯罪的形态与各共犯人的形态是一致的，这种情况下判断各共犯人的犯罪形态应当遵循三个原则：

① 一人着手，全体着手。

② 一人既遂，全体既遂。

③ 部分实行，全部责任。

(2) 在共犯人中有人成立犯罪中止的情况下，各共犯的犯罪形态按以下原则处理：

① 就共同正犯而言，当所有正犯者都要自动中止犯罪时，均成立中止犯。

② 共同正犯中的部分正犯自动停止犯罪，并阻止其他正犯实施犯罪或者阻止结果发生时，这部分正犯成立中止犯，但其他正犯的行为导致结果发生的，全体正犯均成立既遂犯。

③ 共同正犯中的部分正犯停止自己的行为，但其他正犯的行为导致结果发生的，全体正犯均成立既遂犯。

三、共同犯罪的构成要件

共同犯罪的构成要件主要包括三方面的内容：

(1) 共同犯罪的主体必须是两个以上达到刑事责任年龄、具有刑事责任能力的自然人或者组织。

(2) 共同犯罪必须具有共同的犯罪行为。即各共同犯罪人的行为都是指向同一的目标，彼此联系、互相配合，结成一个有机的犯罪行为整体。共同犯罪的犯罪行为主要有以下几个方面：

① 实行行为。共同犯罪中的实行行为，是指直接实行刑法分则规定的行为。如果共同犯罪中只有一个实行犯，那么该实行犯的实行行为无异于单独犯罪。而在具有两个以上的实行犯的场合，并不一定要求其中每一个人的行为都独立地完全符合犯罪构成的要件，只要其行为结合在一起而符合某一犯罪的构成要件即可。

② 组织行为。组织行为是指组织犯所实施的指挥、策划、领导犯罪的行为。这些行为不是刑法分则所规定的犯罪的实行行为，而是由刑法总则加以规定的。当然，刑法分则中有的条文把某些组织行为直接规定为犯罪，例如刑法第一百二十条规定了组织、领导、参加恐怖组织罪。在这一犯罪中，包含组织恐怖活动的行为。这一组织行为就属于刑法分则所规定的犯罪的实行行为。而在其他犯罪中，如抢劫集团，其中首要分子有的只在幕后起组织作用，本人不直接实施抢劫行为，其组织行为不是刑法分则所规定的犯罪的实行行为。对这种实施组织行为的首要分子定罪的时候，必须把刑法总则关于共同犯罪的规定与刑法分则关于具体犯罪的规定有机地结合起来加以认定。

③ 教唆行为。教唆行为是指能够引起他人实行犯罪的意图的行为。教唆行为不是刑法分则所规定的犯罪的实行行为，因此，只有把教唆行为和实行行为有机地结合起来，才能解决教唆犯的定罪问题。教唆行为的形式是各式各样的，如劝说、请求、挑拨、刺激、利诱、威胁等。教唆既可以用口头表达，也可以用书面表达，还可以用打手势、使眼神等人体动作表达。

④ 帮助行为。帮助行为是指为其他共同犯罪人实行犯罪创造便利条件，在共同犯罪中起次要或辅助作用的行为。帮助行为不是刑法分则所规定的犯罪的实行行为，因此，只有把帮助行为和实行行为有机地结合起来，才能解决帮助犯的定罪问题。在共同犯罪中，帮助行为可能表现为各种不同的形式。从帮助行为的性质来分，可以分为狭义帮助和隐匿帮助。狭义帮助指通过提供犯罪工具、指示犯罪目标或清除犯罪障碍等方法帮助他人实施犯罪。隐匿帮助指事前通谋，事后隐匿罪犯、罪证或湮灭罪迹等帮助行为。从帮助行为的

形式来分，可以分为物质性帮助和精神性帮助。物质性帮助是指物质上、体力上的帮助，如提供犯罪工具、窥测被害人行踪、排除犯罪障碍等，在刑法理论上又称为有形帮助。精神性帮助是指精神上、心理上的支持，如帮助实行犯出主意、想办法、撑腰打气、坚定其决心等，在刑法理论上又称为无形帮助。从帮助的时间来分，可以分为事前帮助、事中帮助和事后帮助。事前帮助主要指事前为实行犯实行犯罪创造便利条件的行为。例如，仓库看守与盗窃犯合谋，首先打开仓库的大门，为盗窃创造有利条件，就是事前帮助行为。事后帮助主要是指事后的隐匿行为，但它以事前通谋为前提，否则不构成共同犯罪。事中帮助是指实施犯罪的过程中进行帮助。

(3) 共同犯罪必须具有共同的犯罪故意。各共同犯罪人的行为都与发生的犯罪结果有因果关系。

四、共同犯罪人的刑事责任

1. 主犯及其刑事责任

根据刑法第二十六条第一款的规定："组织、领导犯罪集团进行犯罪活动或者在共同犯罪中起主要作用的，是主犯。"主犯包括两类：一是组织、领导犯罪集团进行犯罪活动的犯罪分子，即犯罪集团中的首要分子；二是其他在共同犯罪中起主要作用的犯罪分子，即除犯罪集团的首要分子以外的在共同犯罪中对共同犯罪的形成、实施与完成起决定或重要作用的犯罪分子。犯罪分子是否起主要作用，应从主客观方面进行综合判断。对主犯的认定，应以共犯人的主客观事实为依据，以刑法第二十六条的规定为准绳，不能任意扩大或者缩小主犯的范围。

对于组织、领导犯罪集团进行犯罪活动的首要分子，按照集团所犯的全部罪行处罚，即除了对自己直接实施的具体犯罪及其结果承担刑事责任外，还要对集团成员按该集团犯罪计划所犯的全部罪行承担刑事责任。但首要分子对于集团成员超出集团犯罪计划(集团犯罪故意)所实施的罪行，不承担刑事责任。对于犯罪集团的首要分子以外的主犯，应分为两种情况处罚：① 对于组织、指挥共同犯罪的人，应当按照其组织、指挥的全部犯罪处罚；② 对于没有从事组织、指挥活动但在共同犯罪中起主要作用的人，应按其参与的全部犯罪处罚。

2. 从犯及其刑事责任

根据刑法第二十七条第一款的规定，在共同犯罪中起次要或者辅助作用的，是从犯。从犯包括两种人：一是在共同犯罪中起次要作用的犯罪分子，即对共同犯罪的形成与共同犯罪行为的实施、完成起次于主犯作用的犯罪分子；二是在共同犯罪中起辅助作用的犯罪分子，即为共同犯罪提供有利条件的犯罪分子，通常是指帮助犯。

从犯是相对于主犯而言的。主犯是共同犯罪中的核心人物，没有主犯就不可能成立共同犯罪。在共同犯罪中，只有主犯(须二人以上)没有从犯的现象是存在的，而只有从犯没有主犯的现象则不可能存在。从犯也应对自己参与的全部犯罪承担刑事责任，但根据刑法第二十七条第二款的规定，对于从犯，应当从轻、减轻或者免除处罚。

3. 胁从犯及其刑事责任

根据刑法第二十八条的规定，胁从犯是被胁迫参加犯罪的人，即在他人威胁下不完全自愿地参加共同犯罪，并且在共同犯罪中起较小作用的人。如果行为人起先是因为被胁迫而参加共同犯罪，但后来发生变化，积极主动实施犯罪行为，在共同犯罪中起主要作用，则不宜认定为胁从犯。由于胁从犯是共犯人的一种，具有犯罪故意与犯罪行为，故行为人身体完全受强制、完全丧失意志自由时实施的某种行为，以及符合紧急避险条件的行为，不成立胁从犯。对于胁从犯，应当按照他的犯罪情节减轻处罚或者免除处罚。

4. 教唆犯的刑事责任

根据刑法第二十九条的规定，处罚教唆犯应当注意以下三点：

(1) 教唆他人犯罪的，应当按照他在共同犯罪中所起的作用处罚。即在教唆犯与被教唆的人构成共同犯罪的情况下，以及被教唆的人虽然没有犯被教唆的罪，但在二人以上共同故意教唆他人犯罪因而构成共同犯罪的情况下，对于教唆犯应当按照他在共同犯罪中所起的主次作用来处罚。如果起主要作用，就按主犯处罚；如果起次要作用，则按从犯从轻、减轻或者免除处罚。

(2) 教唆不满 18 周岁的人犯罪的，应当从重处罚。这是因为选择不满 18 周岁的人作为教唆对象，既说明行为人的主观恶性严重，又说明教唆行为本身的腐蚀性大，社会危害性严重，理应从重处罚。此外，保护青少年健康成长，也是上述规定的政策理由。所应注意的是，对“教唆不满 18 周岁的人犯罪”这一规定，应根据教唆犯的成立条件以及刑法第十七条的规定进行理解。

(3) 如果被教唆的人没有犯被教唆的罪，对于教唆犯，可以从轻或者减轻处罚。这种情况在刑法理论上称为教唆未遂。“被教唆的人没有犯被教唆的罪”通常包括以下情况：① 被教唆的人拒绝教唆犯的教唆；② 被教唆的人虽然接受教唆，但并没有实施犯罪行为；③ 被教唆的人实施犯罪并不是教唆犯的教唆行为所致；④ 被教唆的人虽然实施了犯罪，但所犯之罪的性质与教唆犯所教唆之罪的性质完全不同。在上述情况下，教唆行为并没有造成危害结果，故对教唆犯可以从轻或者减轻处罚。

案例 7

【基本案情】

2000 年起，余某纠集人员在海鲜批发市场内拦截鱼贩的货车，向多名鱼贩收取“保护费”，如遇抵抗，便对其进行殴打，逐渐形成了以其为组织、领导者，骨干成员固定的黑社会性质组织。随后，该组织不断吸纳社会闲散人员、刑满释放人员壮大组织力量，通过实施赌博、开设赌场等违法犯罪活动敛聚财产以维持组织运作。2004 年，余某等人因琐事与被害人一方斗殴，洪某持刀捅刺被害人杨某致其当场死亡。为帮人抢占废品收购市场，余某纠集组织成员前去谈判，并持枪威胁、殴打被害人。

【案例解析】

该组织 8 人通过实施故意伤害、寻衅滋事、插手民间纠纷、非法追债等 10 余起违法犯罪活动，扩大组织影响力，致使当地群众害怕被报复而不敢如实控告，严重破坏了当地经济、社会生活秩序，属于共同犯罪。法院经审理判决：以组织、领导、参加黑社会性质组织罪、故意伤害罪、敲诈勒索罪、寻衅滋事罪、赌博罪、非法捕捞水产品罪等，数罪并罚，分别判处主犯余某、骨干成员洪某死刑，缓期二年执行；其余6名被告人分别被判处有期徒刑十六年六个月至七年六个月不等，部分并处罚金。

第六节　“校园贷”的刑法规制

一、“校园贷”的概念

关于“校园贷”的概念，学术界和实务界并未形成统一定论。一般来说，“校园贷”又称校园网贷，是指年满十八周岁的在校大学生以个人信用为担保，通过网络渠道向网贷机构申请贷款，获得资金的行为。

二、“校园贷”的类型

“校园贷”主要分为以下几种类型：

(1) 由传统电商平台提供的信贷业务，主要是以购物为目的提供的信贷。

(2) 专门以大学生为客户的分期购物平台。该类型主要针对在校大学生，用以满足大学生的购物需求。与第一类相比，该类型并不以传统电商平台的存在为发放信贷的前提。

(3) 专门以提供现金贷款服务的网络借贷平台。此类平台只提供现金借贷服务，借助于互联网，借贷双方无须线下接触，在不依赖特定电商平台的情况下，线上即可实现借贷交易。审核简单，放贷迅速。该类借贷平台中，有的平台为了吸引客户、扩展业务，存在虚假宣传“零首付、低利率”的问题，但实际利率往往相对较高，在借款人逾期后往往会面临高额的逾期利息和违约金等问题。

(4) 传统银行针对在校大学生推出的一些信贷业务。

(5) “裸贷”。“校园贷”的一种违法形式，主要针对在校女大学生。有的放贷者为了避免放贷风险，让不少女大学生“裸贷”，即放贷者手握贷款女大学生的裸体照片，学生一旦违约不能如期还款，就要挟在网上公布其裸照。为此，不少女大学生被骗钱、骗色，或被迫卖淫，而“裸贷”已经形成一条黑色产业链。

三、“校园贷”的主要特征

(1) “校园贷”的借款人为在校大学生。由于在校大学生的经济能力有限，因此造成违约风险较高。

(2) 门槛低，审核流程简单，放款迅速。传统银行对借款人的要求较高，往往需要借款人提供担保，而且有严格的审核程序，放款速度较慢。但“校园贷”借助于互联网技术优势，当成年在校大学生完成注册、认证等程序后即可办理信贷业务，且审核便捷、流程简单，放款迅速，时间较短。低门槛、高利率、无担保、无抵押，几乎成为了校园贷的专用广告词，“额度小”是为了迎合大学生的借款需求。

(3) 多采用免息、低利率的宣传方式，而实际费用较高，设置在法律强制性规定的边缘。

(4) 债务越滚越大。若借款学生无法偿还贷款，借贷公司会主动为其介绍到另外一家借贷公司借钱，来偿还自家公司的欠款。这就意味着拆了东墙补西墙，借款人将签下更高额的欠款合同，借款人的债务如雪球般越滚越大。

四、“校园贷”的危害与法律措施

“校园贷”严重扰乱校园环境和市场环境，严重危害学生人身财产安全和社会稳定。2016年4月，教育部与银监会联合发布了《关于加强校园不良网络借贷风险防范和教育引导工作的通知》，明确要求各高校建立校园不良网络借贷日常监测机制和实时预警机制，同时，建立校园不良网络借贷应对处置机制。2017年9月6日，教育部发布明确“取缔校园贷款业务，任何网络贷款机构都不允许向在校大学生发放贷款”。2020年1月2日，最高人民法院发布《关于在执行工作中进一步强化善意文明执行理念的意见》。意见明确规定，全日制在校生因“校园贷”纠纷成为被执行人的，一般不得对其采取纳入失信名单或限制消费措施。

五、“校园贷”的法律偿还

面对不良“校园贷”，学生所借贷的款项，从法律意义上的偿还有以下几种区分。

(1) 司法保护区(≤24%)借贷双方约定的利率未超过年利率24%，出借人请求借款人按照约定的利率支付利息的，人民法院予以支持。

(2) 自然债务区(24%～36%)借贷双方若约定的利率区间在 24%～36%之间，则超过24%的利息部分，属于自然债务，如果已支付该部分利息，属于自愿履行范畴，不能请求返还债务。如果尚未支付该部分利息，请求借款人支付的，不予支持。

六、从“校园贷”到“套路贷”

“套路贷”是以“借款”为名行非法占有被害人财物之实。“套路贷”的实质是一个披着“民间借贷”外衣行诈骗之实的骗局。同“校园贷”一样，“套路贷”把魔爪同样伸向了缺乏社会经验和人际交往经验的在校大学生。

“套路贷”已具备知识型犯罪的雏形，甚至有个别法律从业人员成为作案人的共谋或“军师”，给予其专业的“法律指导”，提升“虚假诉讼”的胜诉率，获取高额犯罪所得。

“套路贷”一般以通过推荐相关网购平台借款还款作为套路，一步步诱骗大学生落入“套路贷”陷阱，而后通过恐吓、威胁、辱骂的方式，运用“疯狂轰炸”等软件骚扰学生的家长、同学和老师，甚至用作图软件制作受害人及其同学、老师的裸体照、灵堂照等，在校园广泛传播，给借款人施加巨大精神压力。

“套路贷”的一般“套路”是：首先，抛撒诱饵、寻找目标，随即给你签订合同、固定证据，为后续的行骗做充足的准备；然后就是制造逾期，认定违约，行骗开始；接着就是转单平账，垒高金额；最后，软硬兼施，恶意讨债，以达到被害人支付高额利息的目的。

“套路贷”与“民间借贷”的区别：“套路贷”与平等主体之间基于自治而形成的民事借贷关系存在本质区别，“民间借贷”的出借人是为了到期按照协议约定的内容收回本金并获取利息，不具有非法占有他人财物的目的，也不会在签订、履行借贷协议过程中实施虚增借贷金额、制造虚假给付痕迹、恶意制造违约、肆意认定违约、毁匿还款证据等行为。司法实践中区分“套路贷”与“民间借贷”主要通过结合案件事实和证据、综合考虑借贷有无非法占有他人财产的目的、是否具有“诈骗”性质、讨债手段是否具有强制性来判断。

“套路贷”与高利贷的区别：

(1) 从行为目的来看，“套路贷”实施者以“借款”为幌子行恶意占有受害人财产之实；而放高利贷的行为则希望通过放款行为收回本金，并获得高于银行借款的收益。

(2) 从侵害的客体来看，“套路贷”行为会对金融管理秩序造成破坏，其社会危害性大，且不同的方式可能侵害不同客体；而通过高利贷放款谋取收益的行为主要破坏的是金融管理方面的秩序。

(3) 从产生的法律效果来看，“套路贷”属于应当依法惩治的违法犯罪行为；而高利贷放款行为以意思自治为前提，符合国家法律规定范围内的利息，是受法律保护的。

“套路贷”违法犯罪活动隐蔽性强、获利快、收益高且易于复制传播，危害极大。

(1) 侵害人民群众的合法权益。许多受害人一开始贷款金额很小，但在犯罪嫌疑人的“套路”和威逼利诱之下，很快就背负上巨额债务，有的受害人为此倾家荡产，只能卖房还债，甚至被逼自杀。

(2) 扰乱正常金融秩序。“套路贷”团伙普遍不具有金融资质，以民间借贷为幌子从事非法放贷活动，表面上按照国家有关规定，与借款人签订的是年利率24%的借条合同，而实际还款中往往是按照超过2000%收取利息，远远超过法律规定标准。

(3) 衍生出多种刑事犯罪。犯罪嫌疑人为催收债务，一般采取辱骂、恐吓、威胁等软暴力手段，有时还伴有暴力性犯罪行为，涉嫌非法拘禁、敲诈勒索、寻衅滋事等多种违法犯罪。

(4) 影响社会稳定。一些“套路贷”借助网络平台，从线下向线上蔓延，由传统的接触式犯罪转变为新型非接触式犯罪，侵害的群体人数更多、范围更广，社会危害大。

随着扫黑除恶专项斗争的进一步深入，“套路贷”也被纳入大众视野，成为扫黑除恶的重点目标。2019年4月9日全国扫黑办在北京首次举行新闻发布会，公布最高人民法院、最高人民检察院、公安部、司法部联合印发的《关于办理恶势力刑事案件若干问题的意见》《关于办理“套路贷”刑事案件若干问题的意见》《关于办理黑恶势力刑事案件中财产处置若干问题的意见》《关于办理实施“软暴力”的刑事案件若干问题的意见》，对恶势力违法犯罪认定、依法打击“套路贷”、处置黑恶势力犯罪涉案财产等方面作出进一步明确、细化。《关于办理“套路贷”刑事案件若干问题的意见》指出，“套路贷”是以非法占有为目的，假借民间借贷之名，诱使或迫使被害人签订“借贷”或变相“借贷”“抵押”“担保”等相关协议，通过虚增借贷金额、恶意制造违约、肆意认定违约、毁匿还款证据等方式形成虚假债权债务，并借助诉讼、仲裁、公证或者采用暴力、威胁以及其他手段非法占有被害人财物的相关违法犯罪活动的概括性称谓。该意见强调，司法实践中，应当注意非法讨债引发的案件与“套路贷”案件的区别，犯罪嫌疑人、被告人不具有非法占有目的，也未使用“套路”与借款人形成虚假债权债务，不应视为“套路贷”。因使用暴力、威胁以及其他手段强行索债构成犯罪的，应当根据具体案件事实定罪处罚。同时，该意见明确，以老年人、未成年人、在校学生、丧失劳动能力的人为对象实施“套路贷”，或者因实施“套路贷”造成被害人或其特定关系人自杀、死亡、精神失常、为偿还“债务”而实施犯罪活动的，除刑法、司法解释另有规定的外，应当酌情从重处罚。

全国公安机关在扫黑除恶专项斗争中，对“套路贷”新型黑恶势力犯罪开展集中打击，打掉了一大批“套路贷”黑恶团伙，取得了显著成效。截至2019年11月底，全国公安机关共打掉“套路贷”团伙 1664 个，共破获诈骗、敲诈勒索、虚假诉讼等案件 21 624 起，抓获犯罪嫌疑人 16 349 名，查获涉案资产 35.3 亿余元。

案例 8

【基本案情】

大学生彭某因生活学习需要在朋友杨某的介绍下来到某从事借贷业务的公司处借款 3000 元。但在签订借款合同时，合同金额为 5000 元，杨某表示 3000 元为借款，其他 2000 元是公司平台收取的管理费等，根据合同约定，彭某应当在一周内还清借款 5000 元。还款日到期后，彭某并未如约还款。杨某将彭某介绍给张某，张某与彭某签订了新的借款合同，根据该合同约定，张某借款给彭某 15 000 元，其中 5000 元用于偿还公司的欠款，另外 10 000 元为中介费等，同时合同中对利息和罚息进行了约定。因彭某缺乏收入，还款日到期后，并没有如期还款。随着时间的延长，15 000 元的借款已随着利息涨到了 27 000 元。随后，张某为了“帮助”彭某还款，将彭某介绍给了李某。李某帮彭某还款后，让彭某签了一份 40 000 元的借款合同，其中 27 000 元用于向张某偿还借款，剩余 13 000 元为中介费等。此时距离张某第一次向杨某借款仅两个月，3000 元的借款就变为了 40 000 元。之后李某要求彭某还款，彭某无力还款，李某多次纠缠彭某，并表示要提起诉讼。彭某身心俱疲，在家人朋友的帮助下向公安机关报案，经公安机关侦查后了解，杨某等人存在关联关系。案件提起公诉后，人民法院判决杨某、张某、李某犯诈骗罪，判处有期徒刑不等的刑罚。

【案例解析】

不良平台和别有用心的人往往借“校园贷”之名进行“套路贷”。所谓“套路贷”，是指对以非法占有为目的，假借“民间借贷”之名，诱使或迫使被害人签订“借贷”或变相“借贷”“抵押”“担保”等相关协议，通过虚增借贷金额、恶意制造违约、肆意认定违约、毁匿还款证据等方式形成虚假债权债务，并借助诉讼、仲裁、公证或者采用暴力、威胁以及其他手段非法占有被害人财物的相关违法犯罪活动的概括性称谓。“套路贷”是在实务中对假借“民间借贷”之名非法占有他人财物的类型化违法犯罪的概括性称谓。“校园‘套路贷’”主要包括以下三个方面：

(1) 行为目的非法性，即犯罪分子是以非法占有被害人财物为目的实施“套路贷”。

(2) 债权债务虚假性，即犯罪分子假借“民间借贷”之名，通过使用“套路”，诱使或迫使被害人签订“借贷”或变相“借贷”“抵押”“担保”等相关协议，进而通过虚增借贷金额、恶意制造违约、肆意认定违约等方式形成虚假债权债务。对于犯罪分子来说，“借贷”是假，侵犯被害人的财产权利是真，“借贷”仅是一个虚假表象。

(3) “讨债”手段多样性，即在被害人未按照要求交付财物时，“套路贷”犯罪分子会借助诉讼、仲裁、公证，或者采用暴力、威胁以及其他手段向被害人强行“讨债”，以此实现对被告人财物的非法占有。其中，“套路贷”犯罪分子借助公证，既有可能是为之后以虚假事实提起诉讼或者仲裁准备证据，也有可能是利用民事诉讼法中公证债权文书执行的相关规定，直接申请强制执行案涉“公证债权文书”，非法占有被害人财物。如本案中，杨某等人一开始就是想通过向彭某出借款项的方式，掩盖他们占有彭某财产的非法目的。杨某等人仅向彭某借款3000元，但通过不断转手，在不到两个月的时间内，将3000元的债权上涨了十数倍，存在虚构债务，符合“套路贷”的表现形式。

根据最高人民法院最高人民检察院公安部司法部《关于办理“套路贷”刑事案件若干问题的意见》第四条之规定，实施“套路贷”过程中，未采用明显的暴力或者威胁手段，其行为特征从整体上表现为以非法占有为目的，通过虚构事实、隐瞒真相骗取被害人财物的，一般以诈骗罪定罪处罚；对于在实施“套路贷”过程中多种手段并用，构成诈骗、敲诈勒索、非法拘禁、虚假诉讼、寻衅滋事、强迫交易、抢劫、绑架等多种犯罪的，应当根据具体案件事实，区分不同情况，依照刑法及有关司法解释的规定数罪并罚或者择一重处。本案中，杨某等人并未采取暴力手段，主要采取“骗”的方式，即虚构事实、隐瞒真相的形式骗取彭某的财产，实现自己的非法目的，因此，依据刑法第二百六十六条之规定，杨某等人的行为构成诈骗罪。

案例9

【基本案情】

2018年5月17日，西安大学生小朱走出宾馆赴河北找工作，在当地的一个废品收购站服毒自杀。正当家人沉浸在悲痛中时，小朱留下的电话却每天接到大量来自网贷平台的催款电话，小朱借款均为分期贷，每期还款数百到一两千不等，其中有一笔总额为9000余元。

【案例解析】

案例中这里所谓的“校园贷”，本质上就是高利贷。国家规定，只有经银监部门批准设立的从事贷款业务的金融机构及其分支机构有权发放贷款，其他任何机构和个人都不得以任何名义发放贷款。校园贷一般不属于金融贷款，属于普通经济行为，按“民间借贷”纠纷处理。

根据我国法律相关规定，“民间借贷”约定的利率在年利率24%～36%之间，属自然债务区，法律既不支持也不反对；借贷双方约定的利率超过年利率36%，超过部分被认定为无效利息，借款人可要求出借人返还已支付的超过年利率36%部分的利息。因此，如果借款人觉得约定的利息太高，或是还款方式不能继续履行，借款人可以通过诉讼方式要求对方在合法范围内变更之前的约定。

所谓的专门向学生提供的贷款通常都是高利息，超过法律所允许的利率范围。尽管贷款也像“周瑜打黄盖”一样一个愿打一个愿挨，可这些高额利息对于自身没有任何经济来源的学生来说，还不上的可能性比较大，一旦出现逾期，那么就会像小朱一样，碰上被人恶意催收。因此要加强对大学生消费观念的教育力度，从源头上遏制“校园贷”乱象。

第七节　强奸罪的刑法规制

一、强奸罪的概念

依据我国刑法第二百三十六条规定，强奸罪包括两种类型，一是普通强奸，即以暴力、胁迫或者其他手段，强行与妇女发生性关系；二是奸淫幼女，即与不满十四周岁的幼女发生性关系。

强奸罪所保护的法益是妇女的性自主权，但因为未满十四周岁的幼女缺乏决定性行为的能力，因此，即便是获得幼女的同意，只要与其发生性关系，也应当认定为侵犯了幼女的性自主权。《最高人民法院关于行为人不明知是不满十四周岁的幼女双方自愿发生性关系是否构成强奸罪问题的批复》(法释[2003]4 号)曾规定，行为人明知是不满十四周岁的幼女而与其发生性关系，不论幼女是否自愿，均应依照刑法第二百三十六条第二款的规定，以强奸罪定罪处罚；行为人确实不知对方是不满十四周岁的幼女，双方自愿发生性关系，未造成严重后果，情节显著轻微的，不认为是犯罪。但是目前该批复已经废止，因此，无论是否知道未满十四周岁，只要与未满十四周岁的幼女发生性关系就以强奸罪定罪处罚。

二、强奸罪的构成要件

(1) 强奸罪的行为主体一般是年满十四周岁的男子，妇女可以成为强奸罪的共犯。关于在婚姻关系存续期间，丈夫违背妻子意志，采取暴力等强制手段与妻子发生性关系的行为是否构成强奸罪，目前争议较大。但一般认为，在婚姻关系正常存续期间，基于一般社会观念，丈夫强行与妻子发生性关系的，不应当认定为强奸罪。但是，在离婚诉讼期间，或者夫妻双方因各种纠纷而分居期间，丈夫采取暴力等手段强行与妻子发生性关系的，应当认定为强奸罪。另外，对于丈夫帮助、教唆他人强奸妻子的，丈夫与他人共同轮奸妻子的，以及丈夫当众强行与妻子发生关系的，应当认定为强奸罪。

(2) 强奸罪的犯罪对象为“妇女”。无论妇女的生活作风、思想品德如何，结婚与否，均不影响行为人成立强奸罪。另外，妇女采用暴力、胁迫等强制手段强行与男性发生性关系，以及男性采用暴力等强制手段强行与其他男子实施非自然性关系的，不成立强奸罪，但成立强制猥亵罪。

(3) 强奸罪的行为内容是以违背妇女意愿的方式强行与妇女发生性关系。强奸罪以违背妇女意志为前提，当行为人的行为违背了妇女的性自主权时，方可构成强奸罪。是否违背妇女意志，不应只从表面上看妇女有无反抗、拒绝的表示，还应当考虑妇女能否反抗、是否知道反抗、是否敢于反抗等情形。行为人所采取的方式可以是暴力、胁迫、或者其他某种足以使妇女不能反抗、不敢反抗或者不知反抗的方式。

(4) 行为人在犯罪的主观方面表现为故意。强奸罪的故意内容是，明知自己以暴力、胁迫等强制手段与妇女发生性关系的行为，会发生侵害妇女性自主决定权的结果，并且希望或者放任这种结果的发生。行为人误以为对方是自己的妻子或者情妇而实施性交行为的，不成立强奸罪。

案例 10

【基本案情】

李某与徐某系亲戚关系，2018 年 6 月徐某将被害人李某带至陈某家中聚会，因时间较晚，陈某挽留徐某和李某在家中过夜，两张床间仅有布帘相隔。当晚，徐某采用打耳光、按压等手段强行与被害人李某发生性关系。其间，被害人李某反抗并向在同一房间内的陈某求救，陈某仅仅是一般性地劝阻，但徐某不闻不问，强行与李某发生了性关系。李某向公安机关报案后，公安机关对徐某、陈某采取了强制措施，后公诉机关移送审查起诉。公诉机关认为，徐某、陈某的行为已构成强奸罪。庭审中，徐某对强奸罪的罪名和犯罪事实无异议。陈某辩称其没有实施强奸李某的行为，也没有帮助徐某强奸李某，相反还对徐某的行为进行了口头劝阻，因此认为自己不构成犯罪。

法院经审理后认为，被告人徐某违背妇女意志，采用暴力手段，强行与妇女发生性关系，其行为已触犯刑法第二百三十六条第一款之规定，构成强奸罪。被告人陈某留宿被告人徐某和被害人与其同房居住，两床间仅有布帘相隔，作为房间提供者，被告人陈某负有相应的安全保障义务；作为被告人徐某的长辈亲属，被告人陈某负有约束晚辈不当行为的责任。陈某作为被害人当时唯一的求助对象，在其人身未受到暴力胁迫、实施救助不会损害自身权利，且有救助的能力时，被告人陈某并未积极履行上述义务与责任，致使被告人徐某的强奸行为得以实行完毕，该消极不作为行为与被害人的性自由权遭受侵害具有刑法上的因果关系。在主观方面，虽然被告人陈某与被告人徐某并未实施强奸的事前通谋，但在被害人明确向陈某求救以后，陈某仅以言辞稍微制止，其后便任由徐某肆意实施奸淫行为，对事态的发展持听之任之的放任态度，具有间接故意，构成共犯关系上的事中故意。因此，被告人陈某与被告人徐某构成强奸罪的共犯。被告人徐某直接实施了强奸行为，在共同犯罪中起主要作用，系主犯。鉴于被告人徐某在庭审中能自愿认罪，可酌情从轻处罚。被告人陈某为强奸行为提供帮助，在共同犯罪中起辅助作用，系从犯，依照刑法第二十七条之规定，并根据其犯罪情节，依法可对其免除处罚。为严肃国家法制，保障妇女的性权利不受侵犯，依照刑法第二百三十六条第一款，第二十五条第一款，第二十六条第一款、第四款，第二十七条之规定，判决：① 被告人徐某犯强奸罪，判处有期徒刑三年六个月；② 被告人陈某犯强奸罪，免予刑事处罚。

【案例解析】

本案的争议焦点为：陈某消极不作为的行为是否构成强奸罪的共犯。第一种观点认为陈某构成强奸罪的共犯。因为陈某负有阻止徐某实施强奸行为的义务，也具有履行阻止强奸行为义务的能力，能阻止而不阻止，主观上具有片面的共犯故意。但因陈某是不作为犯罪，仅在共同犯罪中起辅助作用，是帮助犯，可以对陈某从轻、减轻或者免除处罚。第二种观点认为陈某不构成强奸共犯。该观点的理由：一是陈某给被害人提供住宿时，陈某不需要为被害人的安全提供保障义务；二是陈某提供住宿行为所带来的危险存在于被害人独自的责任范围内；三是当被害人面临危险成为现实时，先行行为人并没有排他性地成为被害人获救的唯一可能。从裁判结果来看，法院采纳了第一种观点：

(1) 陈某对危害结果的发生负有特定的避免义务。本案中被告人陈某留宿被告人徐某和被害人与其同房居住，两床间仅有布帘相隔，作为房间提供者，被告人陈某负有相应的安全保障义务；作为被告人徐某的长辈亲属，被告人陈某亦负有约束晚辈不当行为的责任。在被告人徐某实施强奸行为时，其当然具有阻止危害后果发生的义务，这种特定义务来源的种类应当属于法律行为引起的作为义务。就本案而言，我们在评价何为法律明文规定的义务和法律行为引起的作为义务时，不应当狭义地理解为仅指刑法上的规定或仅限于刑事法律行为。该法律行为是指在法律上能够产生一定权利义务的行为，若一定法律行为产生了某种积极义务，行为人不履行该义务就会使刑法所保护的特定利益受到威胁或侵害，则该义务就成为不作为犯罪的义务来源。在我国现阶段，产生作为义务的法律行为主要有合同行为和自愿行为两种。本案中被告人陈某，作为房间的提供者和管理者，对一定空间内具有安全保障义务，系民法上的义务体现。正是由于其没有履行这项义务，才使刑法所保护的妇女的性自由权利受到侵害。

(2) 被告人陈某具有履行义务防止危害后果发生的能力。本案中，被告人陈某作为被害人当时唯一的求助对象，其具有完全的刑事责任能力，对于被害人的救助行为有足够的认识与判断，在其人身未受到暴力胁迫、实施救助不会损害自身权利，且有救助的能力时，被告人陈某并未积极履行上述义务与责任，仅仅是以言辞稍加制止，对事态的发展持听之任之的放任态度，任由被告人徐某肆意实施奸淫行为。

(3) 由于被告人陈某没有履行特定的作为义务引起被害人遭受强奸的危害结果。本案中陈某的不作为切切实实造成了受害人被强奸这一严重的危害后果，使受害人的性自主权受到侵害。

(4) 陈某与徐某存在事中的犯罪故意。被告人徐某欲与被害人强行发生性关系，其主观上是积极追求的，其也认识到被告人陈某的不加制止实际上坚定了、助长了其实施犯罪的主观恶意。被告人陈某对被告人徐某的犯罪行为有能力进行判断，也有明确的认识，却未能采取有效措施加以制止，足以说明两被告人的主观认识是相互的、明确的、有恶意的。本案中被告人陈某在被害人明确向其求救后，仅有言语稍加制止，其后便任由被告人徐某实施奸淫行为，对事态的发展持听之任之的放任态度，具有间接故意，构成共同关系上的事中故意。

(5) 陈某的消极不作为和徐某积极谋求奸淫结果发生的行为存在相关性，共同造成了受害人被强奸的危害结果。

因此，虽然陈某没有对受害人实施奸淫行为，但与徐某成立强奸罪的共犯，构成强奸罪。

第八节　电信网络诈骗犯罪的刑法规制

一、电信网络诈骗犯罪的概念

根据最高人民检察院《检察机关办理电信网络诈骗案件指引》的规定：“电信网络诈骗犯罪，是指以非法占有为目的，利用电话、短信、互联网等电信网络技术手段，虚构事实，设置骗局，实施远程、非接触式诈骗，骗取公私财物的犯罪行为。”电信网络犯罪虽然与普通的诈骗罪有所区别，但它并不是一个单独的罪名，而是诈骗罪的一种表现方式，在实务中都是以诈骗罪定罪量刑。

根据刑法第二百六十六条的规定，诈骗罪是指以非法占有为目的，用虚构事实或者隐瞒真相等欺骗方法，骗取公私财物的行为。诈骗罪具有以下特征：

(1) 行为人主观上是出于故意，并且具有非法占有公私财物的目的。

(2) 行为人实施了诈骗行为。至于诈骗财物是归自己挥霍享用，还是转归第三人，不影响诈骗罪的成立。

(3) 诈骗公私财物数额较大才能构成犯罪。根据最高人民法院、最高人民检察院《关于办理诈骗刑事案件具体应用法律若干问题的解释》(法释〔2011〕7号)第一条的规定，诈骗公私财物价值三千元至一万元以上的为数额较大。

电信网络诈骗犯罪除符合诈骗罪的特征以外，还同时具有技术性、非接触性、远程性的特征。技术性是指该类犯罪主要利用电话、短信、互联网等信息交互工具的技术手段。若利用广播电台、报刊等方式实施诈骗，则一般不认为具有技术性。非接触性是指该类犯罪中行为人与被害人无须面对面地直接接触；而实施“线上拉拢，线下骗取”行为的案件属于接触性犯罪，一般不认定为电信网络诈骗。远程性是指该类犯罪中行为人主要利用电信网络技术手段进行远程联系。

二、电信网络犯罪的构成要件

电信网络诈骗犯罪在本质上讲属于诈骗罪，因此，电信网络犯罪的构成要件就是诈骗罪的构成要件。

(1) 行为人在主观上不仅是故意，还具有非法占有的目的。

(2) 行为人实施了欺骗行为。行为人实施欺骗行为的方式可以是多种多样的，但从实质上来讲，欺骗行为是使对方陷入处分财产认识的错误行为。这种欺骗行为在表现形式上主要包括两种方式：一是虚构事实，二是隐瞒真相。

(3) 对方因行为人的欺骗行为产生了错误认识，而且这种认识错误必须是处分财产的认识错误。

(4) 受害人基于错误认识而处分了财产。处分财产是指受害人将自己的财产转移为行为人或者第三人占有。处分财产主要表现为直接交付财产、承诺行为人取得财产、承诺转移财产性利益、承诺免除行为人的债务等。

(5) 行为人或者第三人取得了财产。即受害人处分财产后，行为人获得了财产。获得财产的方式包括两种：一是积极财产的增加，即行为人的财产增加；二是消极财产减少，即行为人的债务减少或者免除。

(6) 受害人的财产遭受损失。

三、校园常见的电信网络诈骗类型

(1) 网络兼职刷单。不法分子谎称可以为学生提供兼职工作，往往都是门槛较低的“网店刷信誉”“网上做任务”等虚假信息，骗取学生缴纳佣金。天上不会掉馅饼，只会偶尔掉陷阱。

(2) 冒充老师。老师或者学校的特殊身份最容易让学生消除戒心。比如，骗子谎称是学校领导，需要送礼，让学生到银行转账给他。

(3) 假冒快递诈骗。由于春节期间快递放假、大量快递积压等待派送，而信息迟迟不更新。骗子瞅准这个时机，假冒快递公司，电话通知事主称快递丢失、公司可以双倍甚至数倍赔偿。随后要求添加事主微信，诱导事主扫二维码，并承诺通过支付宝退款。在扫描二维码并经过支付宝账号和密码进入支付界面后，便跳出了退款页面。当依次输入了姓名、持卡人、卡号、网络密码信息后手机却不断显现超时状态，事主会反复尝试，最终的结果就是支付宝被掏空。

(4) 冒充淘宝客服退款诈骗。不法分子会冒充淘宝客服，以提交订单为成功退款的借口，进行冒充淘宝客服退款诈骗。这些人会先冒充淘宝客服已取得买家的信任，然后向其发出网站链接，骗取买家的信息，以此转走买家的钱财。

(5) 冒充公检法办案人员。冒充公检法是骗子们屡试不爽的“高招儿”，他们往往谎称学生涉及案件，即将被抓捕，从而误导学生一步一步走进圈套。

(6) 虚假中奖诈骗。骗子借助网络、短信、电话、刮刮卡、信件等媒介为平台发送虚假中奖信息，继而以收取手续费、保证金、邮资、税费为由骗取钱财。

(7) 钓鱼网站诈骗。随着互联网的发展，网游、网购也成为人们日常生活的一部分，不法分子又瞄准了这一“商机”，制造一些以假乱真的钓鱼网站来进行诈骗。

(8) 异地消费诈骗。通常受害人接到一条提示如信用卡、储蓄卡在异地消费的短信。要求按照短信里的电话号码打过去咨询，并按照咨询员的要求，将自己卡内的5万余元存款转入“安全账户”，后全部被人转账提走进行诈骗。

案例 11

【基本案情】

2020年2月初，被告人王某通过李某的推荐与被害人杜某成为微信好友。在防控新型冠状病毒肺炎疫情期间，王某在无供应口罩能力的情况下，对杜某谎称其有1000只现货KF4型口罩出售，杜某通过支付宝转账方式向王某支付购买口罩定金人民币5000元，随后王某将杜某的微信删除，所得赃款被其用于个人花销。案发后，王某退赔被害人杜某人民币5000元并取得杜某的谅解。

人民法院认为，被告人王某以非法占有为目的，虚构事实，骗取他人财物，数额较大，其行为已构成诈骗罪，应予惩处。被告人王某在防控突发传染病疫情灾害期间，假借销售用于防控疫情用品的名义进行诈骗，应依法从重处罚。王某经电话传唤归案且能如实供述自己的罪行，系自首，认罪认罚，可依法从轻处罚。王某全部退赔被害人经济损失且取得被害人谅解，可酌情从轻处罚。根据被告人王某诈骗犯罪的事实、性质、情节，以及对于社会的危害程度，依照《中华人民共和国刑法》第二百六十六条、第六十七条第一款、第五十二条、第五十三条，以及《中华人民共和国刑事诉讼法》第十五条、第二百零一条，《最高人民法院、最高人民检察院关于办理妨害预防、控制突发传染病疫情等灾害的刑事案件具体应用法律若干问题的解释》第七条的规定，判决如下：被告人王某犯诈骗罪，判处有期徒刑六个月，并处罚金人民币两千元。

【案件解析】

电信网络诈骗犯罪是诈骗罪的一种表现方式，但是电信网络诈骗在入罪标准、确定量刑起点、基准刑等方面均有区别，电信网站诈骗犯罪相较于普通诈骗犯罪而言，处罚会重。因此，正确区分案件是普通诈骗还是电信网络诈骗对于被告人的定罪量刑具有重要意义。最高人民检察院2018年发布的《检察机关办理电信网络诈骗案件指引》中提出，电信网络诈骗是指以非法占有为目的，利用电话、短信、互联网等电信网络技术手段，虚构事实，设置骗局，实施远程、非接触式诈骗，骗取公私财物的犯罪行为。但是，经电话、社交软件等通信工具联络实施的诈骗犯罪，是否均认定为电信网络诈骗犯罪呢？我们认为，是否认定为电信网络诈骗需要结合具体案情进行具体分析。一般来说，区分的关键在于，电信网络诈骗通常是针对不特性多数人实施的犯罪，而普通诈骗罪的犯罪对象则是特定的。

(1) “针对不特定多数人”契合电信网络诈骗犯罪行为模式，是电信网络诈骗犯罪行为区别于普通诈骗行为的显著特征之一。电信网络诈骗经常表现为以群发短信或邮件、无差别拨打电话等方式，主动接触人员；或通过网站、社交媒体平台发布虚假信息后，等待被害人“上钩”。上述犯罪手段表明，电信网络诈骗是一种点对面的犯罪，行为人通过电信网络散布和传播虚假信息，并非针对特定人实施诈骗行为，其初始作案目标范围较广，时空跨度和犯罪规模较大。而普通的诈骗犯罪，往往在着手实施犯罪行为时，已具备明确的作案目标。

(2) “针对不特定多数人”犯罪体现出电信网络诈骗较普通诈骗严重的社会危害性。

① 危害后果更为严重。电信网络诈骗是远程非接触性犯罪，手段隐蔽，又通常采取集团化、专业化方式作案，被害人数众多且分布广泛，涉案赃款数额巨大且转移迅速难以追回，案件侦破难度极大。而普通诈骗犯罪往往针对特定对象，即使个别案件存在多次诈骗行为，一般来说犯罪手段高度雷同，资金走向亦相对明确。

② 犯罪波及面更广。相较于点对点式的传统诈骗，电信网络诈骗技术含量高，花样翻新快，行为人精心设计骗局，针对不特定人作案，波及人数多。不仅直接侵害被害人的财产权益，严重破坏社会诚信，还引发、诱发、滋生大量上下游关联违法犯罪，形成以电信网络诈骗为中心的周边系列犯罪产业链，恶化了社会治安形势，影响了社会和谐稳定，社会危害性更大。

③ 需加大打击力度。正是基于上述特征，对电信网络诈骗犯罪需要依法从严打击。《电信网络诈骗意见》提出电信网络诈骗实行全国统一数额标准和数额幅度底线标准，规定了十种从重处罚情形，并限制非监禁刑适用，充分体现了依法从严打击电信网络诈骗犯罪的方针。相对而言，行为人如果仅使用手机、网络作为联系被害人的工具，而并非利用电信网络针对不特定多数人大肆散布虚假信息，此时犯罪对象明确，并未突破传统诈骗的空间范畴，行为危害性相对特定，则对其从严惩处的依据不足。

(3) 将“针对不特定多数人实施诈骗”作为电信网络诈骗的行为要件，具有规范性出处。最高人民法院、最高人民检察院 2011 年出台的《关于办理诈骗刑事案件具体应用法律若干问题的解释》第二条第(一)项规定，“通过发送短信、拨打电话或者利用互联网、广播电视、报刊等发布虚假信息对不特定多数人实施诈骗的”，可以酌情从严惩处；并对具备相应情节的量刑数额标准作出适当下调，对于诈骗数额难以查证的，可根据群发短信、群拨电话的数量、诈骗手段及危害等，以诈骗罪未遂论处。区别于传统的诈骗犯罪，该解释将电信网络诈骗的行为特征归纳为两个方面：① 利用发送短信、拨打电话、互联网等电信网络技术手段实施诈骗；② 针对不特定多数人实施诈骗。这里的“不特定多数人”亦可进一步细化为“不特定”和“多数人”。“不特定”是指行为人实施诈骗犯罪时没有明确特定的作案目标；“多数人”是指具有被骗可能性的人达到 3 人以上。

因此，行为人针对知悉其真实身份的特定人实施的诈骗犯罪，即使利用了电信、网络工具，亦不宜认定为电信网络诈骗犯罪。普通诈骗犯罪，无论是使用电话、短信，还是即时通信软件，行为人与特定人之间点对点的联系，仍囿于特定的空间范畴，具有一定的私密性，没有对其他不特定人产生影响，没有干扰正常的网络秩序，其情节严重程度、社会危害性并不比未使用电信网络联络的其他诈骗犯罪更大，根据罪责刑相适应原则，二者宜区别对待。

本案中，裁判者认为：

① 虽然被告人王某供述其在一个微信群里发布虚假口罩信息，进而实施了诈骗犯罪，但公安机关未在微信群中提取到相关信息。

② 介绍被害人购买口罩的证人李某证实，其在微信群里询问购买口罩渠道时，被告人王某自称能买到，而后其加王某为好友，经其推送，王某和被害人杜某互加好友，进而双方联络购买口罩事宜。鉴于李某证言与王某供述不相一致，经法庭进一步核实，李某称其未看到王某发布销售口罩的信息，而是他询问后，王某在微信好友私聊中说有口罩可售。同时，附有李某在微信群里询问以及其与王某私聊买卖口罩的微信聊天记录截图，印证了李某的证言。但公安机关没有调取到王某在微信群中答复李某的相关信息截图。

③ 本案仅有 1 名被害人，被害人又系通过朋友主动寻找口罩卖家的人员。在案证据不能证实被告人王某还对其他人实施了诈骗行为。此外，王某和被害人联系出售口罩时，经王某发送身份证照片，被害人已知悉其真实身份。因而，根据在案证据，被告人并非针对不特定多数人实施诈骗犯罪，不能认定为电信网络诈骗，而以普通诈骗罪定罪量刑较为合适。

【课后练习题】

1. 犯罪的一般概念什么？
2. 犯罪构成的四种要件是什么？
3. 试区分正当防卫和防卫过当。
4. 正当防卫和紧急避险的区别与联系是什么？
5. 故意犯罪停止形态的几种形态有哪些？
6. 校园贷、套路贷、高利贷的区别和联系是什么？
7. 试论述电信网络诈骗的常见类型。

专题五　大学生与民法

第一节　民法的范畴与基本原则

一、民法与《民法典》

2020年5月28日，十三届全国人大三次会议表决通过了《中华人民共和国民法典》(以下简称民法典)，自2021年1月1日起施行。婚姻法、继承法、民法通则、收养法、担保法、合同法、物权法、侵权责任法、民法总则同时废止。

通常认为，民法是调整平等主体的自然人之间、法人之间，以及自然人和法人之间的人身关系和财产关系的法律规范的总称。我国施行的民法典第二条从民法的调整对象和任务的角度给民法下了准确的定义，即民法是“调整平等主体的自然人、法人和非法人组织之间的人身关系和财产关系”的法律规范的总和。

2021年1月1日，《中华人民共和国民法典》正式施行，这是新中国成立以来第一部以“法典”命名的法律，是一部固根本、稳预期、利长远的基础性法律，在中国特色社会主义法律体系中具有重要地位，是新时代中国特色社会主义法治建设的重大成果。民法典的施行必将引领中国法律的法典化趋势。民法典被称为“社会生活的百科全书”，共7编1260条，各编依次为总则、物权、合同、人格权、婚姻家庭、继承、侵权责任，以及附则。以问题为导向，积极回应社会热点诉求是民法典的一大亮点。民法典对“胎儿权益如何保护，高空坠物怎样厘定法律责任，自然人的隐私权是什么”等这些大众和社会关注的热点、痛点问题给予了准确的法律厘定，畅通了法律解决途径。

具有时代特色，与时俱进，不断探索新的法律课题是民法典的另一特色。在世界各国民法典中并没有独立成编的人格权制度。我国民法典人格权独立成编，不仅弥补了传统大陆法系“重物轻人”的体系缺陷，也为人格权法未来的发展提供了足够的空间。民法典在人格权编中，列明了侵犯隐私权和损害个人信息权益的违法行为，从根本上满足了新时代人民群众日益增长的美好生活的需要，强化了对人格尊严的维护，也回应了人格权保护在网络信息时代所面临的各种挑战，解决了实践中的诸多新问题。人格权独立成编是我国民法典重要的创新之一，也是我国民法典对世界民事立法作出的重要贡献。

二、民法的基本原则

民法的基本原则是具有普遍法律约束力的一般原则，也包括即使在法律文本中没有写明也具有法律拘束力的法的一般原则。法律原则可作为对法律条文理解和解释的基准，这些原则居于其他原则和条文的上位，正像宪法居于其他法律的上位一样。但是民法基本原则不同的是，它们可直接适用，特别是那些比较技术性的原则，如无效行为不生效果的原则。

民法的基本原则是民法体系中的最高规则，是一般的民事行为规范各价值判断的标准，它不仅是民事立法的准则，而且是民事主体进行民事行为的基本准则，是解释民法、适用民法和补充立法漏洞的基本原则。

我国民法的基本原则主要有以下几个方面：

1. 平等原则

民法典第四条规定："民事主体在民事活动中的法律地位一律平等。"平等原则是民法针对民事主体地位确定的最高规则，是民事法律关系区别于行政法律关系和刑事法律关系的重要标志，指民法赋予民事主体平等的民事权利能力，并要求所有民事主体同受普遍性法律的约束，即民事主体在地位上一律平等，没有任何人的地位可以高于其他人的地位。

平等原则的具体内容如下：

(1) 民事主体资格(民事权利能力)平等。

(2) 任何民事主体在民事关系中的法律地位都是平等的。

(3) 民事主体在民事活动中平等地享有民事权利和承担民事义务。

(4) 民事主体所享有的民事权益平等地受到法律保护。这一原则是由民法调整对象的特点决定的。我国民法调整的社会关系是平等主体之间的财产关系和人身关系，因而平等原则必然贯穿我国民法始终。

所谓平等原则，指在民事活动中一切当事人法律地位平等，当事人的人格完全平等，任何一方不得将自己的意志强加给对方。同时，法律对当事人提供平等的法律保护。它是宪法中法律面前人人平等原则的具体表现。平等原则最集中地反映了民法所调整的社会关系的本质特征，是民法区别于其他部门法的主要标志，也是市场经济条件下对合同关系当事人的法律要求。具体来说，在民事法律关系中当事人的具体情况，如自然人的身份、性别、资产、年龄、识别能力、政治地位、文化程度、宗教信仰、民族和种族等，法人的具体组织形式、规模大小和经济实力强弱等，全都悬而不论，都拥有法律上平等的人格。

2.自愿原则

民法典第五条规定："民事主体从事民事活动，应当遵循自愿原则，按照自己的意思设立、变更、终止民事法律关系。"

3. 公平原则

民法典第六条规定："民事主体从事民事活动，应当遵循公平原则，合理确定各方的权利和义务。"公平原则是民法的一项基本原则，它要求当事人在民事活动中应以社会正义、公平的观念指导自己的行为、平衡各方的利益，要求以社会正义、公平的观念来处理当事人之间的纠纷。当事人应当遵循公平原则确定各方的权利和义务。公平原则强调在市场经济中对任何经营者都只能以市场交易规则为准则，享受公平合理的对待，既不享有任何特权，也不履行任何不公平的义务，权利与义务相一致。

公平原则的具体内容如下：

(1) 民事主体参与民事法律关系的机会平等。

(2) 当事人的关系上利益应均衡，合理分配义务。

(3) 当事人合理地承担民事责任。

4. 诚信原则

民法典第七条规定："民事主体从事民事活动，应当遵循诚信原则，秉持诚实，恪守承诺。"诚信原则是民事行为和民事活动确定的最高规则，是指将诚实信用的市场理论道德准则吸收到民法规则当中，约束具有交易性质的民事行为和民事活动的行为人应当诚实守信、信守承诺。这一原则体现在合同关系中，具有很高的效力，起到平衡个人利益与社会利益、国家利益的作用，并且具有禁止权利滥用的功能。

诚信原则的具体内容如下：

(1) 民事主体行使民事权利，与他人建立民事法律关系，均应诚实，不损害他人利益和社会利益。

(2) 民事主体在不履行义务造成他人损失时，应当自觉承担责任。

(3) 民事案件的裁判人员处理民事案件，应当贯彻诚实信用原则，保护各方当事人的合法权利，平衡当事人的利益。

5. 守法与公序良俗原则

民法典第八条规定："民事主体从事民事活动，不得违反法律，不得违背公序良俗。"守法与公序良俗原则是民法针对非交易性质的民事行为和民事活动确定的最高规则，是指以一般道德为核心，民事主体在进行非交易性质的民事行为时，应当尊重公共秩序和善良风俗。在我国，公序更多的是指公共道德、公共利益；良俗是指一般的伦理要求。在非交易的民事活动中，公序良俗是衡量利益冲突的一般标准。法官依据公序良俗原则，填补法律漏洞，平衡利益冲突，确保国家的和公共的利益，协调冲突、保护弱者，维护社会正义。民法典第十条规定："处理民事纠纷，应当依照法律；法律没有规定的，可以适用习惯，但是不得违背公序良俗"。该条对公序良俗原则进一步做了补强。

公序良俗，即公共秩序和善良风俗，是现代民法一项重要的基本原则。在现代市场经济条件下，有维护国家利益、社会公共利益及一般道德观念的功能。公序是指国家社会的一般利益，良俗是指社会一般的道德观念。公序良俗在社会生活中起到了维护国家和社会一般利益和基本道德的职能，故被民法学者称为现代民法至高无上的基本原则。这一重要功能正是通过使违反公序良俗的法律行为无效来实现的。

6. 绿色原则

民法典第九条规定："民事主体从事民事活动，应当有利于节约资源、保护生态环境。"在当今人类迈向生态文明时代的进程中，绿色原则对解决我国面临日益严重的资源短缺和环境污染问题具有重要意义，是真正世界首创的"中国方案"，并具有引领全球治理体系的重大意义。

民法典三个分编分别对于"绿色"制度作出了规定。例如，物权编中提出不得违反国家规定弃置固体废物，排放大气污染物、水污染物、噪声、光、电磁波辐射等有害物质，强调设立建设用地使用权应当符合节约资源保护生态环境的要求；在合同编中规定当事人在履行合同过程中应当避免浪费资源、污染环境和破坏生态；在侵权责任编中，对污染环境和破坏生态的侵权责任作出了相关规定。

案例 1

【基本案情】

甲某在送快递的途中因派单时间即将截止，在奔跑过程中不慎碰到乙某停在路边车辆的后视镜，乙某立即下车抓住甲某，在二人争执中发生推搡行为，乙某按住甲某的肩膀，强制要求甲某下跪道歉。

【案例分析】

本案中，甲某和乙某都是平等的自然人主体，具有平等的人格地位，享有平等的权利，一方不得歧视另一方，不得贬损对方的人格。乙某要求甲某下跪的行为严重侵犯了甲某的人格尊严，严重违反民法的平等原则；该行为同时也违背了民法的公序良俗原则。

三、民法调整的法律关系

法律关系，是指法律规范在调整人们的行为过程中所形成的具有法律上权利义务形式的社会关系。现实社会关系的主观形式。民事法律关系，是民法所调整的平等主体之间的人身关系和财产关系，即以民事权利和民事义务为核心内容的社会关系。

案例 2

【基本案情】

甲为购置新车，将自己的房子挂靠在房屋中介机构进行出售，乙在中介的介绍下对该房屋比较满意，甲与乙在房屋中介机构签订了制式的房屋买卖合同，并约定 3 个月后过户。在此期间，因房屋周边开发重点小学，房屋价格迅速上涨，甲认为以原价出售房屋即将吃亏。便与急于小孩上学的丙串通签订房屋买卖合同并办理了过户登记，乙无奈将房屋交给丙入住。后丙去世，丙的儿子丁继承了该房产，在急于用钱的情况下将房屋抵押给了戊，并办理了抵押登记。现在甲提出此房应该归他的主张，乙认为应当归他，丙和戊都以自己有房产证书提出抗辩。

【案例分析】

本案有五个民事法律关系。第一是甲、乙之间的民事法律关系，是一个合法、有效的民事法律关系，受民法典的约束和保护。第二是甲、丙之间的民事法律关系，恶意串通的双重买卖的法律关系，不受法律保护。第三是乙、丙、甲之间的民事法律关系，甲丙的恶意串通，侵害乙的债权，是侵权法律关系。第四是丙、丁、戊之间的抵押法律关系，且戊善意无过失，构成善意取得抵押权，是有效的抵押关系。

本案例简单地阐述了民事法律关系的主体、客体、内容三要素，即民法规范调整的权利义务关系，是由民法调整的平等主体即民事主体之间的人身关系和财产关系。

四、未成年人的民事行为是否一律无效

民法典对于自然人、成年人、未成年人民事行为的相关规定有以下条款：

(1) 第十三条规定："自然人从出生时起到死亡时止，具有民事权利能力，依法享有民事权利，承担民事义务。"

(2) 第十七条规定："十八周岁以上的自然人为成年人。不满十八周岁的自然人为未成年人。"

(3) 第十八条规定："成年人为完全民事行为能力人，可以独立实施民事法律行为。十六周岁以上的未成年人，以自己的劳动收入为主要生活来源的，视为完全民事行为能力人。"

(4) 第十九条规定："八周岁以上的未成年人为限制民事行为能力人，实施民事法律行为由其法定代理人代理或者经其法定代理人同意、追认；但是，可以独立实施纯获利益的民事法律行为或者与其年龄、智力相适应的民事法律行为。"

(5) 第二十条规定："不满八周岁的未成年人为无民事行为能力人，由其法定代理人代理实施民事法律行为。"

(6) 第二十一条规定："不能辨认自己行为的成年人为无民事行为能力人，由其法定代理人代理实施民事法律行为。八周岁以上的未成年人不能辨认自己行为的，适用前款规定。"

由此可见，8 岁以下的未成年人是民事无行为能力人，其进行的民事行为通属无效；8 岁以上的未成年人是限制行为能力人，如果进行与智力不相适应的民事行为，需经法定代理人同意或者追认后才能产生效力，如果法定代理人不同意或不予追认，则该行为无效；十六周岁以上的未成年人，以自己的劳动收入为主要生活来源的，视为完全民事行为能力人。

近年来，我国网络支付技术和网络娱乐服务业发展迅猛，未成年人沉迷网络游戏现象广受关注。新出台的《关于依法妥善审理涉新冠疫情民事案件的指导意见(二)》规定，未成年人为网络游戏或网络直播平台支付较大金额用于充值、"打赏"属无效行为。明确了限制民事行为能力人未经其监护人同意，参与网络付费游戏或者网络直播平台"打赏"等方式支出与其年龄、智力不相适应的款项，监护人请求网络服务提供者返还该款项的，人民法院应予支持。

案例 3

【基本案情】

2019 年 9 月起，高某与谢某(17 周岁)合租房屋，租房期间由高某先行垫付一切房费及房屋内大小杂货、水电开支，以便最终结算。2020 年 9 月，经双方结算，谢某欠高某共计 2 万元，谢某出具欠条，并约定在年底还款。到期后高某向谢某索要借款多次未果，随向法院提起诉讼。经法院查明被告已满 16 周岁但不满 18 周岁，通过打工获得经济收入。谢某在审理中辩称自己未满 18 周岁，属于限制行为能力人，此借款行为当属无效。而法院认为，谢某年满 16 周岁，且已有固定的经济收入，应视为完全行为能力人。故判高某胜诉。

【案例分析】

民事行为能力是民事主体通过自己的行为而取得权利的能力。根据民法典规定，自然人分为三种行为能力人，分别是 8 周岁以下的无民事行为能力人、18 周岁以上完全民事行为能力人及部分限制行为能力人。自然人年满 16 周岁且有自己固定经济来源，视为完全行为能力人。谢某已满 16 周岁且有自己固定的经济收入，应当视为完全民事行为能力人，承担借款的全部责任且必须还款。

五、法人与非法人组织

法人是民事法律领域的一个非常重要的制度，它是相对自然人而言的。所有“法人不是人”，从某种意义上说是对的，因为法人是依法成立的组织，法律赋予其一种拟制的人格，将其作为“人”对待，而非真正的“人”。

民法典第五十七条规定：“法人是具有民事权利能力和民事行为能力，依法独立享有民事权利和承担民事义务的组织。”根据民法典分类，法人可以分为以下三种：

(1) 营利法人。营利法人以取得利润并分配给股东等出资人为目的成立的法人，为营利法人。营利法人包括有限责任公司、股份有限公司和其他企业法人等。

(2) 非营利法人。非营利法人为公益目的或者其他非营利目的成立，不向出资人、设立人或者会员分配所取得利润的法人，为非营利法人。非营利法人包括事业单位、社会团体、基金会、社会服务机构等。

(3) 特别法人。特别法人是指机关法人、农村集体经济组织法人、城镇农村的合作经济组织法人、基层群众性自治组织法人等。

此外，还有非法人组织，即不具有法人资格，但是能够依法以自己的名义从事民事活动的组织，包括个人独资企业、合伙企业、不具有法人资格的专业服务机构等。

生活中通常提到的“法定代表人”是指依法代表法人行使民事权利，履行民事义务的主要负责人，如工厂的厂长、公司的董事长等。一般，法定代表人是指根据法人的内部规定担任某一职务，或由法定代表人对外依法行使民事权利和义务的人。

作为任何一个企业的法人代表，在参与公司经营决策管理的同时，最重要的是对企业的所有合法经营行为和非法经营行为负责，对企业的所有债权和债务负责。

1. 民事责任

(1) 法定代表人因为经营过错，给他人造成经济损失的，由公司承担民事责任。法人对企业承担赔偿责任。典型案例，如签订和履行合同的失职。

(2) 如果企业触犯了有关法律的规定，法定代表人可能会被采取以下强制措施：

① 公司不履行合同义务，司法机关可对法定代表人、主要负责人或者影响债务履行的直接责任人员采取限制出境等强制措施。

② 若公司进入破产程序，则法定代表人未经许可不得离开住所地。

③ 若公司欠缴税款，则税务机关可对法定代表人限制出境。

2. 行政责任

如果公司有违法情形，法定代表人可能因此受到行政处罚，不能以内部约定对抗。

法定代表人的行政责任主要是行政处分、罚款。其中，行政处分主要是针对国有企事业单位公务员的，对普通企业的法定代表人主要就是罚款。

有下列情形的，可对法定代表人给予行政处罚：

(1) 超出登记机关核准登记的经营范围从事非法经营的。

(2) 向登记机关、税务机关隐瞒真实情况，弄虚作假的。

(3) 抽逃资金、隐匿财产逃避债务的。

(4) 解散、被撤销、被宣告破产后，擅自处理财产的。

(5) 变更、终止时不及时申请办理登记和公告，使利害关系人遭受重大损失的。

(6) 从事法律禁止的其他活动，损害国家利益或者社会公共利益的。

3. 刑事责任

我国刑法目前对单位犯罪追究时，只追究对单位犯罪行为"直接负责"的主管人员和其他责任人的刑事责任。因此，直接参与犯罪活动的法定代表人，有可能作为"直接负责"的主管人员被追究刑事责任，而对没有直接参与犯罪活动的法定代表人，是无须被追究刑事责任的。

案例 4

【基本案情】

甲、乙、丙经协商共同成立德利搬家有限责任公司，甲为董事长并担任公司的法定代表人，乙为业务经理，丙为财务负责人。公司章程约定：购置公司财产超过 10 万元的，应当经过三人协商同意。为更换车辆，更好地承接任务，甲未经与乙、丙协商即定购了一辆价值 20 万元的运货车。在一次搬运的过程中，公司员工王某、李某工作中打闹嬉戏不慎将客户赵某阳台上的一盆花碰落，恰巧砸在行人刘某的头上。刘某为此支付了医疗费和其他费用共计 8 万元。在购买车辆及对刘某责任的承担上，甲与乙、丙产生纠纷。

【案例解析】

本案中，公司规章虽然约定，购置公司财产超过 10 万元的，应当经三人同意，但是该内部约定对于善意第三人来说不具有约束力。为了善意第三人的利益，甲作为法定代表人，其超越权限与第三人订立的合同应为有效合同。由此可见，法定代表人的权限可以受到法人的章程或者法人相关机关决议的限制，该项限制不得对抗第三人，除非该第三人知道或者应当知道此限制。

刘某所受损害应该由德利搬家有限责任公司承担。法人对其工作人员以法人的名义从事经营活动给他人造成的损失，应承担民事责任。企业法人的法定代表人和其他工作人员，以法人的名义从事经营活动，给他人造成经济损失的，企业法人应当承担民事责任。本案中，王某和李某是德利搬家有限责任公司的工作人员，其在执行职务中的行为应由其所在企业法人承担民事责任。

由此可见，企业法人具有民事责任能力，其承担民事责任的构成要件是：① 须有加害他人的行为；② 须因法人的代表人或其他工作人员的行为；③ 须因执行职务的行为所发生。

六、民事诉讼时间有限——过期不候

诉讼时效，是指权利人于一定期间内不行使请求权即丧失人民法院依法保护其民事权利的权利，因此，也被称为过期不候的消灭时效。不同类型民事纠纷的诉讼时效不同，《民法典》规定了具体的诉讼时效，分为以下情况：

(1) 民法典第一百八十八条规定："向人民法院请求保护民事权利的诉讼时效期间为三年。法律另有规定的，依照其规定。"

诉讼时效期间自权利人知道或者应当知道权利受到损害以及义务人之日起计算。法律另有规定的，依照其规定。但是，自权利受到损害之日起超过二十年的，人民法院不予保护，有特殊情况的，人民法院可以根据权利人的申请决定延长。

(2) 民法典第一百八十九条规定：“当事人约定同一债务分期履行的，诉讼时效期间自最后一期履行期限届满之日起计算。”

(3) 民法典第一百九十条规定：“无民事行为能力人或者限制民事行为能力人对其法定代理人的请求权的诉讼时效期间，自该法定代理终止之日起计算。”

(4) 民法典第一百九十一条规定：“未成年人遭受性侵害的损害赔偿请求权的诉讼时效期间，自受害人年满十八周岁之日起计算。”

按照民法典第一百九十二条规定：“在诉讼时效期间届满的，义务人可以提出不履行义务的抗辩。诉讼时效期间届满后，义务人同意履行的，不得以诉讼时效期间届满为由抗辩；义务人已经自愿履行的，不得请求返还。”即“过期不候”。超过民事诉讼时效的后果是丧失“胜诉权”。胜诉本身是指当权利人起诉到法院，如果义务人以超过时效作为抗辩，已经查证属实，法院只能判权利人败诉，驳回其诉讼请求。生活中往往是亲戚、朋友及同事之间借款，过了约定还款日期，但是碍于情面不好要求及时返还，最后只好对簿公堂。然而，一旦超诉讼时效，不仅要不回钱，还花费了大量的时间和精力。虽然丧失了胜诉权，但是权利人仍然有起诉的权利，法院不能拒绝受理。法院受理后需查明是否时效届满。

但针对一些特殊的情况，民法典也给出了例外。民法典第一百九十四条规定，在诉讼时效期间的最后六个月内，因下列障碍，不能行使请求权的，诉讼时效中止：

① 不可抗力；

② 无民事行为能力人或者限制民事行为能力人没有法定代理人，或者法定代理人死亡、丧失民事行为能力、丧失代理权；

③ 继承开始后未确定继承人或者遗产管理人；

④ 权利人被义务人或者其他人控制；

⑤ 其他导致权利人不能行使请求权的障碍。

自中止时效的原因消除之日起满六个月，诉讼时效期间届满。

民法典第一百九十五条规定，有下列情形之一的，诉讼时效中断，从中断、有关程序终结时起，诉讼时效期间重新计算：

① 权利人向义务人提出履行请求；

② 义务人同意履行义务；

③ 权利人提起诉讼或者申请仲裁；

④ 与提起诉讼或者申请仲裁具有同等效力的其他情形。

民法典第一百九十六条规定，下列请求权不适用诉讼时效的规定：

① 请求停止侵害、排除妨碍、消除危险；

② 不动产物权和登记的动产物权的权利人请求返还财产；

③ 请求支付抚养费、赡养费或者扶养费；

④ 依法不适用诉讼时效的其他请求权。

此外，法律规定，诉讼时效的期间、计算方法以及中止、中断的事由法律规定，当事人约定无效。当事人对诉讼时效利益的预先放弃无效。

案例 5

【基本案情】

被告(某工程公司)在进行路面施工时，未设置警示标志及围栏。原告(李某)骑自行车行至被告施工路面时，不慎摔进被告施工所形成的土坑中。原告当即被送到医院治疗，一个月后出院，原告为此支付了 5 万元医疗费及其他相关费用，并被诊断为十级伤残。2015 年 4 月，原告向人民法院起诉，要求被告承担其医疗费及其他相关费用 5 万元，并赔偿其精神损失 10 万元。在案件审理过程中，原告撤回其诉讼请求。此后，原告又以身体不适为由住院治疗，并花费 1 万元。2016 年 3 月，原告再次向人民法院起诉，要求被告承担治疗费用 6 万元，精神损失 12 万元。在案件审理过程中，原告再次撤诉。后来，原告再次对其伤残程度进行鉴定，该鉴定结果仍为十级伤残，原告为此支付鉴定费用 1000 元。2017 年 6 月，原告第三次向法院起诉，要求被告承担治疗费用 61 000 元，并赔偿其精神损失 12 万元。在案件审理过程中，原告第三次撤诉。2019 年 8 月，原告第四次向人民法院起诉，并坚持第三次起诉的诉讼请求，即要求被告承担治疗费用 61 000 元，并赔偿其精神损失 12 万元。

【案例解析】

当事人起诉后又撤诉的，不应发生诉讼时效中断的法律后果，故本案原告起诉已过诉讼时效。理由如下：从诉讼时效的作用看，一方面诉讼时效可以促使权利人积极行使权利，以维持业已形成良久的社会经济关系，保障社会经济秩序的稳定；另一方面，诉讼时效制度也是对“眠于权利者”的一种惩戒，促使权利人积极行使权利。权利人因诉讼时效届满而承受不到利益。从程序法意义上看，诉讼时效制度也可以避免当事人因日期久远而产生的举证困难，减少司法诉累。这就是说，诉讼时效的主要作用是促使当事人及早行使权利，同时也是对怠于行使权利者的惩罚。起诉正是当事人积极行使权利的体现，但原告起诉后又撤诉的，则原告所主张的权利并未得到实际实现，这实际上也是原告对其权利行使的怠慢。本案原告数次起诉后又数次撤诉，其怠慢情形实属明显，法律并无再行保护之必要，否则诉讼时效将变得毫无意义。如果说起诉是当事人积极主张权利的体现并导致诉讼时效的中断，那么撤诉就是对起诉的完全否定，包括对起诉导致诉讼时效中断的法律后果的否定。起诉表明当事人在行使权利，但撤诉又表达了相反的愿望，即不愿意行使权利。因此，起诉后又撤诉的，应视为诉讼时效不中断。起诉之所以能够中断诉讼时效，是因为起诉是原告通过法院向被告主张其权利，如果原告起诉后又撤诉，则其权利主张实际上已被其撤诉行为所否认，应视同原告未曾向被告主张权利，故不发生诉讼时效中断的法律后果。因此，本案原告的诉讼请求已过诉讼时效。

七、民事责任的内容

民事法律责任是民事主体对于自己因违反合同，不履行其他民事义务，或者侵害国家的、集体的财产，侵害他人的人身财产、人身权利所造成法律后果，依法应当承担的民事法律责任。民事法律责任是法律责任的一种，除具有法律的强制性和约束力等一般法律责任的共同特征外，应承担民事法律责任的民事违法行为通常包括：侵权行为；违约行为；

不履行其他民事义务的行为，如不履行抚养、扶养、赡养义务的行为，不返还不当得利的行为，无因管理不给付管理人必要费用的行为，接受遗赠而不履行遗嘱所附义务的行为等。

民事法律责任的主要特征有两点：① 因违反民事法律规范所承担的法律责任，且违反民事法律规范是承担民事法律责任的前提条件；② 以财产为主要内容的法律责任。

案例 6

【基本案情】

王某与李某是舍友，王某总是夜间在宿舍玩游戏不戴耳机，影响到宿舍其他人。李某对王某的这种行为非常反感，某日二人发生了争执。而王某为了报复李某，一天夜里将李某的笔记本电脑从窗户丢了出去，第二天李某找到电脑并怀疑是王某所为，王某不予承认。然后李某报警，经民警询问王某承认是自己所为。

【案例分析】

本案王某故意损坏李某的笔记本电脑，对此事实王某应当承担民事侵权责任，王某应当赔偿李某的笔记本损失并赔礼道歉。

民法典中关于民事责任的条款主要有：

(1) 第一百七十六条规定："民事主体依照法律规定或者按照当事人约定，履行民事义务，承担民事责任。"

(2) 第一百七十七条规定："二人以上依法承担按份责任，能够确定责任大小的，各自承担相应的责任；难以确定责任大小的，平均承担责任。"

(3) 第一百七十八条规定："二人以上依法承担连带责任的，权利人有权请求部分或者全部连带责任人承担责任。"

连带责任人的责任份额根据各自责任大小确定；难以确定责任大小的，平均承担责任。实际承担责任超过自己责任份额的连带责任人，有权向其他连带责任人追偿。连带责任，由法律规定或者当事人约定。

八、无效的民事行为

有效的民事行为需要具备以下条件：

(1) 行为人具有相应的民事行为能力。

(2) 意思表示真实。

(3) 不违反法律、行政法规的强制性规定，不违背公序良俗。

与之相反，无效民事行为指已经成立的民事行为，严重欠缺民事行为的生效要件。因而自始、绝对、确定、当然、永久地不按照行为人设立、变更、终止民事法律关系的意思表示发生预期效力的民事行为。

同时，民法典中又规定了下列民事行为无效：

(1) 行为人不具有行为能力实施的民事行为。无民事行为能力人实施的行为，因没有意思能力，不发生法律行为之效果意思的效力。法人实施行为能力范围以外的行为，特别是违反禁止性规定的行为，也不生效力。

(2) 意思表示不自由的行为。意思的形成自由和意思表示自由是意思表示真实的前提。若在意思形成和表示过程中欠缺自由甚至完全不自由，如一方以欺诈、胁迫、乘人之危的手段订立损害国家利益的合同，则应属无效，不能依照该意思表示的内容发生效力。

(3) 恶意串通，损害国家、集体或者第三人利益的行为。恶意串通，损害国家、集体或者第三人的利益的行为，是行为人双方共同合谋进行的，以损害国家、集体或者第三人利益为目的的民事行为。例如，采取恶意串通的方式(投标人与招标人恶意串通或投标人之间恶意串通)中标，中标为无效。

(4) 伪装行为。伪装行为是以合法形式掩盖非法目的行为，由表面行为与掩藏行为互为表里构成，指以虚假的合法行为作表面行为，掩盖非法的隐蔽行为的行为。

(5) 违反法律或者社会公共利益的行为。民事法律行为的根本属性之一在于意思表示内容的合法性。因此，意思表示如果违法，当然不属于民事法律行为。所谓违法行为，不仅指违反民法规范，也包括违反其他部门法的规范，同时包括违反国家政策，损害社会公共利益。

案例 7

【基本案情】

小赵的父亲生前给小赵留下了几本邮票。一天小赵的朋友小刘来吃饭，无意间发现了这几本邮票，他随即表示愿意全部购买，最后以 5000 元的价格将邮票全部拿走，小李对这一价格也比较满意。事过不久，小李从父亲生前的一朋友处得知，他父亲所留的邮票中，有 5 张相当珍贵，可能每张都值 5000 元；同时另一同学告诉他，小刘正在寻找买主。小李立即找到小刘，要求退还他的 5000 元钱。取回邮票，但小刘坚决不同意。双方协商不成，小李诉至法院，要求撤销合同，返还邮票。

【案例分析】

民事活动应当遵循自愿、公平、等价有偿、诚实信用的原则。在这一交易过程中，虽然当事人双方是平等自愿的，但是因为小李缺乏对邮票相关知识以及市场行情的了解，导致他对买卖标的物的价值有严重的误解，而小刘知道此邮票的价值却仍以较低价格换取，显然违背了我国民法的基本原则。行为人对行为内容有重大误解及行为显失公平的，当事人可以请求人民法院对已成立的民事行为予以变更或撤销。因此，二人之间的买卖行为属可变更、可撤销的民事行为，该行为的效力待定。对于可变更、可撤销的民事行为，由享有撤销权或变更权的当事人决定是否变更或撤销，以及是予以变更还是撤销。本案中如果小李行使撤销权，该行为无效；如果小李不撤销也不变更，则该行为有效；如果小李要求变更价金条款，法院也应给予支持。因此，权利人小李要求撤销合同行为，返还邮票，人民法院应当允许。

九、精神损害赔偿范围有限——正确认识精神赔偿

精神损害赔偿是指自然人在人身权或者是某些财产权利受到不法侵害，致使其人身利益或者财产利益受到损害并遭到精神痛苦时，受害人本人、本人死亡后其近亲属有权要求侵权人给予损害赔偿的民事法律制度。一般而言，这样的精神损害通常包括两个方面的情

况，一种是因遭受有形人身损害或者财产损害而导致的精神损害；另一种是未遭受有形人身损害或者财产损害而直接导致的精神损害。精神损害包括两种形态，一种是受害人可以感知到的精神损害称为积极的精神损害；另一种是受害人由于心智丧失或者其他原因无法感知的精神损害称为消极精神损害。当受害人由于侵权行为所导致的精神上的损害达到一定的程度，要求侵权人进行赔偿，这个是非常有必要的，也符合法律的基本精神。

精神损害赔偿的范围具体体现在以下方面：

(1) 侵害人格权的精神损害赔偿。人格权是法律赋予权利人以人格利益为内容，作为一个独立的法律人格所必须享有且与其主体人格不可分离的权利。例如，生命权、健康权、身体权；死者的姓名、名誉、肖像、荣誉、隐私、遗体、遗骨等被侵犯的；具有人格象征意义的特定纪念物品因侵权行为而永久性灭失或毁损等。

(2) 侵害身份权的精神损害赔偿。身份权是民事主体基于拥有某种特定身份而享有的民事权利，是由民事主体通过某种行为或者事实而获得了身份才具有的权利。包括亲属权、监护权等。

(3) 侵害财产权的精神损害赔偿。一般情况下，精神损害赔偿是针对人格权和身份权受到侵害而言的，但由于某些特定的物品在被人们持有时被赋予了一定的意义，这样使其具有了人格化的特殊意义。而由于侵权方的行为导致该物件的永远灭失或损毁，必将给受害人的心理和精神带来了较大程度的伤害，而如果单纯的财产本身的价值并不足以弥补受害人精神上所受到的打击和痛苦，因此进行精神损害赔偿也是非常必要的。

(4) 侵害婚姻关系的精神损害赔偿。婚姻关系与每个人都有着非常密切的联系，也会影响家庭关系和社会关系，如果不能处理好就容易引发社会问题。例如，当无过错方遭遇重婚、有配偶者与他人同居、遭受家庭暴力、被虐待、被遗弃等行为时，法律会从精神上予以支撑保护。

(5) 侵害死者的精神损害赔偿。自然人死亡后，其近亲亲属因下列侵权行为遭受精神的痛苦，向人民法院起诉请求赔偿精神损害的，人民法院应当依法予以受理：

① 以侮辱、诽谤、贬损、丑化或者违反社会公共利益、社会公德的其他方式，侵害死者姓名、肖像、名誉、荣誉。

② 非法披露、利用死者隐私，或者以违反社会公共利益、社会公德的其他方式侵害死者隐私。

③ 非法利用、损害遗体、遗骨，或者以违反社会公共利益、社会公德的其他方式侵害遗体、遗骨。

精神赔偿的主要功能在于调整与抚慰、惩罚与替代补偿。因此精神赔偿有着严格的适用范围，不能随意进行主张，避免出现滥用而失去法律权威性的风险。

案例 8

【基本案情】

1998 年 2 月 15 日，商丘市柘城县老王集乡赵楼村赵某晌失踪 4 个多月。公安机关调查后怀疑其被同村的赵某海杀害，遂将赵某海作为重大嫌疑人并予以刑事拘留。2002 年 12 月 5 日，赵某海被河南省商丘市中级人民法院以故意杀人罪判处死刑，缓期二年执行，剥夺政治权利终身，并经河南省高级人民法院裁定核准。2010 年 4 月 30 日，刑事案件认定的被害人赵某晌回村。2010 年 5 月 8 日，河南省高级人民法院作出刑事再审判决：撤销该院刑事裁定和商丘市中级人民法院刑事判决，宣告赵某海无罪。2010 年 5 月 9 日，赵某海被依法释放。同月 11 日，赵某海向商丘市中级人民法院提出国家赔偿申请。在国家赔偿案件处理中，商丘市中院与赵某海经协商达成赔偿协议：商丘市中院一次性支付赵某海国家赔偿金 50 万元，生活困难补助费 15 万元，两项共计 65 万元。

【案例解析】

赵某海案再审改判无罪时，恰逢 2010 年修正的国家赔偿法颁布后、实施前的时间节点，鉴于新法已经明确规定了精神损害抚慰金赔偿内容。本案在依法给予无罪羁押赔偿金的基础上，参照修正后的国家赔偿法规定，考虑到赵某海被长期羁押，应视为致其精神损害且后果严重。通过协商以另行支付生活困难补助费的方式弥补其精神损害，及时回应了社会各界对国家赔偿中精神损害抚慰金的广泛关切，取得良好社会效果，具有重要的标杆意义。国家赔偿中设立精神损害赔偿制度，体现的既是立法对公民人格价值的尊重与保护，也是国家责任的法律归位与担当。最高人民法院在阐述典型意义中指出，2010 年修正的国家赔偿法将精神损害赔偿纳入国家赔偿范围，这是加强人权保障的重大进步。

第二节　大学生与消费者权益保护

《中华人民共和国消费者权益保护法》(1993 年 10 月 31 日第八届全国人大常委员会第 4 次会议通过，自 1994 年 1 月 1 日起施行。现行法律为 2014 年 3 月 15 日起实施的新消法)(以下简称消费者权益保护法)是我国第一次以立法的形式全面确认消费者的权利，对保护消费者的权益，规范经营者的行为，维护社会经济秩序，促进社会主义市场经济健康发展具有十分重要的意义。消费者权益保护法规定了消费者享有安全权、知情权、选择权、公平交易权、获赔权、结社权、获知权、尊重权、监督权等 9 项权利。它为打击假冒伪劣、提高产品质量提供了有力的法律保障，对保护消费者的权益，规范经营者的行为，维护经济秩序，促进社会主义市场经济健康发展具有十分重要的意义。大学生在生活中消费行为无所不在，有必要了解相关法条规定，知晓并注重维护自己应有的合法权益。

消费者权益是指消费者在有偿获得商品或接受服务时，以及在以后的一定时期内依法享有的权益。消费者权益的内容主要包括：

(1) 安全保障权。即指消费者在购买、使用商品或接受服务时，所享有的保障其人身、财产安全不受损害的权利。

(2) 知悉真情权。知悉真情权是指消费者知悉其购买使用的商品或者接受的服务的真实情况的权利。

(3) 自主选择权。自主选择权是指消费者享有自主选择商品或者服务的权利。

(4) 公平交易权。公平交易权是指消费者在购买商品或者接受服务时所享有的获得质量保障和价格合理、计量正确等公平交易的权利。

(5) 依法求偿权。依法求偿权是指消费者因购买、使用商品或接受服务受到人身、财产损害时，依法享有的要求获得赔偿的权利。

保护消费者权益的意义主要在于：

(1) 有利于提高人民生活水平和生活质量。

(2) 有利于提高企业的和全社会的经济效益，保护消费者权益可以倒逼企业努力加强管理，不断提高产品质量和服务质量，提高经济效益，推动社会进步。

(3) 有利于鼓励公平竞争，限制不正当竞争。如果放任经营者损害消费者利益，就会使广大合法、诚实的经营者的利益受到损害，污染竞争环境。

一、七天无理由退货

消费者权益保护法规定，除特殊商品外，经营者采用网络、电视、电话、邮购等方式销售商品，消费者有权自收到商品之日起七日内退货，且无须说明理由，即无理由退货。

但在适用“七天无理由退货”的“后悔权”时，需要注意几种例外情况：

(1) 消费者定做的。

(2) 鲜活易腐的。

(3) 在线下载或者消费者拆封的音像制品、计算机软件等数字化商品。

(4) 交付的报纸、期刊。

除前款所列商品外，其他根据商品性质并经消费者在购买时确认不宜退货的商品，不适用无理由退货。消费者退货的商品应当完好。经营者应当自收到退回商品之日起七日内返还消费者支付的商品价款。退回商品的运费由消费者承担；经营者和消费者另有约定的，按照约定执行。

例如，私人订制物品，量身定做的衣物，生日当天的蛋糕等，因其特殊性都不能主张七天无理由退货。特别注意的是，目前来看微商购物是否享受“反悔权”还存在争议：微信虽然具有支付交易功能与微店功能，但是它不是一个专门的购物平台，只是一个社交平台。因此，在微信朋友圈的个人交易大家要谨慎。只有经营者与个人之间的交易，消费法才给予保护，而个人与个人之间的交易不是消费法的保护对象。

二、霸王条款

“霸王条款”是一些经营者单方面制定的逃避法定义务、减免自身责任的不平等格式合同、通知、声明和店堂告示或者行业惯例等，限制了消费者权利，严重侵害了群众利益。

“霸王条款”之所以遭到广大消费者的痛恨，是因为个别商家利用信息不对称、供求关系不平衡，将不平等的消费条款强加给消费者。“霸王条款”往往以格式合同、通知、声明、店堂告示、行业管理等方式出现，具有以下特点：

(1) 减免责任，逃避经营者应尽的义务。

(2) 违反法律规定，任意扩大经营者权限。

(3) 排除、剥夺消费者的权利。

(4) 权利义务不对等，任意加重消费者责任。

(5) 利用模糊条款掌控最终解释权。

消费者权益保护法第二十六条规定：“经营者在经营活动中使用格式条款的，应当以显著方式提请消费者注意商品或者服务的数量和质量、价款或者费用、履行期限和方式、安全注意事项和风险警示、售后服务、民事责任等与消费者有重大利害关系的内容，并按照消费者的要求予以说明。经营者不得以格式条款、通知、声明、店堂告示等方式，作出排除或者限制消费者权利、减轻或者免除经营者责任、加重消费者责任等对消费者不公平、不合理的规定，不得利用格式条款并借助技术手段强制交易。格式条款、通知、声明、店堂告示等含有前款所列内容的，其内容无效。”

随着经济发展的不断完善，针对“霸王条款”的限制禁止也愈加完善。例如，2013 年 12 月 9 日，北京叫停餐饮业 6 种“霸王条款”；2015 年 2 月 14 日，最高人民法院表示，餐饮行业中的“禁止自带酒水”“包间设置最低消费”属于服务合同中的霸王条款，消费者在餐饮经营者提供服务时遭遇霸王条款产生纠纷，可以适用消费者权益保护法的规定，捍卫自身权益；2018 年全国两会政府工作报告指出，“对各类侵害消费者权益的行为，要依法惩处、决不姑息”。“国际消费者权益日”“先签收后验货”“禁止自带酒水”“特价、促销商品概不退换”，这些其实都是霸王条款，遇到应果断投诉。

常见的“霸王条款”主要有以下几个方面：

(1) 免除自己造成消费者人身伤害的责任。例如：

① 请勿在海滨浴场内追逐、打闹，如发生伤亡事故，后果自负。

② 在场地使用过程中，如有人身伤害，本公司不负责任。

(2) 免除自己因故意或者重大过失造成消费者财产损失的责任。例如：

① 客户送洗衣物因天灾、火灾等不可抗拒因素，导致衣物损坏的，本店恕不负责。

② ××公司不承担任何情况下可能造成的跑水、漏电、煤气泄漏等事故造成的损失。

③ 装饰工程所在区域如果存在环境污染现象，则乙方有权拒绝检测，对甲方自行检测的结果，乙方不承担任何责任。

④ 本会所对于会员在所内遗失或遭窃的物品不承担赔偿责任，或酒店对个人贵重物品的丢失不负任何法律责任，或贵重物品妥善保管，遗失概不负责。

⑤ 在停车场停放自行车每月每户××元，摩托车××元，轿车××元，车辆损坏或丢失以及车内物品的损坏或者丢失均由车主自己承担责任。

⑥ 在一个月内提取衣物，逾期则本店不负保管责任。

⑦ 所有赔偿要求必须在提取衣服时提出，出门恕不负责。

(3) 免除自己对提供的商品或者服务依法应当承担的保证责任。例如：

① 本店商品售出一概不予退换，或打折商品不退不换，或奖品、赠品一律不实行三包。

② 消费者在验收合格后十日内未结清工程款，将失去免费保修的资格。

③ 购买后三天内将质保书寄回本厂，否则本厂不负保修责任。

④ 我们建议您将发票开具为商品明细，否则您将无法享受产品厂商或“××商城”的正常质保。

(4) 免除自己因违约依法应当承担的违约责任。例如：

① 如遇不可抗力或××汽车公司对我店的发车计划做出临时调整及运输车延期送车时间等造成交车时间的延误，本店店不负违约责任。

② 违约责任，你有我无，即在格式条款中仅规定消费者的违约责任，而对经营者自身的违约责任只字不提。

③ 本店承接一切送洗衣物，但对洗熨结果，如褪色、缩小，本店不负赔偿责任。

(5) 设定消费者应该承担的违约金或者损害赔偿金，超过法定数额或者合理数额。例如：

① 会员因故意造成健身器械损坏的，应按原价的双倍赔偿；会员穿鞋造成地面损坏的，按双倍价值赔偿。

② 买车人违约时，已付的购车款不予退回。

③ 双方提前解除合同的，按未履行租期全部租金的50%作为违约赔偿金。

④ 甲乙双方私自完成买卖交易的，双方按居间服务费双倍赔偿给丙方。

(6) 设定消费者承担应当由格式条款提供方承担的经营风险责任。例如，本中心有权根据市场价格情况酌情调整收费标准。

(7) 设定消费者承担其他依照法律法规不应由消费者承担的责任。例如，购货方在签订此订货合同的同时，应向供货方交付不少于订货总数额的80%作为预订费用。

(8) 排除消费者依法变更或者解除合同的权利。例如：

① 该商品一经售出，概不退还，或特价、降价、处理、打折商品，不予退换，或促销商品，售出概不退换。

② 本超市保留修改和调整使用手册中各项条款及中止本卡使用的权利。

③ 管理层有权酌情决定，随时修正、改变、删除或增订此会所守则。

④ 甲乙双方不得拒绝丙方服务或要求退费。

(9) 排除消费者解释格式条款的权利。例如：

① 该条款(章程)的最终解释权归我公司所有。

② 该活动的最终解释权归我公司所有。

③ 我公司依据合同法、消费者权益保护法等等法律法规对该合同进行解释。

(10) 排除消费者依法应当享有的其他权利。

在健身、沐浴、洗染、美容美发行业中不公平格式条款主要有以下内容：

(1) 健身行业中不公平格式条款举例。

① “此卡售出，概不退换”；或者“售出的各类会员卡一律不得退卡”。

② “俱乐部内发生的一切人员伤亡，俱乐部不负任何责任”或者“对任何形式的伤害享有免责权”或者“不当使用本会所设施，造成的一切后果都由会员自己负责”或者“本会所仅提供运动休闲服务，无法对有瑕疵的健身器材设备所产生的伤害负责”。

③ “本中心对所丢失、被盗物品概不负责”或者“私人物品如遗失或损坏本俱乐部概不负责”。

④ “会籍与会员卡均不得转让”。

⑤ “本中心保留对此卡的最终解释权”或者“本卡的最终解释权归本会所所有”。

⑥ “有权对服务设施及服务项目进行调整或取消”或者“本中心有权改变制度、服务项目及加减课程”或者“本中心有权根据市场价格情况酌情调整收费标准”。

⑦ “故意造成健身器械损坏的，应按原价的双倍赔偿”或者“会员穿鞋造成地面损坏的，按双倍价值赔偿”。

⑧ “有关体型护理计划属于顾客个别所有，仅适用于顾客本人并限制顾客本人享用，不得授予、转借、赠与、出售或者转让。顾客向本中心缴付之所有款项不予退还，且不得转让及不可换取其他课程或服务”。

⑨ “本俱乐部所有会员卡均不可退款”。

(2) 沐浴行业中不公平格式条款举例。

① “如会员卡续卡须存入金额不得低于原本卡金额的50%(或存入金额XX元)，白银卡不得低于5000元。”

② “享有专属更衣柜的会员，卡内余额不可低于首次存入金额的1%，否则，本会所有权收回专柜的使用权。”

③ “首次消费金额不得超过会员卡面值的50%(或60%)，方可使用。”

④ “刷卡消费在卡内扣除，剩余金额以本公司的电脑记录(或系统、本酒店档案)为准。”

⑤ “自您成为会员当月起，我们将收取50元/日的会员管理费。”

⑥ “6个月未进行消费且过期的会员卡，每月25日按照卡内余额的5%收取管理费(不满一个月按整月计算，余额≤1000元每月25日按照50元固定值收取管理费)。”

⑦ “如需发票，请您自发卡之日起一年内到发卡店领取发票，逾期系统将自动冲零。”

(3) 洗染行业不公平格式条款举例。

① “在洗涤中造成拉链、扣子及装饰品的损坏，不在公司赔偿范围。”

② “如对洗涤结果有异议的，请当面提出，离柜不认。(当您取衣时请仔细检查，如发现有洗涤问题请立即告知店员处理，离店后如发生任何问题本店概不负责。)”

③ “送洗衣物超过三个月不取的，经营者有权处理这些衣物。(衣物应在规定的期限领取，超过一个月的，本店将收取X元/天的衣物保管费，逾期X个月不领取，店方有权处理。)”

④ “送洗衣物在洗涤过程中造成的不明显、不影响使用和观瞻的问题，经营者不承担赔偿责任。”

⑤ “本公司按照您要求的洗涤方式洗涤。也不负责衣物制造原因造成的缩水、褪色及损坏。”

⑥ “保管期一月后如有虫咬、鼠伤、霉烂等本店不负责任。”

⑦ “本公司不负责因衣物自身褪色而自染以及特别污渍除渍的责任。”

(4) 美容美发行业不公平格式条款举例。

① “此卡最终解释权归属于本美容店”或“本店拥有此卡最终解释权”或“以上解释权归本店所有”。

② “销售成立后，一律不得退还现金(包括定金)”或“已经售出，概不退卡”。

③ “如您在门店服务后出现皮肤过敏等服务质量问题，请提供鉴定机构出具的有效证明，经双方协商一致后予以退卡，退卡按购卡金额扣除已消费金额计算。”

④ “为了您的财物安全，请您在服务过程中自行保管随身物品，您有随身物品丢失或损坏的，您应自行承担责任”。

⑤ “此卡在某年某月某日前有效，期限为一年，不计息、不提取现金，过期作废。”

⑥ “当储值卡内的余额不足以支付单次消费金额时，余额恕不退还现金，再次充值后，余额可累计使用。”

⑦ “因已投保，如需索赔须向保险公司要求赔偿”。

(5) 餐饮行业不公平格式条款举例。

① “禁止自带酒水”。

违法定性：违反了《合同违法行为监督处理办法》第十一条第(六)项的规定，属于经营者利用合同格式条款排除消费者依法应当享有的其他权利的违法行为。

② “消毒餐具工本费一元”或“消毒餐具另收费”。

违法定性：违反了《合同违法行为监督处理办法》第十条第(二)项的规定，属于经营者利用合同格式条款设定消费者承担应当由格式条款提供方承担的经营风险责任的违法行为。

③ “包间最低消费 xx 元”。

违法定性：违反了《合同违法行为监督处理办法》第十一条第(六)项的规定，属于经营者利用合同格式条款排除消费者依法应当享有的其他权利的违法行为。

④ “如甲方需减少订席数，须提前十五天告知乙方，否则乙方将按原订席数全额收费”。

违法定性：违反了《合同违法行为监督处理办法》第十条第(一)项的规定，属于经营者利用合同格式条款设定消费者的违约金或者损害赔偿金超过法定数额或者合理数额的违法行为。

⑤ “请保管好自己的物品，谨防被盗，丢失本店概不负责”或“公共场所请您携带好您的随身物品，如有丢失自负”。

违法定性：违反了《合同违法行为监督处理办法》第九条第(二)项的规定，属于经营者利用合同格式条款免除自己因故意或者重大过失造成消费者财产损失责任的违法行为。

⑥ “餐厅有权接受或拒绝顾客自带酒水和食品，如果顾客不接受餐厅建议将被视为自动放弃食品卫生投诉权利”。

违法定性：违反了《合同违法行为监督处理办法》第十一条第(六)项的规定，属于经营者利用合同格式条款排除消费者依法应当享有的其他权利的违法行为。

(6) 家居装饰行业不公平格式条款举例。

① “甲方无正当理由，未按合同约定期限支付第二、三次工程款，每延误一日，应当向乙方支付延迟部分工程款 2%的违约金。”

违法定性：违反了《合同违法行为监督处理办法》第十条第(一)项的规定，属于经营者利用格式条款设定消费者违约金，或者损害赔偿金超过数额，或者合理数额责任的违法行为。

② “装饰工程所在区域如果存在污染现象，则乙方有权检测，对甲方自行检测的结果，乙方不承担任何责任。”

违法定性：违反了《合同违法行为监督处理办法》第九条第(二)项的规定，属于经营者免除因自己故意或者重大造成消费者财产损失责任的违法行为。

③ “甲方对合同中已确定的工程项目提出减项时，如未开工的须向乙方支付该项目款 5%的减项费，在同时有增项时，按增减项差额的负值作为实际的减项款额收取 5%减项费；如该项目已开工，甲方应承担由此造成的损失。”

违法定性：违反了《合同违法行为监督处理办法》第十条第(一)项的规定，属于经营者设定消费者的违约金，或者损害赔偿金超过数额，或者合理数额的违法行为。

④ “凡在装修公司以外采购的材料，装修公司不负责保修与环保质量。”

违法定性：违反了《合同违法行为监督处理办法》第九条第(三)项的规定，属于经营者免除自己对提供的商品或者服务依法应当承担的责任的违法行为。

⑤ “甲方需要开，另加工程总款 6%的税款。”

违法定性：违反了《合同违法行为监督处理办法》第十条第(三)项的规定，属于经营者利用格式条款设定消费者依照法律法规不应由消费者承担的责任的违法行为。

⑥ “凡私自与施工人员商定更改施工内容，引起的一切后果均由甲方自负，给乙方造成损失的，甲方还应予以赔偿。”

违法定性：违反了《合同违法行为监督处理办法》第十条第(二)项的规定，属于经营者利用格式条款设定消费者承担应当由格式条款提供方承担的经营风险责任的违法行为。

案例 9

【基本案情】

某健身有限公司采用格式条款排除消费者依法变更或者解除合同权利。工商部门执法人员在检查中发现，某健身有限公司在其拟定的会籍申请协议书及守则中规定：“本俱乐部所有会员卡均不可退款”，但并没有具体写明不可退款事由。工商部门检查时，该公司已先后与数百名顾客签订了会籍入会申请协议书及守则。

【案例分析】

在社会活动中，消费者可以依自愿原则选择健身俱乐部为自己提供健身服务，也可以依法解除其与健身俱乐部的服务合同。该公司事先拟定“本俱乐部所有会员卡均不可退款”的条款，以格式条款的形式禁止消费者退卡、解除合同，排除了消费者依法享有的权利。因此，此条内容违反了《合同违法行为监督处理办法》第十一条第(一)项的规定，属于经营者排除消费者依法变更或者解除合同权利的违法行为。

工商部门依据《合同违法行为监督处理办法》第十二条“当事人违法本办法第六条、第七条、第八条、第九条、第十条、第十一条规定，法律法规已有规定的，从其规定；法律法规没有规定的，工商行政管理机关视其情节轻重，分别给予警告，处以违法所得额三倍以下，但最高不超过三万的罚款，没有违法所得的，处以一万元以下的罚款”的规定，责令该公司改正其违法条款，并给予了 5000 元的罚款处罚。

案例 10

【基本案情】

洗衣店采用格式条款排除消费者依法享有的其他权利案。工商部门执法人员接到举报，称某洗衣店使用的洗衣单所附格式条款第二条内容为“保管期一月后如有虫咬、鼠伤、霉烂等，本店不负责任”。

【案例分析】

经营者与消费者除了洗衣约定外，还附随着经营者对衣物的保管责任。客户未按期领取衣物的，经营者不能以此免除自身的保管义务。民法典第八百九十七条规定：“保管期内，因保管人保管不善造成保管物毁损、灭失的，保管人应当承担赔偿责任。但是，无偿保管人证明自己没有故意或者重大过失的，不承担赔偿责任。”本案中，该洗衣店对消费者送洗的衣物，应尽到妥善保管的责任。但该洗衣店以“逾期不取衣”为由，对自身可能因重大过失造成送洗衣物的毁损不承担法定的损害赔偿责任，免除了自己应承担的法定责任。

该洗衣店在其制定的格式条款中含有“保管期一月后如有虫咬、鼠伤、霉烂等本店不负责任”条款的行为，已经构成了《合同违法行为监督处理办法》第九条第(二)项所禁止的行为，属于经营者免除“因故意或者重大过失造成消费者财产损失的责任”的违法行为。依据《合同违法行为监督处理办法》第十二条：“当事人违反本办法第六条、第七条、第八条、第九条、第十条、第十一条规定，法律法规已有规定的，从其规定；法律法规没有规定的，工商行政管理机关视其情节轻重，分别给予警告，处以违法所得额三倍以下，但最高不超过三万元的罚款，没有违法所得的，处以一万元以下的罚款。”的规定，工商部门对该洗衣店作出罚款 3000 元的处罚并责令整改的决定。

三、定金、订金、押金、保证金、违约金

1. 定金

定金是指为担保合同债权的实现，双方当事人通过书面约定，由一方当事人向对方预先支付一定数额的金钱作为担保的方式。

作为一种法律上的担保方式，定金的目的在于促使债务人履行债务，保障债权人的债权得以实现。定金的作用有两种情形：① 合同正常履行时，定金充作价款或由交付方收回；② 合同不履行时，适用定金罚则：即交付方违约的，无权收回；接受方违约的，应双倍返还。

单从担保的角度看，定金主要有以下法律特征：

(1) 定金担保是有惩罚性的，被违约方可主张惩罚赔偿。

(2) 定金担保的主体具有特定性，即债务人只能自己为自己提供债的定金担保。

(3) 定金担保的标的物具有特定性，即法律规定为金钱的偿付。

(4) 定金担保有最高限额的规定，即不得超过主合同标的额的 20%。

(5) 定金具有双向担保功能，这是定金担保优于其他担保方式的突出特点，尽管只是一方当事人为一定金钱的给付行为，但定金担保可以约束双方当事人，任何一方违约，均可适用定金罚则。

民法典第五百八十六条规定：“当事人可以约定一方向对方给付定金作为债权的担保。定金合同自实际交付定金时成立。定金的数额由当事人约定；但是，不得超过主合同标的额的百分之二十，超过部分不产生定金的效力。实际交付的定金数额多于或者少于约定数额的，视为变更约定的定金数额。”

民法典第五百八十七条规定：“债务人履行债务的，定金应当抵作价款或者收回。给付定金的一方不履行债务或者履行债务不符合约定，致使不能实现合同目的的，无权请求返还定金；收受定金的一方不履行债务或者履行债务不符合约定，致使不能实现合同目的的，应当双倍返还定金。”

2. 订金

订金在日常经济活动中也被广泛的采用，指的是一方当事人为交易需要而向另一方当事人交纳的金钱。值得注意的是，订金大多数是一种“口头”的约定，并不具有担保的功能。

订金使用的场景多见于预付款功能，它不具备定金性质，交付订金的一方主张定金权

利的，人民法院不予支持。订金数额应当在合同总价的 5‰以内，双方在签订商品买卖合同后，订金应及时返还或抵作价款。在交易成功时，订金充当货款，在交易失败时，订金应全额返还。收受订金的一方即使违约，仍应承担返还订金的义务。

订金与定金的区别具体表现在以下几个方面：

(1) 产生的基础法律关系不同：定金合同相对于主合同而言是从合同，除非当事人有特殊约定，主合同无效则定金合同亦无效；而当事人关于订金的约定是主合同的组成部分。

(2) 功能不同：订金不具有债的担保功能，其功能在于为一方当事人履行债务提供资金上一定的支持。

(3) 作用不同：定金一经给付，则发挥制裁违约方，补偿守约方的功能；而订金给付后，如发生一方违约，导致解除合同的情形时，收受订金的一方必须如数退还订金。

(4) 适用的范围不同：定金担保方式，可以适用于各种合同；而订金只适用于金钱的给付为一方履行债务的合同中，多见于买卖、租赁、承揽等合同。

3. 押金

押金是质押担保的一种特殊形式，是担保物权的一种，即为了担保债务的履行，债务人或者第三人将一定数额的金钱或者等价物移交债权人占有，在债务人不履行合同的债务的时候，债权人可从押金中优先受偿。目前，我国现行法律对于押金尚无明确的法律规定，依据法律没有强制性规定即为合法的法律原则，应当允许当事人在经济活动中采取约定给付一定数额的押金这种担保方式。押金担保，在本质上属于质押的范畴。

押金与定金的区别主要表现在以下几个方面：

(1) 定金是法定的担保方式，而押金只是民间交易过程中习惯上采用的方式。我国法律对押金没有明确规定，既未明确承认也未明确禁止。

(2) 设定人的范围不同：定金的设定仅限于被担保合同的当事人，而押金的给付可以是主合同的债务人，也可以是债务人以外的第三人。

(3) 约定限额法律规定不同：定金的数额不得超过主合同标的额的百分之二十，而押金的数额可由当事人自由约定。

(4) 制裁后果不同：定金具有惩罚违约方的功能，而押金仅具有担保合同义务人履行合同的作用，其对违约方的制裁仅以所交的押金为限。也就是说，给付押金的一方当事人不履行合同义务的，无权收回押金；而接受押金的一方当事人不履行合同义务的，并不承担双倍返还押金的义务。

4. 保证金

保证金是指合同当事人一方或双方为保证合同的履行，而留存于对方或提存于第三人的金钱，如合同保证金，投标时的履约保证金等。

在现实生活中保证金的应用主要有 2 种情况：① 合同当事人为保证其债权的实现而要求另一方提供的保证金；② 双方在合同成立的时候，为保证各自义务的履行而向共同认可的第三人(通常为公证机关)提存的保证金。

保证金也具有类似定金一样的担保合同实现的作用，但其没有双倍返还的功能。而且当事人可以自行约定定金的作用功能，如合同订立的保证或者合同解除的代价。此外，保证金留存或提存的时间和数额是没有限制的。双方当事人可以自行约定在合同履行前或者在合同履行过程中皆可。

5. 违约金

违约金是指由当事人通过协商预先确定的在违约发生后作出的独立于履行行为以外的给付。

民法典第五百八十五条规定："当事人可以约定一方违约时应当根据违约情况向对方支付一定数额的违约金，也可以约定因违约产生的损失赔偿额的计算方法。约定的违约金低于造成的损失的，人民法院或者仲裁机构可以根据当事人的请求予以增加；约定的违约金过分高于造成的损失的，人民法院或者仲裁机构可以根据当事人的请求予以适当减少。当事人就迟延履行约定违约金的，违约方支付违约金后，还应当履行债务。"

违约金的主要特点：

(1) 违约金的根本目的是制裁违约行为，是民事责任的承担方式，是约束双方履行合同的一种赔偿损失。

(2) 违约金是双方在合同中约定的，违约方应支付的赔偿金，不事先支付。

(3) 违约金是诺成生效的，只要双方签字约定，就具有法律效力。

(4) 违约金因具有预定赔偿金的性质，赔偿数额是根据违约可能造成的损失额来确定的。

(5) 违约金是诺成生效的，只要合同成立，违约条款处理，违约金就生效了。合同一旦签订，即法律行为生效，如有一方不按合同执行，就要按合同所签金额赔偿双倍的违约金给予对方。

违约金的作用：

(1) 惩罚和保证。只要出现由于当事人过错，不履行或不适当履行合同事实的，不论是否给对方造成损失，都必须给付违约金。

(2) 补偿侵害造成的损失。如果受侵害方能举证证明违约行为所造成的损失大于违约金金额时，则有权请求违约方补偿不足部分。违约方支付违约金后，只要对方认为违约方还有继续履行合同的必要并坚持要求违约方继续履行合同的，违约方还有继续履行合同的义务。

定金、订金、押金、保证金、违约金无论是从内容上还是法律后果上都有明显不同。在签订合同时，当事者应对此有充分的理解，并根据自己的实际情况慎重行事。但必须明确的是：如果选择定金担保方式，则必须在合同中明确约定定金合同的性质，且其约定必须符合法律关于定金限额的规定，且必须采用书面的形式约定等。

案例 11

【基本案情】

徐某在商场购物时，发现某品牌的电视机正在促销之后决定购买。销售人员告知徐某，因促销活动目前除此样品以外暂时没有全新的，如需要可以从工厂调货，徐某表示可以等。于是先行交付定金200元并签订了合同，双方约定两天后中午取货。后来，徐某如约预定拉货公司前来取电视机，但促销员告知由于货源紧缺，工厂也暂时无货，需要再等三天。徐某认为耽误了自己的时间，决定去另一家商场购买，要求销售人员双倍返还定金；销售人员则认为商场最多原价返回200元。双方对此问题争执不下。

【案件分析】

定金是指当事人双方为了保证债务的履行，约定由当事人先行支付给对方一定数额的货币作为担保。就本次电视机签订的买卖合同而言，双方已约定交付时间，商场应在约定时间将商品交付给徐某，在无任何质量问题的情况下，徐某需签收商品并给付货款。但是约定的交货期满后，促销员告知还需再等三天即可提货，则商场违反了合同的交货期限的约定，无法在约定的时间履行交付商品，应当双倍返还定金。《民法典》第五百八十七条规定："债务人履行债务的，定金应当抵作价款或者收回。给付定金的一方不履行债务或者履行债务不符合约定，致使不能实现合同目的的，无权请求返还定金；收受定金的一方不履行债务或者履行债务不符合约定，致使不能实现合同目的的，应当双倍返还定金。"

四、分期付款

分期付款买卖在某种意义上也属于一种赊购，但买受人在接收标的物之后，不是在一定期限内一次性地支付价款，而是在一定期限内分批次地支付。随着互联网的不断发展，分期付款买卖在网购中已经越来越普遍，各大电商平台均向消费者提供有分期付款服务。可以说，分期付款合同与我们的生活息息相关。但在使用分期付款时，一定要注意相关法律的规定，避免产生违约承担损失。

案例12

【基本案情】

小孙在某网上购物平台上购买了手表一块，总价款2万元，分10期付款。在小孙按期支付了6次价款(共计12 000元)时，因该手表被其损坏，小孙便停止支付尾款。

【案件分析】

分期付款买卖合同是指买受人将应付的总价款，在一定期限内分次向出卖人支付的买卖合同。分期付款买卖在现代常被作为一种有效的促销手段，因其对买卖双方均有益，受到了欢迎。对卖方而言，通过分期付款买卖，可以卖出更多货物；而对于买方，可以一次不支付全部价款，但却能对标的物进行占有、使用和收益(分期付款买卖合同，一般均限制买受人的处分权)。

具体到本案中涉及的情况有：

(1) 分期付款买卖合同，若没有特别约定标的物的归属问题，标的物的所有权自标的物交付给买受人时发生转移。所以，自小孙收到该手表时，便享有手表的所有权。

(2) 买受人未支付到期价款的金额达到全部价款的五分之一的，线上商城有权选择行使以下权利：

① 要求买受人一次性支付剩余的全部价款(加速到期理论)。

② 行使法定解除权解除合同，并要求买受人支付标的物的使用费。

本案中，小孙虽已支付6期价款共计12 000元，但是剩余已到期而尚未支付的价款已达合同标的额的五分之一。依照法律规定，出卖人某网上购物平台商城有权要求买受人小孙一次性支付剩余的全部价款 8000 元，或者通知其解除买卖合同，并要求小孙支付该手表在他占有期间的使用费。

民法典第六百三十四条规定：“分期付款的买受人未支付到期价款的数额达到全部价款的五分之一，经催告后在合理期限内仍未支付到期价款的，出卖人可以请求买受人支付全部价款或者解除合同。”

五、试用买卖

试用买卖是指约定买受人先行试用标的物，然后在一定期间内再决定是否购买的买卖合同。试用买卖以买受人试用标的物后在一定期限内表示认可，为买卖合同的生效条件。出卖人有允许买受人试用的义务，买受人则享有自由决定是否购买的权利，在其决定购买前，标的物所有权仍属于出卖人。试用买卖合同在试用期限内，买受人应当作出对试用买卖合同标的物是否认可的意思表示：买受人在试用期届满时不对是否购买标的物作意思表示，就视为其购买。即买受人如不愿购买标的物，就必须在试用期内以明确的意思表示方式作出，否则期限届满时将被推定为承诺购买。意思表达的方式没有特定的要求，可以是口头的，也可以是书面的。口头认可指买受人向出卖人直接表达对标的物认可的意思表示。书面认可指买受人以书信、传真、数据电文等书面形式表示认可标的物。

案例 13

【基本案情】

商场某化妆品推出新品在做免费试用的活动，活动规定：凭身份证及商场会员卡可领取一套化妆品，试用一个星期，如不愿购买则无须支付任何费用。高某见该化妆品是较好的品牌推出的新款套装，决定参与此活动并在化妆品公司提供的合同上签字。若约定试用同意购买则支付 5000 元获得该化妆品套装，若不同意购买则退还化妆品。一周后，该化妆品专柜的销售打电话询问是否购买，高某未答复。连续三天高某不是不接电话，就是不给明确答复。随在一周后，销售告知高某在 3 日内到商场支付 5000 元价款。高某表示不服，称自己并未决定是否购买。

【案例分析】

本案中高某在试用期届满后经销售人员多次催告都未作明确表示，所以视为高某同意购买，应该支付相应价款。

案例 14

【基本案情】

乙在商场购物时，碰到某品牌推销空气净化机，销售员说可以试用一周，满意了再购买。乙将净化器拿回家中试用一周后因效果不佳决定不购买该产品，但销售员说该机器试用了一周，没法再次销售，拒绝取回产品。乙当即联系公司，公司也称，既然产品没有质量问题，试用后就应该购买。

【案例分析】

乙在试用期限内，向公司明确表示拒绝购买，作出了拒绝购买的意思表示，双方的买卖合同不发生效力。因此，公司不可强制其购买。民法典第六百三十八条规定：“试用买卖的买受人在试用期内可以购买标的物，也可以拒绝购买。试用期限届满，买受人对是否购买标的物未作表示的，视为购买。试用买卖的买受人在试用期内已经支付部分价款或者对标的物实施出卖、出租、设立担保物权等行为的，视为同意购买。”

第三节　大学生与物权债权

一、物权的概念和特点

物权编是我国民法典的重要一编，也是我国社会主义法律体系的重要组成部分。民法典物权编既是调整平等主体之间财产关系的基本法，也是市场经济秩序构建的基本规则。物权，是指权利人依法对特定的物享有直接支配和排他的权利，包括所有权、用益物权和担保物权。物权法是调整平等主体之间因物的归属和利用而产生的财产关系的法律。

物权有以下三个特点：

(1) 物权是财产权。物权是一种具有物质内容的、直接体现为财产利益的权利，财产利益包括对物的利用、物的归属和就物的价值设立的担保。

(2) 物权是支配权。物权是权利人直接支配的权利，即物权人可以依自己的意志就标的物直接行使权利，无须他人的意思或义务人的行为的介入。

(3) 物权是绝对权(对世权)。物权的权利人是特定的，义务人是不特定的第三人，且义务内容是不作为，即只要不侵犯物权人行使权利就是履行义务，所以物权是一种绝对权。

二、债权的概念和特点

债权，是指在债的关系中权利主体具备的能够要求义务主体为一定行为或不为一定行为的权利。债权在民法典中虽然没有单设的一章，但在合同编中，大量阐述了竞合、礼物债务管理、多数人之债等。

债权有以下三个特点：

(1) 债权具有相对性，即发生在特定主体(双方当事人)之间，是特定的债务人给付给特定的债权人的法律关系。

(2) 债权既是一种民事关系，也是一种财产法律关系，通过以给付财产(物)为内容，反映出财产的交换关系。

(3) 债权具有平等性。在债务人同时负担多项债务时，债权都是平等的，不因成立的时间、涉及数额进行区分。在偿还时，除担保物权可以优先受偿外，其余普通债权原则上按比例进行偿还。

三、物权与债权的区别

作为民法中最基本的财产权形式，债权与物权的区分是对财产权利的基本区分方法，也是传统大陆法系民法典编的基本指导思想。物权和债权的区别如下：

(1) 物权是支配权，而债权是请求权。债权是债权人请求债务人依照债的规定为一定行为或不为一定行为的权利。物权是权利人支配特定物的权利。

(2) 物权是对世权和绝对权，而债权是对人权和相对权。物权是对世权，权利人可以对抗一切人，只要物权受到侵害，不论行为人与物权人之间是否存在一定的法律关系，物权人都可以对行为人主张物权请求权，也可以请求行为人承担侵害物权的责任；债权受到侵害以后，债权人只能针对债务人主张权利，而不能针对其他第三人主张权利。

(3) 物权具有优先性，而债权具有平等性。当同一物上多项其他物权并存时，应当根据法律规定和物权设立的时间先后确立效力的优先性(如抵押权优先顺位采取登记先后的规则)。不论债权成立时间的先后，各个普通债权(除担保物权外)在效力上都是平等的，债务人需按照各债权所占比例清偿。此外，物权的优先性还体现在同一标的物之上同时存在物权和债权时，物权的效力优先于债权。

(4) 物权是公开化的权利，而债权具有非公开性。由于物权是一种排他的绝对权，任何人侵害物权或者妨害物权人行使权利时，权利人都可以通过诉讼寻求法律支持。债权只是在特定的当事人之间存在，它并不具有公开性，设立和转移债权也不需要公示。若债务人不履行债务，则债权人只能请求其承担违约责任。

(5) 物权的设立采用法定主义，而债权可以由当事人自由约定。物权具有法定性，物权的种类和基本内容由法律规定，不允许当事人自由创设物权种类或随意确定物权的内容。债权的设立相对自由，只要不违反法律的禁止性规定和公序良俗，当事人可以根据自己的意思设定债权，并自由约定债的内容和具体形式。

(6) 物权的客体主要是有体物，而债权主要以行为为客体。作为支配权，物权必须以“特定的物”为其支配的客体，未形成特定的物，是不能成为物权的支配对象的。债权主要以行为为客体，如支付、交付、提供服务等。此外，物权因物体长期稳定的性质具有永久性或长期性。债务人履行债务，当事人之间债的关系即终止，因此债权具有一定的存续期限。

四、善意取得制度

善意取得制度，又称即时取得，指无权处分人将其财产有偿转让给第三人，如果受让人取得该财产时出于善意，则受让人将依法即时取得对该物产的所有权的一种法律制度。善意取得制度适用于动产、不动产，其目的是维护市场交易的确定性。善意取得的主旨为填补让与人处分权的不足，保护的范围限于“对处分权的信赖”。善意受让人基于占有或登记的公信力而信赖无权处分人有处分权时，原权利人的所有权才相对消灭，善意受让人因善意取得制度取得无权处分的财产。

案例 15

【基本案情】

甲同学出国留学期间将购置的单反相机委托给同宿舍的乙同学保管。保管期间，乙同学在班级活动中使用该相机拍照并称此相机为自己在年会上抽奖所得，班级活动后将此相机借给了同班同学丁拍摄毕业作品。在一次电商广告中，乙得知此相机价值较大，在班级群聊中谎称自己想出售相机进行更新换代，以某电商价格出售给同班同学丙。经乙指示，丁在完成毕业作品后将相机交付给了丙，丙按约定价格向乙完成了付费。

【案例分析】

甲同学留学归来后是否能向丙索要该相机？此案中的法律关系涉及民法典中的一个重要法律概念：善意取得。此案例中，当乙将相机出卖给丙时，乙为相机的间接占有人，并具备了“可信的权利外观”。丙在不知情的情况下认为乙为该相机所有者的判断，并完成交易收取，实际取得了相机，善意取得了该相机的所有权。因此，甲只能向乙提出赔偿要求，不能向丙索要相机。

五、无因管理

无因管理是指未受他人委托，也无法律上的义务，为避免他人利益受损失而自愿为他人管理事务或提供服务的事实行为。

无因管理的构成条件：

(1) 管理他人事务，这是成立无因管理的首要条件。

(2) 管理人有为他人谋利益的意思表示，从事管理他人事务的事实行为。

(3) 管理人没有法定或约定的义务，也未受本人委托。

案例 16

【基本案情】

罗某晨跑时遇见一女子站在海边有轻生之疑，在其好意提醒时该女子欲跳入海中，罗某迅速拉住该女子。在救助该女子的过程中，罗某的手机滑入海里。在周边群众报警后警察赶到现场与罗某一同将女子拉回。随后，经公安机关联系到该女子家属，家属对罗某感谢不已。

【案例分析】

罗某在救助该女子过程中遗失的手机是否可向该轻生女子及家属补偿？可以。罗某在救人期间与该女子形成了无因管理的法律要素。民法典第九百九十七条规定：“管理人没有法定的或者约定的义务，为避免他人利益受损失而管理他人事务的，可以请求受益人偿还因管理事务而支出的必要费用；管理人因管理事务受到损失的，可以请求受益人给予适当补偿。管理事务不符合受益人真实意思的，管理人不享有前款规定的权利；但是，受益人的真实意思违反法律或者违背公序良俗的除外。”因此，罗某可以要求该女子赔偿手机损失，但是无权向该女子请求支付报酬。

六、不当得利与侵占

不当得利，是指没有合法依据，有损于他人而取得利益。不当得利的法律事实发生以后，就在不当得利人与利益所有人(受害人)之间产生了一种权利义务关系，即利益所有人有权请求不当得利人返还不应得的利益，不当得利者有义务返还。这也就在双方之间产生一种债的关系。不当得利的构成特征如下：

(1) 双方当事人必须一方为受益人，他方为受害人。

(2) 受益人取得利益与受害人遭受损害之间必须有因果关系。

(3) 受益人取得利益没有合法根据。也就是说，既没有法律上、也没有合同上的根据，或曾有合法根据，但后来丧失了这一合法根据。

根据刑法第二百七十条的规定，侵占罪，是指以非法占有为目的，将代为保管的他人财物、遗忘物或者埋藏物非法占为己有，数额较大，拒不交还的行为。侵占，是指非法占有别人的财产。侵占的构成特征如下：

(1) 侵害的客体是他人财物的所有权。本罪的犯罪对象为他人的交给自己保管的财物、遗忘物和埋藏物。

(2) 客观方面表现为将他人的交由自己代为保管的财物、遗忘物或者埋藏物非法占为己有，数额较大，拒不交还的行为。

(3) 主观方面表现为直接故意，并且具有非法占有他人财物的目的。

案例 17

【基本案情】

李某在教学楼自习时，在休息区的地上捡到手机一部，见四周无人便将手机迅速装进自己的衣兜里。高某发现手机遗失后立即返回教学楼张贴寻物启事，并用同学的手机给自己遗失的手机拨打电话，但李某一直没有接听并将手机关机，打算将手机换卡后自己使用。高某通过手机定位系统找到李某，要求归还手机，李某起初并不承认，后又谎称手机已被变卖。

【案例分析】

李某的行为涉及民法中的“不当得利”与刑法上的“侵占”。刚开始李某捡到手机占为己有，不知道失主可视为不当得利；然后在明知失主寻找要求归还时，谎称手机被变卖，主观方面表现为直接故意，并且具有非法占有他人财物的目的，已经是侵占行为。

七、遗失追回

民法典第三百一十二条规定：“所有权人或者其他权利人有权追回遗失物。该遗失物通过转让被他人占有的，权利人有权向无处分权人请求损害赔偿，或者自知道或者应当知道受让人之日起二年内向受让人请求返还原物；但是，受让人通过拍卖或者向具有经营资格的经营者购得该遗失物的，权利人请求返还原物时应当支付受让人所付的费用。权利人向受让人支付所付费用后，有权向无处分权人追偿。”

根据民法典第三百一十四条规定：“拾得遗失物，应当返还权利人。拾得人应当及时通知权利人领取，或者送交公安等有关部门。”需要注意的是，这里说的是应当返还，而不是可以返还。也就是说，必须无理由返还，不能私吞。而且拾得人还应当尽可能及时地通知权利人，不能故意拖延返还，应当妥善保管遗失物。如果拾得人不知道真正权利人，则应及时送交公安机关。

案例 18

【基本案情】

甲在校园内发现自己去年丢失的自行车被乙推行，甲便上前询问，乙称自己是从丙处购买，并出示付款收据。

【案例分析】

本案有两种情形：无论丙是拾得该自行车或是偷来，对此法律规定，拾得遗失物与违法所得都不得适用善意取得制度，这是善意取得制度的例外情况。无论怎样甲都有权向乙要回自行车，乙买车的钱怎么办呢？分两种情形：① 如果乙不能证明丙是正规经营资格的销售者，则甲无须支付给乙任何费用，直接推走车子，乙找丙返还购买自行车的钱，车子归甲所有；② 如果乙证明是在正规经营销售者丙处购买的，甲执意要回自行车，甲需要向乙支付购买自行车的费用，那么甲可以找无处分权的丙追偿。

第四节 涉及大学生的婚姻法律关系

婚姻泛指适龄男女按照婚姻法在经济生活、精神物质等方面自愿结合，并取得法律、伦理、医学、政治等层面的认可，双方共同生产生活并组成家庭的一种社会现象。民法典第一千零四十一条规定："婚姻家庭受国家保护。我国实行婚姻自由、一夫一妻、男女平等的婚姻制度。"与大学生相关的婚姻知识主要有：结婚的条件、无效的婚姻、可撤销的婚姻、家庭暴力、事实婚姻、婚姻冷静期制度、离婚损害赔偿、怀孕期间是否可以离婚以及夫妻共同财产和个人财产。

1. 结婚的条件

在我国，结婚需满足的条件是：男女双方完全自愿，禁止任何一方对另一方加以强迫，禁止任何组织或者个人加以干涉；符合"男不得早于 22 周岁，女不得早于 20 周岁"的年龄要求；排除"直系血亲或者三代以内的旁系血亲"的关系。

民法典第一千零四十九条规定："要求结婚的男女双方应当亲自到婚姻登记机关申请结婚登记。符合本法规定的，予以登记，发给结婚证。完成结婚登记，即确立婚姻关系。未办理结婚登记的，应当补办登记。"民法典第一千零五十条规定："登记结婚后，按照男女双方约定，女方可以成为男方家庭的成员，男方可以成为女方家庭的成员。"

2. 无效的婚姻

无效的婚姻是指因不具备法定结婚实质要件或形式要件的男女结合，在法律上不具有婚姻效力。因欠缺婚姻成立的法定要件，故无效的婚姻自开始就不具备法律效力。我国民法典规定，有下列情形之一的婚姻无效：

(1) 重婚，即已经有了一个婚姻关系，又与他人缔结新的婚姻关系。

(2) 有禁止结婚的亲属关系，即直系血亲或者三代以内的旁系血亲禁止结婚。

(3) 未到法定婚龄，即男方早于二十二周岁，女方早于二十周岁。

3. 可撤销的婚姻

可撤销的婚姻，是指因胁迫结婚的，受胁迫的一方或被非法限制人身自由的当事人，可以向婚姻登记机关或人民法院请求撤销该婚姻；或一方患有重大疾病而未及时告知，无过错方可以向人民法院请求撤销该婚姻。

受胁迫的婚姻关系不仅违背受胁迫方的意志，也违反了婚姻自愿的基本原则。为保护当事人的合法权益，让受胁迫方能充分地表达自己的婚姻意志，民法典给予受胁迫方在胁迫的婚姻成立后向婚姻登记机关或者人民法院提出撤销其婚姻效力的权利。因此，有权提出撤销婚姻效力的申请人只能是因胁迫结婚的被胁迫人。

民法典第一千零五十二条规定："因胁迫结婚的，受胁迫的一方可以向人民法院请求撤销婚姻。请求撤销婚姻的，应当自胁迫行为终止之日起一年内提出。被非法限制人身自由的当事人请求撤销婚姻的，应当自恢复人身自由之日起一年内提出。"

民法典第一千零五十三条规定："一方患有重大疾病的，应当在结婚登记前如实告知另一方；不如实告知的，另一方可以向人民法院请求撤销婚姻。请求撤销婚姻的，应当自知道或者应当知道撤销事由之日起一年内提出。"

4. 家庭暴力

家庭是社会的细胞，家庭和谐稳定是国家发展、社会进步、民族繁荣的基石。民法典在反家庭暴力法明确规定家庭暴力的基础上，将持续性、经常性的家庭暴力认定为虐待，体现了对家庭暴力坚决说"不"的鲜明价值导向。民法典第一千零四十二条第三款规定，禁止家庭暴力。反家庭暴力法第二条规定："本法所称的家庭暴力，是指家庭成员之间以殴打、捆绑、残害、限制人身自由以及经常性谩骂、恐吓等方式实施的身体、精神等侵害行为。"反家庭暴力法第二十三条规定："当事人因遭受家庭暴力或者面临家庭暴力的现实危险，向人民法院申请人身安全保护令的，人民法院应当受理。"

通常意义而言，家庭暴力行为分为两类：对身体的暴力行为和对精神的暴力行为。家庭暴力对家庭成员的人身和精神有着极大的侵害，严重影响子女的身心健康，破坏家庭和睦，目前，家庭暴力已成为离婚的主要原因之一。严重的家庭暴力还会导致受害者以暴抗暴，以犯罪手段进行报复，成为社会不稳定因素。

家庭暴力认定难是国内外家庭暴力诉讼中面临的共同难题。据有关统计，各地人民法院所审理的婚姻家庭案件中，当事人主张存在家庭暴力的，只有不到30%的当事人能够提供伤照、病历、报警记录、子女证言、施暴人保证书等相关证据。由于家庭暴力具有一定的隐蔽性，其他人很难知晓，因此举证比较困难，关键是要证明施暴行为与损害结果之间的因果关系。家庭暴力问题能否认定与施暴者是否承认没有必然的联系。发生家庭暴力行为后，并非施暴者矢口否认人民法院就无法认定，只要其他证据可以形成证据链条，同样可以根据民事诉讼法及民事诉讼证据的有关规定对违法事实予以认定。此外，家庭暴力往往在家庭内部发生，未成年子女的证言有时会成为关键证据，不必过于苛求未成年子女的年龄，未成年子女提供的涉及家庭暴力的与其年龄、智力及精神状态相当的证言可以作为认定家庭暴力的证据。

案例 19

【基本案情】

申请人赵某与被申请人孙某系再婚夫妻，赵某婚前育有一子，孙某无子女。赵某称，孙某长期实施家庭暴力，多次对其进行威胁和殴打，使其感觉人身安全没有保障。为了证明自己的主张，赵某提交了2020年9月26日、11月10日拍摄的照片7张，证明因遭受孙某家庭暴力致使身体多处受伤。同时，赵某提交了孙某发送的短信记录，证明孙某对其进行威胁、辱骂和骚扰。赵某称，其曾因遭遇家庭暴力先后于2020年3月9日、8月13日、10月5日三次报警，派出所出警予以劝解。庭审中，孙某拒不承认对赵某实施过家庭暴力，称其并没有打赵某，只是出于防卫"胡噜"了赵某两下。孙某不认可赵某三次报警系因遭遇家庭暴力，但是表示曾因报警问题抢摔过赵某儿子的手机。关于短信内容，孙某认可是其本人所发。

【案例分析】

本案中，虽然被申请人极力否认实施了家庭暴力，但是根据现有证据、双方陈述及法院调查情况，可以证明被申请人对申请人实施过家庭暴力，进行过威胁、辱骂和骚扰，申请人的申请符合发出人身安全保护令的法定条件。依照《中华人民共和国民法典》第一千零四十二条第三款和《中华人民共和国反家庭暴力法》相关法律规定，密云法院发出人身安全保护令，裁定：禁止被申请人孙某对申请人赵某实施家庭暴力；禁止被申请人孙某威胁、辱骂、骚扰申请人赵某。法院向双方当事人送达了人身安全保护令，同时送达辖区派出所、村委会、镇妇联，由辖区派出所、村委会协助执行。

依法签发人身安全保护令，是人民法院反家庭暴力的重要职责。人身安全保护令，在施暴者和受害者之间设立了一把"保护伞"、一道"隔离墙"，能够在很大程度上预防家庭暴力的发生或者再次发生，能够有效推动社会形成注重家庭、注重家教、注重家风的良好氛围，让家庭成为人们安全、温暖的港湾，注重促进婚姻家庭和谐稳定，注重引导树立良好的家教、家风，弘扬家庭美德，促进家庭文明建设。

5. 事实婚姻

民法典规定，我国已经不再承认事实婚姻关系，所以无论同居多久，都不会形成事实婚姻关系，按同居关系处理。其第一千零五十四条规定："无效的或者被撤销的婚姻自始没有法律约束力，当事人不具有夫妻的权利和义务。同居期间所得的财产，由当事人协议处理；协议不成的，由人民法院根据照顾无过错方的原则判决。对重婚导致的无效婚姻的财产处理，不得侵害合法婚姻当事人的财产权益。当事人所生的子女，适用本法关于父母子女的规定。婚姻无效或者被撤销的，无过错方有权请求损害赔偿。"

案例 20

【基本案情】

雷某(女)与岳某(男)毕业后同居，并于半年后在岳某的家乡举办了仪式，但一直没有领取结婚证，以夫妻的名义租房生活在一起。几年后，岳某认识了王某，希望能够和王某结婚。雷某将岳某诉至法院，要求法院判决她与岳某的婚姻关系合法有效。

【案例分析】

事实婚姻是一种婚姻关系存在的方式，指男女双方在客观上未经结婚登记机关登记，但以夫妻名义同居生活的事实。狭义的事实婚姻指没有配偶的男女双方，未经结婚登记，即以夫妻名义同居生活。民法典中并不承认事实婚姻，只有经登记的婚姻才受法律保护。

“事实婚姻”双方所生的非婚生子女，由哪一方抚养，双方协商；协商不成时，应根据子女的利益和双方的具体情况判决。对于财产问题，双方可以协商，协商不成的可以提起诉讼要求解除同居关系并分割同居期间共同所有的财产。

6. 婚姻冷静期制度

民法典第一千零七十七条规定：“自婚姻登记机关收到离婚登记申请之日起三十日内，任何一方不愿意离婚的，可以向婚姻登记机关撤回离婚登记申请。前款规定期限届满后三十日内，双方应当亲自到婚姻登记机关申请发给离婚证；未申请的，视为撤回离婚登记申请。”

民法典设置离婚冷静期的目的是为自愿离婚的当事人在登记离婚中设置适当的时间“门槛”，促进当事人冷静思考、妥善抉择，防止当事人一时冲动草率离婚，也防止当事人因规避政策而离婚。此外，离婚冷静期不光是用来被动冷静的，从另一个层面，对于那些无法修复的婚姻还可能会发挥另一个作用，那就是推翻仓促或者被胁迫等情形下达成的不公平离婚条件，帮助当事人争取一个更公平的结果。“离婚冷静期”并非我国民法典首创，世界上很多国家都有类似“离婚冷静期”的规定，如英国的离婚反省期、法国的离婚考虑期、韩国的离婚熟虑期、美国的离婚等候期等，这说明很多国家在婚姻自由和家庭稳定这两种价值观的博弈中有适当的倾斜。同时，我们也不能孤立看待“离婚冷静期”制度，其背后不只是降低离婚率的考量，或许还有应对人口老龄化、出生率低等人口问题的长远安排。

我国离婚有两种途径，即协议离婚和诉讼离婚。“离婚冷静期”只适用于协议离婚，对于诉讼离婚的程序不产生影响。对于存在家暴、赌博等情形或者夫妻双方存在不可调和的矛盾无法达成离婚协议，需要通过诉讼离婚的，不存在“离婚冷静期”的问题。

案例 21

【基本案情】

张先生和刘女士因婚前了解不够，2015 年结婚后感情一直不睦，婚内也未生育子女。2021 年元旦假期，双方经深入沟通，决定离婚。两人约好 1 月 4 日到民政局办理离婚。本以为当天就可以拿到离婚证，开始新生活，但是到了民政局二人才知道想拿离婚证至少需要再等 30 天。

【案例分析】

“离婚冷静期”与离婚自由并不冲突，我国民法典依然坚持婚姻自由原则。“离婚冷静期”只是给了离婚夫妻一个缓冲期，是用一个比较温和的方式对协议离婚进行适当干预，仅仅对冲动离婚的当事人起到一个“冷却”冲动的作用。

7. 离婚损害赔偿

离婚损害赔偿，是指夫妻一方有过错致使婚姻家庭关系破裂，离婚时对无过错的一方所受的损失，有过错的一方应承担的民事赔偿责任。修正后的婚姻法增设了离婚时的损害赔偿制度，因一方的法定过错导致离婚的，无过错的另一方依法享有赔偿请求权，民法典第一千零九十一条规定："有下列情形之一，导致离婚的，无过错方有权请求损害赔偿：① 重婚；② 与他人同居；③ 实施家庭暴力；④ 虐待、遗弃家庭成员；⑤ 其他重大过错。"

案例 22

【基本案情】

李某与张某结婚二年，有一女儿。李某常常因工作加班，但最近一段时间时常夜不归宿，引起张某怀疑。张某跟踪李某后发现，李某下班后常进出另一小区，在进一步打听询问后得知，李某与另一女子赵某同居已久。张某心痛不已，提出离婚，并要求李某对自己进行赔偿。

【案例分析】

李某的主张可以得到支持。民法典在"婚姻家庭"的章节中针对原有的婚姻法做出了部分修正与新增，其中涉及婚姻中"被出轨"的无过错方的权益保障，体现在以下两点：

(1) 离婚时分割夫妻共同财产，应当照顾无过错方权益。

民法典第一千零八十七条规定："离婚时，夫妻的共同财产由双方协议处理；协议不成的，由人民法院根据财产的具体情况，按照照顾子女、女方和无过错方权益的原则判决。"

民法典新增了在分割夫妻共同财产时应按照照顾无过错方的原则进行处理。这意味着，如果对方存在过错行为，无过错方完全可以主张多分财产，并且很大程度上能实现这一诉讼主张。因此可以说，出轨行为将成为财产少分或不分的法定理由。

(2) 有其他重大过错行为导致离婚的，无过错方有权请求损害赔偿。

民法典第一千零九十一条规定了作为损害赔偿的法定情形。这也意味着，即使不能证实对方有重婚或同居的行为，若对方有出轨、通奸、嫖娼、不正当交往等重大过错行为，也能够主张损害赔偿，并实现这一目的。民法典的这一修订给"受害者"提供了保护。

同时，民法典第一千零八十四条规定："父母与子女间的关系，不因父母离婚而消除。离婚后，子女无论由父或者母直接抚养，仍是父母双方的子女。离婚后，父母对于子女仍有抚养、教育、保护的权利和义务。离婚后，不满两周岁的子女，以由母亲直接抚养为原则。已满两周岁的子女，父母双方对抚养问题协议不成的，由人民法院根据双方的具体情况，按照最有利于未成年子女的原则判决。子女已满八周岁的，应当尊重其真实意愿。"

8. 怀孕期间是否可以离婚

民法典第一千零八十二条规定："女方在怀孕期间、分娩后一年内或者终止妊娠后六个月内，男方不得提出离婚；但是，女方提出离婚或者人民法院认为确有必要受理男方离婚请求的除外。"

值得注意的是，在怀孕和哺乳期间只是限制离婚，并非完全不可以离婚，存在一定的例外规定：

(1) 女方提出离婚。若女方提出后，男方同意离婚，且双方就子女抚养、财产分配及债务分担也能达成一致意见，那么双方可以前往民政局办理离婚登记。按照民法典的规定，经过30日的“离婚冷静期”，双方又在30日内亲自到民政部门申请发给离婚证即可完成离婚程序。若女方提出后，男方不同意离婚，或双方虽然都同意离婚，但就子女抚养、财产分配及债务分担未能达成一致意见，女方就需要向法院起诉离婚。此时，女方起诉离婚，法院是应该正常审理的。

(2) 法院认为确有必要受理男方离婚请求的。该条规定是原则性规定，对于“确有必要”目前没有更进一步的法律法规明确解释具体的情形，而是交由法院根据个案中的情况酌情判断。例如，女方怀孕是因为违反夫妻忠诚义务所致；一方对他方有危及生命、人身安全的可能；等等。

案例 23

【基本案情】

解某(女)与单某(男)二人婚前感情一直不错，但是婚后经常因为生活上的琐事及解某与单某母亲的争执闹得不可开交，二人之间的争吵不断。单某无法忍受解某对待母亲的态度，遂在解某怀孕6个月时提出离婚，解某不同意并吵闹不停，单某遂向法院提起诉讼。

【案例分析】

此案例中单某的离婚主张不被支持。通常情况下，在女方怀孕期间、分娩后1年内或者终止妊娠后6个月内，男方不得提出离婚，是出于保护妇女和子女的合法权益进行的规定。解某正在怀孕期间，但不属于“确有必要”受理男方离婚请求的情况，所以单某不能提起离婚诉讼。

9. 夫妻共同财产和个人财产

夫妻共同财产是指在婚姻关系存续期间所得的由民法典规定的财产，归夫妻共同所有，夫妻对共同财产有平等的处理权。民法典第一千零六十二条规定：“夫妻在婚姻关系存续期间所得的下列财产，为夫妻的共同财产，归夫妻共同所有：① 工资、奖金、劳务报酬；② 生产、经营、投资的收益；③ 知识产权的收益；④ 继承或者受赠的财产，但是本法第一千零六十三条第三项规定的除外；⑤ 其他应当归共同所有的财产。夫妻对共同财产，有平等的处理权。”

第一千零六十三条规定：“下列财产为夫妻一方的个人财产：① 一方的婚前财产；② 一方因受到人身损害获得的赔偿或者补偿；③ 遗嘱或者赠与合同中确定只归一方的财产；④ 一方专用的生活用品；⑤ 其他应当归一方的财产。”

案例 24

【基本案情】

蔡某(女)与谢某(男)结婚之前，谢某购买了一套三居室并付了首付，登记在自己名下，婚后二人一起还贷。婚后第四年二人因分歧决定离婚。谢某主张房子是自己买的，房子坚决不给蔡某。蔡某认为虽然首付 38 万是谢某所付，但是其余的 45 万是二人在婚后一起偿还的，因此该房产自己也有份，应该变卖了钱二人分。

【案例分析】

钱某婚前支付了首付款并进行了产权登记，虽然二人婚后以夫妻共同财产还贷，但该房产仍不能算作夫妻共同财产，而是谢某的个人财产。对于二人共同还贷部分，应由谢某按照婚后共同还贷部分的一般款项以及相应增值部分按比例补偿蔡某。

民法典针对婚前一人出资买房，离婚时根据具体情况的不同有如下规定：

(1) 婚前还清个人贷款或是全款买房且房屋落在买受人的，无论是婚前还是婚后取得房屋产权均视为个人财产，另一方无权要求分割。

(2) 结婚前已支付了房屋首付，并向银行贷款，房屋落在自己名下，婚后用夫妻共同财产还贷的，该房屋认定为个人财产，而夫妻共同还贷支付的款项以及房屋相对应的财产增值部分由双方平分，而尚未偿还的贷款则为产权登记一方的个人债务。

(3) 房屋落在对方名下。按共同共有处理，如果没有特殊情况，多会视为以结婚为目的的赠与，按登记方个人财产处理。

(4) 房屋落在双方名下时，不考虑出资情况，在离婚时按共同财产平均分割。

针对婚前两人出资共同买房，离婚时根据具体情况的不同有如下规定：

(1) 房屋落在夫妻二人名下的，属于夫妻共同财产，不考虑出资情况，在离婚时按共同财产平均分割。

(2) 房屋只落在一人名下的，基本按共同共有处理，在离婚时综合购房背景、出资数额等因素进行公平评判。

案例 25

【基本案情】

马某(女)和沈某(男)两人经相亲介绍认识。经过短暂的相处，两人感情快速升温，不到半年就商议举行婚礼。马某家对沈某家要求 20 万彩礼。沈某父母考虑到家中独子要娶媳妇，便将自己多年积蓄取出，并向亲朋好友借款 10 万，终于促成了双方结婚。在婚后第五天，马某就和沈某闹别扭，还多次提出了离婚。婚后 1 个半月，沈某无奈，只能和马某办理了离婚。离婚后，沈某要求马某返还 20 万彩礼，却遭到了马某的拒绝。双方随后闹上了法庭，法院认为双方共同生活不足两个月，且因为马某过错导致离婚。马某索要彩礼数额较大，已严重影响沈某家的日常生活，应全额返还 20 万彩礼。

【案例分析】

民法典第一千零四十二条规定：“禁止包办、买卖婚姻和其他干涉婚姻自由的行为。禁止借婚姻索取财物。”马某要求的彩礼数额超过沈某家的承受能力，沈某家凑足彩礼促成双方结婚，后又因马某无故要求离婚，马某收的彩礼涉嫌借婚姻名义强行敛财的违法行为。因此，沈某有权要回彩礼。

第五节　常见法律问题与解析

本节将选一些与大学生日常相关的民法范围的常见法律问题、典型案例进行解析，旨在使大学生更加明晰权利、义务的法律关系，依法维护自身合法权益不受伤害。

一、性骚扰的应对

性骚扰是指带性暗示的动作。针对被骚扰对象，性骚扰通常是加害者肢体碰触受害者性别特征部位，妨碍受害者行为自由。性骚扰随着女性权利意识的觉醒和不断提高，才逐步从道德的范畴中脱离出来成为一个法律的概念。民法典第一千零一十条规定："违背他人意愿，以言语、文字、图像、肢体行为等方式对他人实施性骚扰的，受害人有权依法请求行为人承担民事责任。"在此之前，对于达不到猥亵或侮辱程度的性骚扰，也就是在不涉及刑事法律的情况下，民事法律上是没有救济途径的。民法典的出台有效填补了性骚扰立法的空白。

对于性骚扰，一般可以从以下几个方面进行应对：

(1) 自我投诉。受骚扰人可以主动向本人所在单位、行为人所在单位、本市各级妇女联合会等反应投诉。民法典第一千零一十条第二款规定："机关、企业、学校等单位应当采取合理的预防、受理投诉、调查处置等措施，防止和制止利用职权、从属关系等实施性骚扰。"

(2) 诉讼保护。性骚扰的猥亵本质，决定了它是对女性人格的不尊重，侵犯了女性的身体权、人格尊严和名誉权等人身权利。受骚扰人可以通过提起民事诉讼的方式要求骚扰人停止骚扰，道歉，并且赔偿精神损失。

(3) 行政追究。对于构成违反治安管理行为的性骚扰行为，受害人可以要求公安机关对违法行为人按照治安管理处罚法给予行政处罚。治安管理处罚法第四十二条规定，有下列行为之一的，处5日以下拘留或者500元以下罚款；情节较重的，处5日以上10日以下拘留，可以并处500元以下罚款：① 写恐吓信或者以其他方法威胁他人人身安全的；② 公然侮辱他人或者捏造事实诽谤他人的；③ 捏造事实诬告陷害他人，企图使他人受到刑事追究或者受到治安管理处罚的；④ 对证人及其近亲属进行威胁、侮辱、殴打或者打击报复的；⑤ 多次发送淫秽、侮辱、恐吓或者其他信息，干扰他人正常生活的；⑥ 偷窥、偷拍、窃听、散布他人隐私的。

(4) 刑事保护。根据《中华人民共和国刑法》规定，如果侵害人的骚扰行为出现了强制、暴力等情况，可能构成的罪名包括故意伤害罪(一般是轻伤)、强制猥亵、侮辱罪或者强奸罪。受害人面对违法犯罪时，应勇敢地进行举报，由司法机关按照刑法规定追究其刑事责任，拿起法律武器保护自己的权益不受侵害。

性骚扰的问题在司法实践中存在认定难、举证难、赔偿难的现实问题，需要积极搜集证据才能取得胜利。一旦遇到性骚扰问题，一定要注意人证、物证、视听资料的收集与保存。

二、“相互斗殴”的民事责任划分

民法典中与“相互斗殴”的民事责任相关的条款如下：

(1) 第一千零二条规定：“自然人享有生命权。自然人的生命安全和生命尊严受法律保护。任何组织或者个人不得侵害他人的生命权。”

(2) 第一千零三条规定：“自然人享有身体权。自然人的身体完整和行动自由受法律保护。任何组织或者个人不得侵害他人的身体权。”

(3) 第一千零四条规定：“自然人享有健康权。自然人的身心健康受法律保护。任何组织或者个人不得侵害他人的健康权。”

案例 26

【基本案情】

陈某与李某是住在宿舍上下楼的同班同学。某日陈某与李某在楼道里因倾倒垃圾问题发生口角，之后发生撕扯。在这期间，李某被陈某推倒在地，两人厮打中陈某将楼道内堆放的杂物扔向李某脚部，导致李某骨折受伤，住院期间花费医药费 2 万余元；在厮打过程中陈某脸颊被抓破并伴有淤青。经派出所调解未果，李某将陈某诉至法院，要求赔偿医药费、护理费等各项经济损失 10 万余元。法院认为，二人发生厮打，陈某受伤入院，事实清楚，证据确凿，应予确认。根据双方过错程度，法院判定陈某承担 70%的责任，李某承担 30%的责任。

【案例分析】

公民享有生命健康权，侵害公民身体造成伤害的，赔偿义务人应当赔偿医疗费、误工费等合理费用；受害人对损害结果的发生有过错的，可以减少侵害人的民事责任。生命健康权包括生命权、健康权和身体权。生命权是指公民享有的生命安全不被非法剥夺、危害的权利。健康权是指公民保护自己身体各器官、机能安全的权利。身体权是指自然人保持其身体组织完整，支配其肢体、器官和其他身体组织并保护自己的身体不受他人违法侵害的权利。本案中陈某侵害的是李某的健康权，李某有权要求陈某赔偿。

三、面对伤害的“反击”

此处涉及法律中的一个重要概念，即正当防卫。正当防卫的概念在我国民法典和《中华人民共和国刑法刑法》中都有涉及，民法典第一百八十一条规定：“因正当防卫造成损害的，不承担民事责任。正当防卫超过必要的限度，造成不应有的损害的，正当防卫人应当承担适当的民事责任。”刑法第二十条规定：“为了使国家、公共利益、本人或者他人的人身、财产和其他权利免受正在进行的不法侵害，而采取的制止不法侵害的行为，对不法侵害人造成损害的，属于正当防卫，不负刑事责任。正当防卫明显超过必要限度造成重大损害的，应当负刑事责任，但是应当减轻或者免除处罚。对正在进行行凶、杀人、抢劫、强奸、绑架以及其他严重危及人身安全的暴力犯罪，采取防卫行为，造成不法侵害人伤亡的，不属于防卫过当，不负刑事责任。”

民法典与刑法中都指出，正当防卫是指对正在进行不法侵害行为的人而采取的制止不法侵害的行为，对不法侵害人造成损害的，属于正当防卫，不负刑事责任。值得注意的是，无论刑法还是民法典，都明确说明了防卫的限度，一旦超过正常的限度，就有可能产生防卫过当，应承担相应责任。所以在使用“防卫”时，一定要注意遵循与不法侵害程度相适应的比例这一原则；但对正在进行行凶、杀人、抢劫、强奸、绑架以及其他严重危及人身安全的暴力犯罪，则依照刑法第二十条规定，无论采取什么样的手段造成什么样的后果，都不属于防卫过当，不负刑事责任。

案例 27

【基本案情】

李某(高校周边社区居民)、薛某(某高校大二学生)二人在校内因抢占篮球场地发生口角，在二人争吵过程中，李某的老婆王某用手抓挖薛某的脸，薛某在用手推挡的过程中，抓住王某的衣服将其推倒在地。后学生报警，王某称其耳朵不舒服申请法医鉴定。经鉴定，王某左耳鼓膜穿孔，构成轻伤。王某吵闹要求薛某承担医药费等。

【案例分析】

二人在争吵过程中，王某用手抓挖薛某的脸，致使薛某面部多处皮下出血，表皮脱落，薛某为使本人的人身免受正在进行的不法侵害而采取推挡的方法制止王某的不法侵害，属于正当防卫，而对王某造成的侵害，不承担民事赔偿责任。本案中，薛某的推挡行为并未超过必要限度，因此，薛某不应当承担民事责任。

四、紧急避险是否需要承担责任

与正当防卫相似，紧急避险同样是重叠刑法与民法典范畴的法律概念，其本质是避免现实危险，保护较大合法权益。

紧急避险的客观特征是：在法律所保护的权益遇到危险而不可能采取其他措施予以避免时，不得已损害另一较小合法权益来保护较大的合法权益。紧急避险的主观特征是：认识到合法权益受到危险的威胁，出于保护国家，公共利益，本人或者他人的人身、财产和其他合法权利免受正在发生的危险的目的而实施避险。可见，紧急避险行为虽然造成了某种合法权益的损害，但联系到具体事态来观察，从行为的整体来考虑，该行为根本没有社会危害性，也根本不符合任何犯罪的构成要件。

刑法第二十一条规定：“为了使国家、公共利益、本人或者他人的人身、财产和其他权利免受正在发生的危险，不得已采取的紧急避险行为，造成损害的，不负刑事责任。”

民法典第一百八十二条规定：“因紧急避险造成损害的，由引起险情发生的人承担民事责任。危险由自然原因引起的，紧急避险人不承担民事责任，可以给予适当补偿。紧急避险采取措施不当或者超过必要的限度，造成不应有的损害的，紧急避险人应当承担适当的民事责任。”

案例28

【基本案情】

王某下课乘公交车到城里购物，公交车行驶的途中，突然冯某驾驶的私家车从路右侧猛然超车到左侧，司机许某本能地采取紧急制动措施，没有与冯某的车相撞，但由于惯性作用，使毫无准备的乘客张某上身猛撞在前方的贴扶手上，造成其锁骨骨折，花费医疗费3500余元。事后张某认为其损伤与司机驾驶不慎有关，司机许某辩称应该是私家车车主冯某的错，后找到该私家车车主冯某，冯某则称自己并非故意为之，与其无关。

【案例分析】

该案例中紧急避险符合以下三个要件：

(1) 必须存在正在发生的并且威胁公共利益、本人或者他人利益的危险。

(2) 必须是在别无选择的情况下采取的非常措施。

(3) 避险行为不得超过必要限度，即不得造成更大的损失。

许某紧急刹车是为了避免撞上突然超车横穿的私家车而不得已采取的必要措施，也是为避免车祸的唯一选择，没有超过必要限度，符合法律上的紧急避险行为，是合法行为。因此，驾驶员许某不承担责任，而应由引起险情人冯某承担赔偿责任。如果险情的发生无从寻找，依据法律上的公平原则，受害人可以要求驾驶员赔偿部分损失。

五、“避险”所产生的损失承担

民法典第一百八十三条规定：“因保护他人民事权益使自己受到损害的，由侵权人承担民事责任，受益人可以给予适当补偿。没有侵权人、侵权人逃逸或者无力承担民事责任，受害人请求补偿的，受益人应当给予适当补偿。”

案例29

【基本案情】

杨某骑自行车送刘某回宿舍，在十字路口时恰巧碰到程某驾驶车辆突然出现在该路口。杨某因紧张猛打自行车把，导致刘某重摔在地上，驾车的程某根本没有注意到发生此事，随即直接行使而过。第二天，刘某感觉腿部疼痛不已，并出现肿胀现象，后经治疗医生诊断为骨裂。而后刘某报案坚持认为其摔伤与程某驾驶车辆不当有密切关系要求赔偿2000元。法院认为，杨某采取急转弯的方式避免与程某的车辆相撞，结果两车没有相撞而致刘某摔倒受伤，该事件与程某存在一定的关联性。因杨某操作不当致车上人员摔伤又没有及时检查治疗，杨某的行为是造成避险不当和损害扩大的主要原因，应当承担主要责任。程某的速度符合限速要求且并无危险驾驶等行为，程某的驾驶行为不能简单地认为紧急危险的情况，因此法院驳回了刘某诉讼。

【案例分析】

本案中，杨某为了不与程某相撞，采取急转弯的方式，具有紧急避险的特征，但是刘某没有及时检查治疗的行为，明显是导致严重后果的主要原因。因此，刘某应当承担损害的主要责任。

六、“高空抛物”的责任承担

共同危险行为是指数人共同实施危及他人人身安全的行为并造成损害结果，而实际侵害行为人又无法确定的侵权行为。共同危险行为成立后，虽然真正侵害行为人只能是其中一人或一部分人，但如果无法确定谁是真正的侵害行为人，共同实施危险行为的数人承担连带责任。

民法典第一千二百五十四条规定：“禁止从建筑物中抛掷物品。从建筑物中抛掷物品或者从建筑物上坠落的物品造成他人损害的，由侵权人依法承担侵权责任；经调查难以确定具体侵权人的，除能够证明自己不是侵权人的外，由可能加害的建筑物使用人给予补偿。可能加害的建筑物使用人补偿后，有权向侵权人追偿。”第一千一百七十条规定：“二人以上实施危及他人人身、财产安全的行为，其中一人或者数人的行为造成他人损害，能够确定具体侵权人的，由侵权人承担责任；不能确定具体侵权人的，行为人承担连带责任。”第一千一百七十一条规定，二人以上分别实施侵权行为造成同一损害，每个人的侵权行为都足以造成全部损害的，行为人承担连带责任。第一千一百七十二条规定：“二人以上分别实施侵权行为造成同一损害，能够确定责任大小的，各自承担相应的责任；难以确定责任大小的，平均承担责任。”

案例 30

【基本案情】

某校高层宿舍，三名男生酒后回到宿舍继续饮酒。在饮酒的过程中，三人将喝完的酒瓶从窗户丢到楼下，此时上晚自习回宿舍的李某从此路过被砸伤，当场头部出血并造成 5 公分的伤口，送医院包扎治疗，时不时伴有头晕的症状。后经调查，不知道三人是谁丢的瓶子砸伤李某。因此，李某将三人同时作为被告向法院起诉。

【案例分析】

此案件的性质是典型的因“高空抛物”涉及的共同危险行为。共同危险行为又称为共同侵权行为，是指 2 人或 2 人以上共同实施有侵害他人权利危险的行为，并且已造成损害结果，但不能判明其中谁是加害人的侵权行为。构成共同危险行为应具备下列要件：

(1) 行为是由数人实施的。

(2) 行为性质具有危险性。

(3) 具有危险性的共同行为是致人损害的原因。

(4) 损害结果不是共同危险行为人全体所致，但不能判明谁是加害人。

(5) 在共同危险行为人中，全部行为人既不存在共同的故意，也没有意思联络。

共同危险行为的侵权后果是全体共同危险行为人承担连带责任。如果共同危险行为人之一能够证明自己实施的行为与损害结果没有因果关系，不是造成损害的原因，则免除其侵权责任。

七、连带责任

连带责任是民事责任的一种，指数个债务人就同一债务各负全部给付的一种责任形式，即当事人中任何一人对违反法律义务的后果都必须负全部责任。在连带责任中，债权人可对债务人中的一人，数人或全体，同时或先后请求全部或部分给付的一种债务形式。

在生活中，常见的连带责任场景如下：如几人打架，将路过老人撞倒，老人将打架双方均告知法庭，而实际调查时，老人也说不清是谁撞的，而对方也承认老人被撞倒的事实，但都表示并不是自己撞的。对此类情形从形式上看是多数人造成的侵权，即使并非真正意义的共同侵权，事实侵权行为的各人之间没有意思联络，并非具有共同伤害他人的目的，但是也应当承担连带责任。《最高人民法院关于审理人身损害赔偿案件适用法律若干问题的解释》第三条规定："二人以上无共同故意或者共同过失致人损害，或者虽无共同故意、共同过失，但其侵害行为直接结合发生同一损害后果的，构成共同侵权，应当依照民法通则第一百三十条规定承担连带责任。二人以上没有共同故意或者共同过失，但其分别实施的数个行为间接结合发生同一损害后果的，应当根据过失大小或者原因力比例各自承担相应的赔偿责任。"

例如，明星代言虚假广告，明星与食品或药品的生产者、销售者承担连带责任："高空抛物"无法确定实际施害者，整栋建筑物的住户承担连带责任。

八、按份责任

按份责任，又称"分割责任"，是指两个以上责任人分别仅按各自份额向债权人承担清偿的民事责任。按份债务不履行的法律后果，以原债属于按份之债、责任人间不具连带关系且标的具有可分性为构成前提。

民法典第一百七十七条规定："二人以上依法承担按份责任，能够确定责任大小的，各自承担相应的责任；难以确定责任大小的，平均承担责任。"各按份责任人对共同承担的同一债务仅就规定或约定的份额承担清偿责任，不负担其他责任人的债务份额；债权人只能就各责任人应负的责任份额请求清偿；某一按份债务的履行只引起该特定份额责任的消灭，不影响其他责任人各自按份责任的存在。

案例 31

【基本案情】

高某周末回家，途中遇曹某倒车逆行，高某躲避不及跌入一旁因地铁正在整修的路面坑道内导致跌伤。后查明负责修路的施工单位未在该施工路段设置安全警示标志和采取相关保护措施。

【案例分析】

曹某逆行构成对高某的侵权，应对逆行引起的侵权行为承担责任。施工单位在公共场所施工未设置明显标志和采取安全措施，也构成侵权行为，亦应当承担侵权责任。曹某与施工单位均对高某的伤害有过失，但均不存在故意，不存在共同过错，即对高某的伤害无事前意思联络。因此，曹某和施工单位对高某的损害应在各自过错范围内承担按份责任。

按份责任的前提在于债务的可分割性，即按份责任人之间不具有连带关系。在法律上，各按份责任人对同一债务仅就规定或约定的特定份额负责，一责任人对其他责任人的债务份额不承担责任；债权人只能就按份责任人应负的责任份额请求执行；某一按份责任的履行只引起特定责任份额的消灭，不影响其他责任份额的存在；此外，在按份责任中，对某一责任人发生效力的免责事由并不当然地对其他责任人发生效力。

九、宠物致人损害涉及的法律知识

饲养动物在不同情形下致人损害的具体责任应如何承担，受到广泛关注。民法典首先规定了饲养动物致人损害的一般条款，适用无过错责任原则。一般情形下，饲养的动物造成他人损害，无论饲养者或管理者是否存在过错，都要承担侵权责任。民法典第一千二百四十五条规定："饲养的动物造成他人损害的，动物饲养人或者管理人应当承担侵权责任。"也就是说，动物饲养人对饲养动物具有管理义务。一般情况下，只要发生了饲养动物伤害他人的事实，就推定饲养人存在管理过错，饲养或者管理人都应当承担侵权责任。但是，能够证明损害是被侵权人故意或者重大过失造成的，可以不承担或者减轻责任。

值得注意的是，如果被侵权人的受害是因其自身的故意或者重大过失造成，饲养人或管理者便可以免责。例如，受害人在宠物主人已经注意采取相应的保护措施，仍然进行挑逗或对其采取打口哨、扔砖头等方式，致使它攻击受害人。但受害人若仅有一般过失的话，饲养人或管理者还是应承担全部责任。比方说无意间碰到宠物等无故意的行为。

还有一种特殊的情况，即宠物伤人是由第三人的过错造成。例如，甲正常行走路过牵着宠物的乙，旁边的丁无事生非朝宠物狗投掷石块，导致宠物狗受惊咬伤甲。民法典第一千二百五十条规定，被侵权人可以选择由谁来承担损害赔偿责任，既可以要求饲养人或管理人赔偿，也可以要求第三人赔偿。民法典之所以如此规定，是让被侵权人可以基于特定主体的经济能力选择由谁来赔偿，有利于被侵权人及时获得救济。如果动物侵权由第三人造成，饲养人无过错，在赔偿完被侵权人后，可以向有过错的第三人索赔。

针对流浪猫狗等遗弃动物的伤人责任，民法典也做出了规定，即使动物已经被遗弃或逃逸，动物致人损害仍然需原饲养人或管理人承担责任。该规定的目的在于避免动物饲养人或管理人随意遗弃宠物、对宠物不采取相应措施，以法律的方式促成对宠物负责的社会风尚。

案例 32

【基本案情】

陈某骑电动车经过同村李某家门前时，李某饲养的狗突然蹿出追咬，陈某因恐惧而骑车加速，与路边树木相撞，致左手骨折及车辆损坏。后陈某提起诉讼，请求法院判令李某承担赔偿责任。李某辩称，其饲养的狗从未咬过人，陈某属于反应过度，受伤是自身重大过失所致。法院经审理认为，李某未对饲养的狗采取相应的安全措施，狗追逐陈某致其遭受损失，陈某的反应并未超出一般人的合理反应界限。且即使陈某存在重大过失，但由于李某违反犬类管理规定，未采取必要的安全措施，不能主张过失相抵，应当全额赔偿陈某受到的相关损失。最终法院判决李某承担全部赔偿责任。

【案例分析】

民法典规定，饲养人或管理人违反管理规定，未对动物采取安全措施造成他人损害的，应承担侵权责任。例如，没有给大型犬类配备狗链和嘴套等安全措施。该条规定同样适用无过错责任原则，只要饲养者或管理者违反有关规定未采取安全措施，就应当承担侵权责任。值得注意的是，关于禁止饲养的烈性犬等危险动物种类，法律中并没有直接列明，但从一般生活常识判断，攻击性较强、力量难以控制或者携带剧毒的动物都应当被归为此类，如藏獒、野猪、狼等。因危险动物实际无法通过人的饲养或者管理而降低其威胁，故饲养的危险动物只要造成他人损害，则将不可免责地承担侵权责任。

案例 33

【基本案情】

郭某牵着其饲养的藏獒在小区内遛弯，遇见王某接其幼子放学回家，因二人打招呼未注意，王某幼子对藏獒进行了食物引诱、故意挑逗等行为。藏獒被激怒后挣脱郭某的控制，为保护孩子，王某随即用身体挡住藏獒，后被其扑倒，直至保安赶来，几人才合力将藏獒制服，并交由城管执法人员带走，后王某起诉要求郭某赔偿损失。郭某进行了赔礼道歉，但辩称事发时自己牵着藏獒，采取了相应的安全措施，意外是由王某之子故意挑逗行为引起，自己不但被罚款，藏獒也被执法人员带走。

【案例分析】

藏獒属于市区禁止饲养的烈性犬类，郭某的饲养行为违反当地的禁止规定，即使被侵权人存在故意挑逗的行为，也无法成立侵权责任的免责事由，因此法院判决郭某承担全部赔偿责任。

十、好心帮忙却造成了损失的处理

在生活中时常会遇到因好心为人保管财物的情况，但是我们在保管别人财物时，就需要尽到保管的责任，如果因为自己不小心造成物品的损坏，就有可能会出现赔偿的纠纷。民法典第八百九十七条规定：“保管期内，因保管人保管不善造成保管物毁损、灭失的，保管人应当承担赔偿责任。但是，无偿保管人证明自己没有故意或者重大过失的，不承担赔偿责任。”

案例 34

【基本案情】

学校放暑假，齐某决定回家，由于随身携带的行李过重，决定不将笔记本电脑带回家，但是担心宿舍不安全，齐某便将笔记本电脑放在了郭某处。舍友郭某放假期间要复习考研在校外租住，郭某也欣然答应为其保管笔记本电脑。一日，郭某出门忘记锁门，夜间回到租住房发现屋内被盗，郭某的笔记本电脑及自己的电脑均丢失。郭某与齐某联系告知房间被盗的事实，电脑丢失并已经报案。齐某开学到校后询问派出所案件办理进度，被告知一直未抓获盗窃者，齐某又气又悔，后悔将电脑放在郭某处保管，欲让郭某赔偿，但又觉得不好意思，毕竟对方是好心。

【案例分析】

郭某无偿为齐某保管笔记本电脑，但郭某事实上存在忘记锁门的重大过失，所以，若齐某要求郭某赔偿其笔记本电脑损失，完全是具有法律依据的。假如齐某尽到了保管义务，电脑是被盗窃者撬门入室盗走，则郭某不存在故意或重大过失，齐某也就无权要求郭某赔偿损失。

原则上保管人应当承担损害赔偿责任。但因为保管存在有偿保管与无偿保管，保管人责任的大小轻重是有所区别的。保管期间，因保管人保管不善造成保管物毁损、灭失的，保管人应当承担损害赔偿责任；但若保管是无偿的，保管人证明自己没有重大过失的，不承担损害赔偿责任。因此，无偿保管人仅对因其故意或重大过失而造成保管物损毁、丢失的后果承担损害赔偿责任。

对无偿保管人责任的认定可以采用两个标准：一是采用较轻的注意义务标准来认定保管人的责任。这就是说无偿保管人所负有的保管义务应比有偿保管人少(如果有偿保管人应负与处理自己的事务同样的注意，那么无偿保管人则应负一个一般人所应负的注意义务)；二是在责任的承担上，应当考虑无偿保管的因素而减轻保管人的责任。

十一、“免费搭车”的法律风险

生活中搭便车的情况比较普遍，可是一旦搭便车的过程中发生了交通事故，造成了人员伤亡，这责任应该怎么划分呢？好心搭载他人的司机要不要承担赔偿责任呢？

民法典第一千二百一十七条规定：“非营运机动车发生交通事故造成无偿搭乘人损害，属于该机动车一方责任的，应当减轻其赔偿责任，但是机动车使用人有故意或者重大过失的除外。”

值得注意的是：如果是“营运机动车”导致无偿搭乘人损害，则机动车一方的责任不应当被减轻。例如，免票的老年人搭乘公交车如果发生交通事故，公交公司就不应被减轻责任。像超市的免费购物班车、房地产公司的免费看房班车等，其使用都属于超市或开发商经营活动的一部分，因而不属于本条适用范围，不能据此减轻责任。

案例 35

【基本案情】

张某与刘某是同事，两人住同一小区，张某每天搭乘刘某车上下班。某天，张某违反交通规则驾驶车辆出了车祸，刘某重伤、张某轻伤。刘某起诉同事张某，要求赔偿医疗费20万元。张某觉得自己很委屈。

【案例分析】

张某出于好意同意刘某搭乘，但张某因违反交通规则发生交通事故造成刘某受伤，存在过错，应当承担赔偿责任。这就是法律上所说的好意同乘。好意同乘也称搭顺风车、搭便车，是指搭乘人经非营运性机动车的保有人或驾驶人的邀请或允许后无偿搭乘的行为。

认定“好意同乘”的三个标准是：

(1) 非营运性，同乘人搭乘的是非营运性机动车辆，非机动车不属于此范围。

(2) 无偿性，好意搭乘是一种无偿搭乘行为，好意人不向同乘人收取报酬。虽然有的同乘人也支付了一定费用，但只要好意人不是以营利为目的的，仍属于“好意同乘”的范畴。

(3) 合意性同乘人的搭乘行为是经好意人同意的，包括邀请和允许。未经同意而搭车者，不构成“好意同乘”。

十二、开在家属楼里的饭店

民法典第二百七十九条规定：业主不得违反法律、法规以及管理规约，将住宅改变为经营性用房。业主将住宅改变为经营性用房的，除遵守法律、法规以及管理规约外，应当经有利害关系的业主一致同意。

案例 36

【基本案情】

陈某是某小区 2046 户业主，秦某为该 2046 楼下的业主，燕某为 2046 隔壁的业主。陈某将自己的房出租给汪某，并签订房屋租赁合同，约定要保持屋内整洁，期满退房时必须保持租房时的原样。后汪某将房子重新整理，开了一间私房西餐厅。几个月后，餐厅深受好评，顾客络绎不绝。与此同时，噪声、油烟影响得秦某和燕某等业主无法正常生活，进入楼内的人员混杂给小区内的安全也造成了一定的影响。秦某、燕某等业主无法忍受，一起多次向物业反映，物业联系房东陈某告知尽快解决。但是，汪某与陈某有合同，陈某无法将汪某赶走，汪某称一定会按照合同约定期满退房时保持房间原貌。

【案例分析】

房东陈某必须将房屋恢复为居住用途。首先，业主不得违反法律、法规以及管理规约，将住宅改变为经营性用房。其次，如果业主确实因生活需要，比如因下岗无收入来源、生活困难，将住宅改变为经营性用房的，则一是必须遵守法律、法规以及管理规约的规定(如应要办理相应的审批手续，要符合国家卫生、环境保护要求等)，二是在遵守法律、法规以及管理规约的前提下，还必须征得有利害关系的业主同意。这两个条件必须同时具备，才可以将住宅改变为经营性用房，二者缺一不可。

十三、摔倒的老人扶不扶

前几年的央视春晚小品《扶不扶》讲述了青年郝建是一个热心肠的小伙，遇到了摔倒在地的老太太，本来出于好心扶起对方，谁知却被误会是肇事者，使自己陷入了麻烦。还好，在一个交通警察的帮助下，使大妈回忆起事故的起因。一段时期以来，“搀扶摔倒老人反被讹诈”等负面新闻屡屡见诸媒体报道，公众良知不断受到拷问和挑战，引发了人们对社会道德滑坡的担心和忧虑。相比于有偿救助，自愿救助行为属于道德层面的自发行为，如果得不到应有的保护，那么谁还敢做好事呢？

民法典第一百八十三条规定：“因保护他人民事权益使自己受到损害的，由侵权人承担民事责任，受益人可以给予适当补偿。没有侵权人、侵权人逃逸或者无力承担民事责任，受害人请求补偿的，受益人应当给予适当补偿”《民法典》第一百八十四条规定：“因自愿实施紧急救助行为造成受助人损害的，救助人不承担民事责任。”

案例 37

【基本案情】

2011 年 8 月 16 日，车主许某搀扶违章爬马路护栏摔倒的王老太，却被王老太指认为撞伤自己。后被当地人民法院判赔 108 606 元，法院判决理由是“车主许某发现王老太时只有四五米，在此短距离内作为行人的王老太突然发现车辆向其驶来，必然会发生惊慌错乱，其倒地定然会受到驶来车辆的影响”。

【案件分析】

民法典第一百八十三条、第一百八十四条无疑是弘扬相互救助的价值观，给善良的救助人法律上的保护，消除救助人对助人为乐却可能承担责任的担心和顾虑，即便在紧急施救过程中造成了被救助人的伤害，在符合紧急救助要件的条件下，也能够免除责任。

构成紧急救助的要件有：一是行为人自愿，即救助人无法律上或约定上的义务；二是情势急迫，如老人突然晕倒或发生抽搐等急迫行为；三是行为人采取救助措施系为防止损害扩大，如实行心肺复苏；四是行为人造成受助人而非第三人损害。

十四、产品缺陷造成他人损害的责任承担

民法典第一千二百零二条规定：“因产品存在缺陷造成他人损害的，生产者应当承担侵权责任。”第一千二百零三条规定：“因产品存在缺陷造成他人损害的，被侵权人可以向产品的生产者请求赔偿，也可以向产品的销售者请求赔偿。”第一千二百零四条规定：“因运输者、仓储者等第三人的过错使产品存在缺陷，造成他人损害的，产品的生产者、销售者赔偿后，有权向第三人追偿。”

由此可见，产品存在缺陷是承担产品侵权责任的前提。民法典第一千二百零六条规定，采取召回措施的生产者、销售者应当负担被侵权人因此支出的必要费用。产品质量法第四十六条规定：“本法所称缺陷，是指产品存在危及人身、他人财产安全的不合理的危险；产品有保障人体健康和人身、财产安全的国家标准、行业标准的，是指不符合该标准。”

案例 38

【基本案情】

赵某在饭店吃饭，不慎将桌上的啤酒碰倒后，啤酒瓶突然爆炸，玻璃碎片将赵某的脸部及眉部划伤，后送医院治疗，花费 7000 元。

【案例分析】

本案中啤酒瓶存在缺陷，给赵某造成损害，赵某既有权向该啤酒生产商主张损害赔偿，

也有权向出售该啤酒的饭店主张损害赔偿。产品缺陷由生产者造成的，销售者赔偿后，有权向生产者追偿。因销售者的过错使产品存在缺陷的，生产者赔偿后，有权向销售者追偿。如果本案中是因为在运输途中工人操作不当导致啤酒瓶漏气等因素导致的啤酒瓶爆炸，赵某也可向运输人员提出赔偿主张。

十五、汽车被召回

根据国家市场监督管理总局相关部门公布的统计数据，2019 年我国汽车累计召回了 653 万余辆，召回汽车 143 次，涉及 39 个汽车品牌。随着近年来新能源汽车保有量的快速增长，缺陷车型数量也呈正比增长。国家市场监督管理总局数据显示，2019 年共 12 批次新能源车辆召回，召回 33 281 辆，涉及多家车企。其中，因潜在自燃隐患而展开召回的共有 6520 辆缺陷车辆；因动力电池问题而召回的新能源汽车数量有 6217 辆。

针对这一类现象，新修订的民法典给出了明确的规定，若销售者发现了质量问题而没有召回，销售者将面临巨额赔偿，一旦造成了使用人死亡或是健康严重损害的，还将被处以惩罚性赔偿。

民法典第一千二百零六条规定："产品投入流通后发现存在缺陷的，生产者、销售者应当及时采取停止销售、警示、召回等补救措施；未及时采取补救措施或者补救措施不力造成损害扩大的，对扩大的损害也应当承担侵权责任。依据前款规定采取召回措施的，生产者、销售者应当负担被侵权人因此支出的必要费用。"民法典第一千二百零七条规定："明知产品存在缺陷仍然生产、销售，或者没有依据前条规定采取有效补救措施，造成他人死亡或者健康严重损害的，被侵权人有权请求相应的惩罚性赔偿。"

十六、"后果自负"

民法典第五百零六条规定："合同中的下列免责条款无效：① 造成对方人身损害的；② 因故意或者重大过失造成对方财产损失的。"

民法典第一千一百九十八条规定："宾馆、商场、银行、车站、机场、体育场馆、娱乐场所等经营场所、公共场所的经营者、管理者或者群众性活动的组织者，未尽到安全保障义务，造成他人损害的，应当承担侵权责任。因第三人的行为造成他人损害的，由第三人承担侵权责任；经营者、管理者或者组织者未尽到安全保障义务的，承担相应的补充责任。经营者、管理者或者组织者承担补充责任后，可以向第三人追偿。"

案例 39

【基本案情】

赵某去超市购物，超市不让带较大袋子进入，管理人员要求其将背包存入入口处的自动储物箱，赵某将纸质小票贴身携带进入超市，约 1 小时后赵某到储物箱取背包时，发现储物箱已被打开，里面已无任何物品。赵某遂找到超市服务台，要求其负责。但超市负责人则称在自动储物柜旁边已贴了购物须知，上面明确说明该储物箱不得存放贵重物品，一旦物品丢失，超市概不负责。后赵某报警，公安机关查明，超市的储物柜自身存在问题，极易被撬开，不能很好地起到保管物品安全的作用。

【案件分析】

免责条款是指当事人约定的用以免除或限制其未来合同责任的条款。免责条款常被合同一方当事人写入合同或格式合同之中，作为明确或隐含的意思要约，以获得另一方当事人的承诺，使其发生法律效力。就其本意讲，是指合同中双方当事人在订立合同或格式合同提供者提供格式合同时，为免除或限制一方或者双方当事人责任而设立的条款。

本案例有两个问题需要明晰：① 超市贴出的购物须知与顾客之间合同的关系问题；② 该购物须知内容是否有效。第一，顾客进入超市购物，超市有责任为顾客提供一个安全、有保障的购物环境。超市的储物箱是为了避免顾客的外带物品与超市自营物品发生混淆而产生纠纷或顾客夹带物品而给超市造成损失，如此一来，超市应为顾客存放在储物箱内的物品提供充分的安全保管。且超市将购物须知贴在超市入口处，就是为了告知顾客，进入超市购物必须遵守此条款。由此，进一步说明购物须知是超市和顾客之间合同的组成部分。第二，超市贴出的购物须知内容具有免责条款的性质，而经公安机关调查，超市的储物箱自身具有缺陷，超市对此存在重大过失。根据民法典的相关规定，该免责条款无效，超市应当负责赔偿顾客的损失。

十七、免责声明

近几年，户外运动兴起，各类驴友组织遍地开花，网络组织“驴友”出游拼团越来越多。在有些户外俱乐部发布的出游信息中，有大量的免责条款，称活动者本着自愿报名、风险自担、责任自负的原则参加。如选择参加活动，即表明报名者经过合理判断，同意自行承担户外活动中的所有风险，俱乐部及领队不为此承担责任。这样的声明受法律支持吗？

实际上，这样的声明不受法律支持。旅游法第四十八条规定：“通过网络经营旅行社业务的，应当依法取得旅行社业务经营许可，并在其网站主页的显著位置标明其业务经营许可证信息。发布旅游经营信息的网站，应当保证其信息真实、准确。”生活中一些户外运动俱乐部、自驾游俱乐部通过社交网络媒体组织旅游活动，涉嫌未经许可经营旅行社业务，就违反了这一规定。民法典第一千一百七十六条规定：“自愿参加具有一定风险的文体活动，因其他参加者的行为受到损害的，受害人不得请求其他参加者承担侵权责任；但是，其他参加者对损害的发生有故意或者重大过失的除外。”由此可见，民法典第一千一百七十六条只是对参与者进行了规定，并没有免除组织者的责任。

十八、在商场、饭店等经营场所意外受伤时的赔偿责任

民法典第一千一百九十八条规定：“宾馆、商场、银行、车站、机场、体育场馆、娱乐场所等经营场所、公共场所的经营者、管理者或者群众性活动的组织者，未尽到安全保障义务，造成他人损害的，应当承担侵权责任。因第三人的行为造成他人损害的，由第三人承担侵权责任；经营者、管理者或者组织者未尽到安全保障义务的，承担相应的补充责

任。经营者、管理者或者组织者承担补充责任后，可以向第三人追偿。”

案例 40

【基本案情】

刘某在某新营业的餐馆就餐，就餐结束离开时，由于地面湿滑不慎摔伤，经诊断为左臂骨折，诊疗住院费用共计 3 万元，刘某要求餐馆赔偿。餐馆老板称已在墙上张贴“小心地滑”提醒设施，已尽到合理提示和安全保障义务，是由于刘某自己没有注意到地面的高低起伏，鞋底较滑产生的意外，不应承担赔偿责任。

【案件分析】

餐馆应该承担赔偿责任。在本案中，被告川菜馆地面不平且较滑，未采取铺设防滑地砖、增设防滑地垫等措施以达地面防滑要求，仅在墙上张贴“小心地滑”警示牌，未尽到安全保障义务，致使原告在川菜馆内滑倒受伤，应当承担侵权责任。但作为完全民事行为能力人的原告，经过湿滑的地面时应当保持足够的谨慎，避免摔倒，故其对自身摔倒亦有过错，也应负部分责任。法院综合考虑案件情况及双方过错程度，酌定被告承担 70%的责任，原告自行承担 30%的责任。

安全保障义务设定的主要目的是促使安全保障义务人加强商品、服务等领域安全保障方面管理，并不是让经营者承担绝对的、无条件的义务，对消费者的倾斜保护不意味着忽视经营者的合理需求和利益，经营者承担的安全保障义务是在合理限度范围内的。例如，本案中作为完全民事行为能力人，刘某在消费过程中应尽到安全注意义务，应当预见地面湿滑可能摔倒的后果，却疏忽大意，消费者对其自身受伤亦存在过错，故应适当减轻经营者的民事赔偿责任。

十九、无过错责任

无过错责任是民法归责原则中的一个特殊原则，是指损害的发生既不是加害人的故意也不是受害人的故意和第三人的故意造成的，但法律规定由加害人承担民事责任的一种特殊归责原则。其目的在于保护受害人合法权益，有效弥补受害人因特殊侵权行为所造成的损失。

无过错责任大体可分两类：一是指当事人对造成损害都没有过错时，可以根据实际情况，由当事人分担民事责任；二是对于产品责任，对周围环境有高度危险的作业致害责任、环境污染责任、饲养动物造成损害的责任等，致害人员无过错仍应承担民事责任。

民法典第一千一百六十六条规定：“行为人造成他人民事权益损害，不论行为人有无过错，法律规定应当承担侵权责任的，依照其规定。”

在我国，无过错责任适用的情形有以下几种：

(1) 无民事行为能力人、限制民事行为能力人致人损害的，监护人承担无过错责任。

民法典第一千一百八十八条规定：“无民事行为能力人、限制民事行为能力人造成他人损害的，由监护人承担侵权责任。监护人尽到监护职责的，可以减轻其侵权责任。有财产的无民事行为能力人、限制民事行为能力人造成他人损害的，从本人财产中支付赔偿费用；不足部分，由监护人赔偿。”

(2) 用人单位的工作人员因执行工作任务致人损害的，用人单位承担无过错责任。

民法典第一千一百一十九条规定：“用人单位的工作人员因执行工作任务造成他人损害的，由用人单位承担侵权责任。用人单位承担侵权责任后，可以向有故意或者重大过失的工作人员追偿。劳务派遣期间，被派遣的工作人员因执行工作任务造成他人损害的，由接受劳务派遣的用工单位承担侵权责任；劳务派遣单位有过错的，承担相应的责任。”

(3) 提供个人劳务一方因劳务致人损害的，接受劳务一方承担无过错责任。

民法典第一千一百九十二条规定：“个人之间形成劳务关系，提供劳务一方因劳务造成他人损害的，由接受劳务一方承担侵权责任。接受劳务一方承担侵权责任后，可以向有故意或者重大过失的提供劳务一方追偿。提供劳务一方因劳务受到损害的，根据双方各自的过错承担相应的责任。提供劳务期间，因第三人的行为造成提供劳务一方损害的，提供劳务一方有权请求第三人承担侵权责任，也有权请求接受劳务一方给予补偿。接受劳务一方补偿后，可以向第三人追偿。”

(4) 因产品存在缺陷造成他人损害的，生产者和销售者承担的不真正连带责任，为无过错责任销售者具有过错的，承担最终责任；销售者无过错的，生产者承担最终责任。

民法典第一千二百零二条规定：“因产品存在缺陷造成他人损害的，生产者应当承担侵权责任。”第一千二百零三条规定：“因产品存在缺陷造成他人损害的，被侵权人可以向产品的生产者请求赔偿，也可以向产品的销售者请求赔偿。产品缺陷由生产者造成的，销售者赔偿后，有权向生产者追偿。因销售者的过错使产品存在缺陷的，生产者赔偿后，有权向销售者追偿。”第一千二百零四条规定：“因运输者、仓储者等第三人的过错使产品存在缺陷，造成他人损害的，产品的生产者、销售者赔偿后，有权向第三人追偿。”

(5) 机动车与行人、非机动车驾驶人之间发生道路交通事故的，机动车一方承担无过错责任。

民法典第一千二百零八条规定：“机动车发生交通事故造成损害的，依照道路交通安全法律和本法的有关规定承担赔偿责任。”《中华人民共和国道路交通安全法》第七十六条规定：“机动车发生交通事故造成人身伤亡、财产损失的，由保险公司在机动车第三者责任强制保险责任限额范围内予以赔偿；不足的部分，按照下列规定承担赔偿责任：① 机动车之间发生交通事故的，由有过错的一方承担赔偿责任；双方都有过错的，按照各自过错的比例分担责任；② 机动车与非机动车驾驶人、行人之间发生交通事故，非机动车驾驶人、行人没有过错的，由机动车一方承担赔偿责任；有证据证明非机动车驾驶人、行人有过错的，根据过错程度适当减轻机动车一方的赔偿责任；机动车一方没有过错的，承担不超过百分之十的赔偿责任。交通事故的损失是由非机动车驾驶人、行人故意碰撞机动车造成的，机动车一方不承担赔偿责任。”

(6) 因环境污染致人损害的，污染者承担无过错责任。

民法典第一千二百二十九条规定：“因污染环境、破坏生态造成他人损害的，侵权人应当承担侵权责任。”第一千二百三十条规定：“因污染环境、破坏生态发生纠纷，行为人应当就法律规定的不承担责任或者减轻责任的情形及其行为与损害之间不存在因果关系承担举证责任。”第一千二百三十一条规定：“两个以上侵权人污染环境、破坏生态的，承担责任的大小，根据污染物的种类、浓度、排放量，破坏生态的方式、范围、程度，以及行为对损害后果所起的作用等因素确定。”

(7) 高度危险责任中，从事高度危险作业者，高度危险物品的经营者、占有人承担无过错责任。

民法典第一千二百三十六条规定：“从事高度危险作业造成他人损害的，应当承担侵权责任。”第一千二百三十七条规定：“民用核设施或者运入运出核设施的核材料发生核事故造成他人损害的，民用核设施的营运单位应当承担侵权责任；但是，能够证明损害是因战争、武装冲突、暴乱等情形或者受害人故意造成的，不承担责任。”第一千二百三十八条规定：“民用航空器造成他人损害的，民用航空器的经营者应当承担侵权责任；但是，能够证明损害是因受害人故意造成的，不承担责任。”第一千二百三十九条规定：“占有或者使用易燃、易爆、剧毒、高放射性、强腐蚀性、高致病性等高度危险物造成他人损害的，占有人或者使用人应当承担侵权责任；但是，能够证明损害是因受害人故意或者不可抗力造成的，不承担责任。被侵权人对损害的发生有重大过失的，可以减轻占有人或者使用人的责任。”第一千二百四十条规定：“从事高空、高压、地下挖掘活动或者使用高速轨道运输工具造成他人损害的，经营者应当承担侵权责任；但是，能够证明损害是因受害人故意或者不可抗力造成的，不承担责任。被侵权人对损害的发生有重大过失的，可以减轻经营者的责任。”第一千二百四十一条规定：“遗失、抛弃高度危险物造成他人损害的，由所有人承担侵权责任。所有人将高度危险物交由他人管理的，由管理人承担侵权责任；所有人有过错的，与管理人承担连带责任。”第一千二百四十二条规定：“非法占有高度危险物造成他人损害的，由非法占有人承担侵权责任。所有人、管理人不能证明对防止非法占有尽到高度注意义务的，与非法占有人承担连带责任。”第一千二百四十三条规定：“未经许可进入高度危险活动区域或者高度危险物存放区域受到损害，管理人能够证明已经采取足够安全措施并尽到充分警示义务的，可以减轻或者不承担责任。”第一千二百四十四条规定：“承担高度危险责任，法律规定赔偿限额的，依照其规定，但是行为人有故意或者重大过失的除外。”

(8) 饲养的动物致人损害的，动物饲养人或者管理人承担无过错责任。

民法典第一千二百四十五条规定：“饲养的动物造成他人损害的，动物饲养人或者管理人应当承担侵权责任；但是，能够证明损害是因被侵权人故意或者重大过失造成的，可以不承担或者减轻责任。”第一千二百四十六条规定：“违反管理规定，未对动物采取安全措施造成他人损害的，动物饲养人或者管理人应当承担侵权责任；但是，能够证明损害是因被侵权人故意造成的，可以减轻责任。”第一千二百四十九条规定：“遗弃、逃逸的动物在遗弃、逃逸期间造成他人损害的，由动物原饲养人或者管理人承担侵权责任。”第一千二百五十条规定：“因第三人的过错致使动物造成他人损害的，被侵权人可以向动物饲养人或者管理人请求赔偿，也可以向第三人请求赔偿。动物饲养人或者管理人赔偿后，有权向第三人追偿。”

二十、机动车驾驶人免责的情况

根据民法典第一千二百零八条和道路交通安全法第七十六条的相关规定：机动车与非机动车驾驶人、行人之间发生交通事故，非机动车驾驶人、行人没有过错的，由机动车一方承担赔偿责任；有证据证明非机动车驾驶人、行人有过错的，根据过错程度适当减轻机动车一方的赔偿责任；机动车一方没有过错的，承担不超过 10%的赔偿责任；交通事故的损失是由非机动车驾驶人、行人故意碰撞机动车造成的，机动车一方不承担赔偿责任。

由此可见，这一规定更加倾向于保护行人的利益，这也是出于对在交通事故中，行人往往处于受损害较大地位的考量。因为即便是机动车驾驶人无任何过错，在交通事故中行人依旧处于弱势地位。当然，如果有证据证明，交通事故的损失是由非机动车驾驶人、行人故意碰撞机动车造成的，机动车一方可以免责。这也是为社会上近年出现的，一些不法分子钻法律的空子，靠“碰瓷”来获得赔偿的违法行为进行规制。同时，如果行为人故意制造交通事故，隐瞒事故真相，使被害人基于事故产生原因的错误认识而给付“赔偿”，行为人的行为就符合诈骗罪的构成特征，应当以诈骗罪论处。

二十一、医疗美容损害责任

明确医疗美容损害责任纠纷的法律适用规则，对于规范医疗美容行业有序发展，维护广大人民群众的健康利益具有重要意义。民法典第一千二百一十八条规定：“患者在诊疗活动中受到损害，医疗机构或者其医务人员有过错的，由医疗机构承担赔偿责任。”诊疗行为，是指医疗机构及其医务人员借助其医学知识、专业技术、仪器设备及药物等手段，为患者提供的紧急救治、检查、诊断、治疗、护理、保健、医疗美容以及为此服务的后勤和管理等维护患者生命健康所必需的活动的总和。因此，医疗美容损害导致的医疗责任纠纷适用于该条规定。

民法典第一千二百二十一条规定：“医务人员在诊疗过程中未尽到与当时的医疗水平相应的诊疗义务，造成患者损害的，医疗机构应当承担赔偿责任。”诊疗义务包括的内容比较广，比如执业医师法中规定，医师在执业活动中当履行义务包括遵守法律、法规，遵守技术操作规范；树立敬业精神，遵守职业道德，履行医师职责，尽职尽责为患者服务；关心、爱护、尊重患者，保护患者的隐私；努力钻研业务，更新知识，提高专业技术水平；宣传卫生保健知识，对患者进行健康教育。也就是说，只要患者在诊疗过程中，医疗机构以及医务人员未尽到相应的诊疗义务，一旦给患者造成损害，就要承担相应的赔偿责任。

民法典第一千二百二十二条规定：“患者在诊疗活动中受到损害，有下列情形之一的，推定医疗机构有过错：① 违反法律、行政法规、规章以及其他有关诊疗规范的规定；② 隐匿或者拒绝提供与纠纷有关的病历资料；③ 遗失、伪造、篡改或者违法销毁病历资料。”

可见民法典第一千二百二十二条与侵权责任法第五十八条相比，规定患者的损害必须“在诊疗活动中”发生，同时增加了“遗失或者违法销毁病例资料”推定医疗机构有过错。其中，“违法销毁”增加了“违法”两字，目的在于医疗机构在病历资料存放超过一定时间后可以进行销毁提供了法律依据，不需要承担责任，防止医疗机构病历积压。

二十二、民用无人机的责任承担

随着现代科技的快速发展，各种民用无人机得到了广泛运用，如航拍无人机、快递无人机、播种无人机等。一旦无人机失控或者操作失误，也容易导致侵权损害发生。民法典第一千二百三十八条规定："民用航空器造成他人损害的，民用航空器的经营者应当承担侵权责任；但是，能够证明损害是因受害人故意造成的，不承担责任。"因不可抗力的自然灾害造成的，不能免除民用航空器经营人的责任。

民用无人机也属于民用航空器的一种，同样适用无过错原则，除非能够证明是受害人故意干扰无人机飞行等行为导致，否则无人机经营管理者都需要对受害人承担侵权赔偿责任。

二十三、不可抗力

所谓不可抗力，是指合同订立时不能预见不能避免且不能克服的客观情况。典型的不可抗力主要有两类：一是自然灾害，具体包括地震、海啸、台风、洪水、泥石流等；二是社会异常事件，具体指社会中团体政治行为引致的事件，如战争、罢工、骚乱、暴动等。不可抗力有以下几个特性：

(1) 不可预见性。不可抗力是不可预见的客观情况，根据现有的技术水平，一般人对某种事件的发生不可预见。如果当事人可以预见事件的发生，即便该事件阻碍了合同履行，也不能构成不可抗力。

(2) 无过错性。首先，过错的认定必须是依据客观标准判别，需要当事人提交证据证明或者依普通人的理性认定。其次，过错认定只能成为排除不可抗力的直接依据，没有过错并不一定构成不可抗力。

(3) 不可避免并不能克服的客观性。当事人已尽到最大努力，采取一切可以采取的措施，仍然不能避免某种事件的发生，不能克服事件造成的损害后果。

按照民法典第一百八十条规定，除法律有特别的排除规定外，不可抗力既可适用于侵权责任，也可适用于违约责任。在侵权责任中，可以适用于过错责任、过错推定责任和无过错责任。但需注意的是，如果有关法律法规、司法解释对于不可抗力的适用有具体规定的，依据该规定，主要有：

(1) 民法典中合同编第五百九十条规定："当事人延迟履行后发生不可抗力的，不能免除责任。"

(2) 侵权责任领域，法律规定的排除不可抗力的类型主要针对部分无过错责任类型，主要有：

① 民法典侵权责任编第一千二百三十七条和《国务院关于核事故损害赔偿责任问题的批复》规定，民用核设施的经营人在发生核事故的情况下造成他人损害的，只有能够证明损害是因战争、武装冲突、暴乱等情形所引起，或者是因受害人故意造成的，才免除其责任。因不可抗力等自然灾害造成他人损害的，不能免除核设施经营人的责任。

② 民法典侵权责任编第一千二百三十八条规定，民用航空器造成他人损害的，民用航空器的经营者应当承担侵权责任；但是，能够证明损害是因受害人故意造成的，不承担责任。因不可抗力的自然灾害造成的，不能免除民用航空器经营人的责任。

③ 邮政法第四十八条规定，因下列原因之一造成的给据邮件损失，邮政企业不承担赔偿责任：一是不可抗力，但因不可抗力造成的保价的给据邮件的损失除外；二是所寄物品本身的自然性质或者合理损耗；三是寄件人、收件人的过错。

此外，对于受疫情或者疫情防控措施直接影响而产生的民事纠纷，符合不可抗力法定要件的，适用民法典第一编总则第一百八十条、民法典第三编合同第五百九十条等规定妥善处理；其他法律、行政法规另有规定的，依照其规定处理。

在合同纠纷中，受疫情或者疫情防控措施直接影响而产生的合同纠纷案件，除当事人另有约定外，在适用法律时，应当综合考量疫情对不同地区、不同行业、不同案件的影响，准确把握疫情或者疫情防控措施与合同不能履行之间的因果关系和原因力大小，按照以下规则处理：

(1) 解除合同。民法典第五百六十三条第一款规定：因不可抗力致使不能实现合同目的，当事人可以解除合同。因疫情或者疫情防控措施导致合同目的不能实现，当事人请求解除合同的，人民法院应予支持。

(2) 部分或全部免责。疫情或者疫情防控措施直接导致合同不能履行的，依法适用不可抗力的规定，根据疫情或者疫情防控措施的影响程度部分或者全部免除责任。

① 归责于当事人。当事人对于合同不能履行或者损失扩大有可归责事由的，应当依法承担相应责任。

② 通知义务。因疫情或者疫情防控措施不能履行合同义务，应当及时通知对方，以减轻可能给对方造成的损失，并应当在合理期限内提供证明。

③ 举证责任。当事人主张其尽到及时通知义务的，应当承担相应举证责任。

④ 迟延履行。当事人迟延履行后发生不可抗力的，不免除其违约责任。

在劳动纠纷中，规定加强与政府及有关部门的协调，支持用人单位在疫情防控期间依法依规采用灵活工作方式。用人单位仅以劳动者是新冠肺炎确诊患者、疑似新冠肺炎患者、无症状感染者、被依法隔离人员或者劳动者来自疫情相对严重的地区为由主张解除劳动关系的，人民法院不予支持。

在惩罚性赔偿中，经营者在经营口罩、护目镜、防护服、消毒液等防疫物品以及食品、药品时，存在消费者权益保护法第五十五条、食品安全法第一百四十八条第二款、药品管理法第一百四十四条第三款、审理食品药品纠纷规定第十五条规定情形，消费者主张依法适用惩罚性赔偿的，人民法院应予支持。

在顺延诉讼期限中，因疫情或者疫情防控措施耽误法律规定或者人民法院指定的诉讼期限，当事人根据民事诉讼法第八十三条规定申请顺延期限的，人民法院应当根据疫情形势以及当事人提供的证据情况综合考虑是否准许，依法保护当事人诉讼权利。当事人系新冠肺炎确诊患者、疑似新冠肺炎患者、无症状感染者以及相关密切接触者，在被依法隔离期间诉讼期限届满，根据该条规定申请顺延期限的，人民法院应予准许。

二十四、隐私权和个人信息

过去法律对隐私权的规定是一笔带过的，“隐私权”三个字只在条文中出现过，但既没有明确的定义，也没有具体的保护措施。随着互联网和科技的发展，侵害隐私权的事件频发，严重困扰和影响当事人正常的工作生活，造成恶劣的社会影响和示范，加大对隐私权的保护势在必行。民法典以专章的形式保护隐私权，也凸显了隐私权保护的必要性和重要性。

民法典第一千零三十二条规定：“自然人享有隐私权。任何组织或者个人不得以刺探、侵扰、泄露、公开等方式侵害他人的隐私权。隐私是自然人的私人生活安宁和不愿为他人知晓的私密空间、私密活动、私密信息。”定义核心基本承接了目前国际上对于隐私的认定关键，即“私密性”，并将保护客体概述为“私密空间、私密活动、私密信息”保护隐私权是对人性自由和尊严的尊重，也是人类文明进步的一个重要标志。

民法典第一千零三十三条列举了实践中侵害隐私权的典型行为。该条规定，除法律另有规定或者权利人明确同意外，任何组织或者个人不得实施下列行为：

(1) 以电话、短信、即时通信工具、电子邮件、传单等方式侵扰他人的私人生活安宁。

(2) 进入、拍摄、窥视他人的住宅、宾馆房间等私密空间。

(3) 拍摄、窥视、窃听、公开他人的私密活动。

(4) 拍摄、窥视他人身体的私密部位。

(5) 处理他人的私密信息。

(6) 以其他方式侵害他人的隐私权。

法律首次以列举的方式明确了侵犯隐私权的六类行为，让人们在清楚地知道自己享有哪些隐私权利的同时，也清楚知道哪些行为是法律所禁止的，避免过于原则宽泛的规定，这有利于隐私权的保护和司法认定。

作为人格权之一，侵犯隐私权责任的构成也同侵犯其他权利一样，须具备侵权责任构成的一般要件，即主观过错、违法行为、损害事实、因果关系等四要件。

1. 主观具有过错

侵害隐私权因属于一般侵权行为，要求行为人主观上须具有过错才能构成侵权责任，故意、过失在所不问，但过错形态影响侵权人法律责任轻重的承担问题。

2. 违法行为的存在

侵害他人隐私的行为因直接违反法律规定抑或违反社会公德受到法律的否定评价，使得该行为具有违法性质。隐私权是绝对权，具有普遍的对世效力，要求任何不特定人负有不侵犯他人隐私的义务，违反这种义务进行的行为均被纳入侵犯隐私行为之列，除非有正当合法抗辩事由存在，通常这种侵害行为以作为形式表达，并不必以公开他人隐私为要件。结合行为类型的多样性与隐私内涵的发展性，基本可以概括为两类：侵扰私人空间的行为与侵害私人信息的行为。

3. 损害结果发生

损害是侵权行为的结果，作为一种事实状态，主要有三种表现形态：财产损失、人格利益受损及精神痛苦。侵害隐私并不直接与财产利益挂钩，甚至有时根本没有财产利益受损，受冲击的往往是人格利益的损害，通常伴有精神痛苦，当然这并不否认隐私权遭受损害所导致的权利人经济上的损失。一般来讲，只要存在侵害法定权利的事实，即使侵害后果难以觉察或证明，即可构成侵权法中的损害。隐私权这种精神性人格权损害后果不易量化，受害人具体人格受损证明困难，但这点并不妨碍认定损害事实的存在。

4. 具备因果联系

侵权法上因果关系在于确定行为人的行为与结果之间的联系，侵害隐私权的行为和损害事实之间往往具有直接关联性。侵害隐私权的后果表现为权利人自控信息的“外溢”与私域生活的侵扰，这一事实乃侵害行为所致。换句话来说，权利主体因该不法行为遭受人格利益受损。就非财产性利益受损与行为方面还是比较容易把握的，出问题的地方是财产利益与侵权行为的因果关系认定方面，有没有直接必然的联系则须借助一定的方法，通常从以下两方面把握：时间上有无顺序性和侵害行为是否客观存在。

在个人信息方面，民法典第一千零三十四条对于个人信息的定义，沿袭了网络安全法对于“个人信息”定义的“识别”标准，对于单独或者结合其他信息可识别特定自然人的信息，都将纳入“个人信息”的范围。个人信息是以电子或者其他方式记录的能够单独或者与其他信息结合识别特定自然人的各种信息，包括自然人的姓名、出生日期、身份证件号码、生物识别信息、住址、电话号码、电子邮箱、健康信息、行踪信息等。换言之，个人信息的主体仅限于自然人，且个人信息的主要认定标准为较强的“可识别性”。

个人信息分为私密信息和一般信息。其中，私密信息是指通常不能适用于正常的社交场合、不宜在日常社会交往中广泛传播的信息，如裸照、身份证号等，对于私密信息的保护应适用有关隐私权的相关规定。而一般信息是指主观上当事人无隐匿意愿，且客观上不处于私密状态、能够在日常社会交往中用于个人身份识别的信息，对于一般信息的保护应适用个人信息保护的相关规定。

针对隐私权与个人信息保护之间的范围交叉情形，民法典第一千零三十四条第二款对法律适用路径作出规定：“个人信息中的私密信息，适用有关隐私权的规定；没有规定的，适用有关个人信息保护的规定”。民法典第一千零三十五条第二款明确“个人信息的处理包括个人信息的收集、存储、使用、加工、传输、提供、公开等”，将数据全生命周期管理的核心行为纳入到“个人信息处理”定义范畴，取消以往立法中将“收集”行为独立于“处理”行为的规定。这一规定，与欧盟《通用数据保护条例》的立法处理方式一致，更加符合行业实践。事实上，数据收集与后续处理行为往往难以切割。与此对应，民法典不再单独强调“信息收集者”，而是将相关责任统合至“信息处理者”。此处调整，并不代表国家立法对于“个人信息收集”的规制要求下降，也不代表对于目前实践中常见的“个人信息控制者”及“个人信息处理者”的划分方式的否定。相反，由于数据收集行为与后续处理行为的紧密关联性，信息处理者需保持数据全生命周期管理过程中责任贯彻的一致性。如涉及多方共同参与数据处理活动的，各方均需承担民法典对于个人信息保护的责任。各方具体责任承担，可由各方通过协议等方式进行约定。

民法典第一千零一十八条规定：“肖像是通过影像、雕塑、绘画等方式在一定载体上所反映的特定自然人可以被识别的外部形象。”第一千零一十九条规定：“任何组织或者个人不得以丑化、污损，或者利用信息技术手段伪造等方式侵犯他人肖像权。未经肖像权人同意，不得制作、使用、公开肖像权人的肖像，但是法律另有规定的除外。”第一千零三十五条规定：“处理自然人个人信息的，应当遵循合法、正当、必要原则，不得过度处理，并要征得自然人同意、公开处理信息的规则，还要明示处理信息的目的、方式和范围。”值得注意的是，根据这两条规定，只要是可被识别的特定自然人的外部形象都属于肖像。这意味着，目前在互联网上所有的人像照片或都属于肖像，而未经本人许可不得使用他人的肖像。

民法典第一千零三十七条赋予个人信息主体对于其个人信息的相关民事权利，包括三类：查阅或复制权、更正权以及删除权。从权利内容方面考虑，民法典相较于网络安全法及现行个人信息安全规范并未作进一步的扩张，触发条件未作实质变动，对应的合规要求仍应延续。从义务承担主体方面考虑，民法典规定的责任承担主体为“信息处理者”，并不限于目前实践中的“个人信息控制者”。该规定一方面加强了对个人信息主体行权的保障，权利行使主张对象扩展至涉及数据处理的任一环节的信息处理者；另一方面也加重了多方信息处理环境下的各方责任要求。各方均应积极承担个人信息主体行权要求的责任，健全内部行权响应机制及相互间的行权协作模式等。

民法典第一千零三十八条从正反两个方面明确“信息处理者”对个人信息的保护责任要求。一方面，明确“信息处理者”之“不可为”，包括不得泄露或篡改其收集、存储的个人信息，未经自然人同意不得向他人非法提供其未经脱敏处理的个人信息；另一方面，明确“信息处理者”之“应为”，包括采取防止信息泄露、篡改、丢失的必要技术措施等，以及在发生信息安全事件时应及时采取补救措施，按照规定告知自然人并向有关主管部门报告等。

民法典明确了两类个人信息处理行为的例外规定：

(1) 为合理使用情形。民法典第九百九十九条规定，为公共利益实施新闻报道、舆论监督等行为的，可以合理使用民事主体的个人信息。此常见于公务部门主导的犯罪嫌疑人通缉、失信执行人披露、涉及公共利益的新闻报道等场景。

(2) 民事责任免责情形。民法典第一千零三十六条规定了三种处理个人信息的民事责任免责情形：① 在该自然人或者其监护人同意的范围内合理实施的行为；② 合理处理该自然人自行公开的或者其他已经合法公开的信息，但是该自然人明确拒绝或者处理该信息侵害其重大利益的除外；③ 为维护公共利益或者该自然人合法权益，合理实施的其他行为。该规定系将现行个人信息安全规范中关于“征得授权同意的例外”的情形进行部分抽取及整合的结果，聚焦于“同意”“已公开”及“合法维权”等三类情形，将不具备约束效力的国家标准的要求上升为法律规定。

【课后练习题】

1. 新中国成立以来第一部以“法典”命名的法律是什么？
2. 民法的基本原则有哪些？
3. 民法调整的法律关系有哪些？
4. 侵犯隐私权责任的构成有哪些要件？
5. 试举出一例发生在身边与民法相关的案例，并进行分析。

专题六 大学生与行政法

本专题通过介绍行政法相关的基础理论，包括行政法的重要概念、体系、法律渊源和基本原则，行政主体与行政组织，抽象行政行为与具体行政行为，行政强制，政府信息公开，行政复议和行政诉讼等，以期大学生对纷繁复杂的行政法律体系形成初步的整体认识。通过进一步学习行政法律知识，培养法律思维，进而使大学生在学习生活中运用相关法律知识解决问题，保护自身合法权益。

第一节 行政法概述

一、行政的概念

行政法是关于行政的法律制度，是我国法律体系中的一个部门法。行政是一种重要的社会分工，行政法意义上的行政是指公共行政。行政法所规定的公共行政的范围会因为国家和时代的不同而不同。传统上，国家是公共行政的主要承担者，国家行政机关有权进行强制性和支配性的管理。国家还设置国有事业和企业单位履行公共服务和其他公共职能，在现代社会中出现了公共行政多元化现象。除行政机关外，大量的公共部门，甚至一些民营部门，通过各种形式承担和履行公共职能，提高了公共行政的效率。

二、行政法的概念

我国行政法是调整由于行政活动发生的行政关系法律规范的总和。行政法的调整对象是行政关系。行政关系是国家行政机关实现其行政职能的社会形式，是国家行政机关在实施国家行政管理过程中发生的社会关系的总称。由于行政职能的广泛和实现方式的多样性，它所形成的社会关系的性质和种类也是多样的和变化的。除了国防、警察和财政等基础职能比较稳定外，行政机关的经济和社会管理等职能会经常变化，新的法律部门的出现和发展也会影响行政法的调整范围。因此，对于行政法调整的行政关系的种类和范围，应当根据社会需求和行政职能的变化作出新的概括和表述。

三、行政法的调整方式

行政法对行政关系的调整方式就是赋予行政关系以法律权利义务的性质，使行政机关实施行政职能并依法设立、变更和消灭行政法权利义务的过程。任何违反行政法义务的行为，无论是国家行政机关还是其他行政法义务主体，都应当承担相应的法律责任。这是行政法调整方式区别于行政政策调整方式的基本标志。

四、行政法的调整功能

行政法的调整功能是指行政法调整行政关系的整体作用。行政法有赋予行政机关管理职权以保证行政效率，监督行政机关以防止和消除行政违法行为两方面的功能。在行政法的发展过程中，这两种功能可能会有所侧重。但是总体来说，他们是结合起来共同发挥对行政机关的规范作用的，只片面地强调其中一个方面是不可取的。

五、行政法的分类

行政法的分类是按照一定的标准，对行政法规范进行划分的。合理的分类有助于建立统一、和谐的行政法体系内部结构。

行政法可以分为一般行政法和部门行政法，或者称为行政法的总则和分则。行政法总则是行政法的普遍原则和共同规则，适用于全部或者多数行政领域。行政法分则是只适用于特定行政领域的规则。

1. 一般行政法

一般行政法又称为行政法总则，是以行政组织法、行政行为法和行政监督救济法为基本结构，相对稳定。

(1) 行政组织法是有关行政组织的职能组织编制及公务员录用和管理的法律制度，用于调整行政组织的组建和分权法律规范，包括国务院、地方政府组织法、中央地方行政机构设置和编制管理条例、公务员法及行政机关公务员处分条例。

(2) 行政行为法是有关规范行政机关和行政组织行使行政职权、实施行政行为的实体和程序的法律规范的总称，是用于调整行政组织行使行政职权的行为规范，包括立法及行政法规、规章制定条例、行政处罚法、行政许可法、行政强制法、政府信息公开条例。

(3) 行政监督救济法指有关对行政机关和公共组织及其工作人员行使法定行政职权和履行法定行政职责进行监督，并向受到侵权的公民、法人和其他组织提供救济的法律规范的总称，是对行政权予以监督，对行政违法或不当予以纠正，从而解决行政争议的法律规范，包括行政复议法及其实施条例、行政诉讼法及其司法解释。其中，行政诉讼法是规范人民法院监督行政机关，解决行政纠纷的程序；行政复议法是规范上级行政机关解决行政纠纷的程序。

2. 部门行政法

部门行政法内容丰富，结构多样。可以按照中央行政部门的事务管辖进行分类。例如，我国司法部执掌的律师、公证、狱政、法制宣传和国家司法考试等行政事务称为司法行政。因为行政事务在各个部门的配置经常进行调整，所以部门行政法的分类也要相应地经常进行变动。

行政法还可以分为行政实体法和行政程序法，分类标准是权利义务的性质。具有实体权利义务性质的行政法规范属于行政实体行政法。具有程序权利义务性质的行政法属于程序行政法。

六、行政法的法律渊源

行政法的法律渊源，是关于行政法律规范表现形式的制度，它的重要作用是确定法律表现形式和各种表现形式之间的效力等级关系。行政法的法律渊源涉及行政机关活动合法性的依据，对于实现行政法制有重要意义。在法律渊源制度上，主要有成文法和不成文法之分。成文法主要是指国家机关根据立法权限和立法程序制定发布的规范性法律文件。不成文法主要是指惯例、判例和理论学说等。我国行政法的法律渊源实行成文法制度。行政机关的惯例、法院的司法判例以及学者的理论学说，不能成为我国行政机关活动的法律依据，也不能成为评价行政活动合法性的准则。

我国行政法的成文法法律渊源的种类根据法律文件的制定机关和等级效力具体如下：

(1) 宪法。宪法中关于国家机构的任务和原则，关于行政机关与其他国家机关的相互关系，关于行政机关、组织和活动的规定，都属于行政法的法律渊源。由于宪法是国家根本法，所以，宪法的规定在行政法的法律渊源体系中具有最高法律效力。

(2) 法律。法律是指全国人民代表大会及其常委会制定发布的基本法律和普通法律。法律中关于行政组织行政管理活动和对行政机关监督的规范属于行政法的渊源。法律是我国行政法的主要法律渊源，它可以根据宪法对各种国家行政事务作出规定，它的适用范围大、效力等级高。

(3) 行政法规。行政法规是指由国务院根据宪法和法律，按照行政法规的制定权限和制定程序发布的规范性文件。行政法规可以根据宪法和法律的规定，对国家行政事务作出规定。在效力等级和规定范围上，行政法规仅次于法律。

(4) 地方性法规。地方性法规是指由省、自治区、直辖市人民代表大会及其常委会、较大的市的人民代表大会及其常委会按照地方性法规制定权限和制定程序发布的规范性文件。在等级效力上，地方性法规低于宪法、法律和行政法规。在地域效力上，其效力范围也仅限于本行政区域内。

(5) 民族自治条例和单行条例。民族自治条例和单行条例是指我国民族自治地方的人民代表大会按照民族自治条例和单行条例的制定权限和制定程序发布的规范性文件。它们可以在一定范围内对民族自治地方的行政事务作出规定。在规定范围和等级效力上有两方面内容：一是可以将当地民族的政治经济和文化的特点作为制定依据；二是依据当地民族的特点，依法对法律和行政法规的规定作出变通规定。在地域效力上，民族自治条例和单行条例的效力范围仅限于民族自治地方的行政区域以内。

(6) 行政规章。行政规章分为国务院部门规章和地方政府规章。它们可以在一定范围内对行政事务作出规定。

① 部门规章是国务院组成部门和具有行政管理职能的直属机构按照规章制定权限和制定程序发布的规范性文件。在规定范围上，部门规章应当规定属于执行法律或者国务院行政法规决定、命令的事项。在效率方面，部门规章等级效力低于法律和行政法规，而地域效力可以及于全国。

② 地方政府规章是省、自治区、直辖市和较大的市的人民政府根据地方政府规章的

制定权限和制定程序发布的规范性文件。在规定范围上有两个方面：一是为执行法律、行政法规、地方性法规的规定需要制定规章的事项；二是属于本行政区域的具体行政管理事项。在效力方面，地方政府规章等级效力低于法律、行政法规和地方性法规，而地域效力限于本行政区域内。

(7) 国际条约和协定。中国参加的国际条约和国际协定如果规定了中国行政机关的权利义务，是否可以直接作为国内行政法的渊源需要根据实际内容进行确定。例如，我国加入世贸组织的文件中，关于我国行政机关和其他有关机构权利义务的规定应当转化为中国的国内立法后才能作为行政法的法律渊源予以适用。

(8) 法律解释。法律解释是指法律的规定需要进一步明确具体含义的，或者法律制定后出现新的情况，需要明确法律依据的情形，由法定机关根据法定程序作出的解释。法律解释有相应的法律效力，是行政法的法律渊源之一。

七、行政法的基本原则

行政法的基本原则是指反映行政法本质和具体制度规则内在联系的共同性规则。基本原则的作用主要是指导行政法的制定、修改和废止，指导行政法的统一适用和解释，弥补法制漏洞。行政法的基本原则包括合法行政原则、合理行政原则、程序正当原则、高效便民原则、诚实守信原则和权责统一原则。

1. 合法行政原则

合法行政是行政法的首要原则，其他原则可以理解为这一原则的延伸。实行合法行政原则是行政活动区别于民事活动的主要标志。合法行政原则的根据是行政机关在政治制度上对立法机关的从属性。合法行政原则是我国根本政治制度，即人民代表大会制度在国家行政制度上的体现和延伸。我国合法行政原则在结构上包括对现行法律的遵守和依照法律授权活动两个方面。

(1) 行政机关必须遵守现行有效的法律。行政机关实施行政管理，应当依照法律、法规、规章的规定进行，禁止行政机关违反现行有效的立法性规定。具体表现在：第一，行政机关的任何规定和决定都不得与法律相抵触，行政机关不得作出不符合现行法律的规定和决定。行政机关的规定和决定违法，就不能取得法律效力；第二，行政机关有义务积极执行和实施现行有效法律规定的行政义务。行政机关不积极履行法定作为义务将构成不作为违法。

(2) 行政机关应当依照法律授权活动。没有法律、法规、规章的规定，行政机关不得作出影响公民、法人和其他组织合法权益或者增加公民、法人和其他组织义务的决定。在行政机关与公民、法人和其他组织关系上，首先，行政机关采取行政措施必须有立法性规定的明确授权；其次，没有立法性规定的授权，行政机关不得采取影响公民、法人和其他组织权利义务的行政措施。行政机关不遵守这一不作为义务，将构成行政违法。

2. 合理行政原则

合理行政原则的主要含义是行政决定应当具有理性，尤其适用于裁量性行政活动。最低限度的理性是指行政决定应当具有一个有正常理智的普通人所能达到的合理与适当，并且能够符合科学公理和社会公德。合理行政原则包括三个原则：

(1) 公平公正原则。要平等对待行政管理相对人，不偏私、不歧视。

(2) 考虑相关因素原则。作出行政决定和进行行政裁量只能考虑符合立法授权目的的各种因素，不得考虑不相关因素。

(3) 比例原则。比例原则有三方面的要求：

① 合目的性：是指行政机关行使裁量权所采取的具体措施必须符合法律目的。为满足这一要求，就需要行政机关在作出决定前，准确理解和正确确定法律所要达到的目的。

② 适当性：是指行政机关所选择的具体措施和手段应当为法律所必需，结果与措施和手段之间存在着正当性。为达到这一要求，就需要行政机关根据具体情况判断拟采取的措施对达到结果是否有利和必要。

③ 损害最小：是指行政机关在可以采用多种方式实现某一行政目的的情况下，应当采取对当事人权益损害最小的方式。

3. 程序正当原则

程序正当是当代行政法的主要原则之一，它包括以下几个原则：

(1) 行政公开原则。除涉及国家秘密和依法受到保护的商业秘密、个人隐私之外，行政机关实施行政管理应当公开以实现公民的知情权；

(2) 公众参与原则。行政机关作出重要规定或者决定，应当听取公民、法人和其他组织的意见，特别是作出对公民、法人和其他组织不利的决定，要听取他们的陈述和申辩；

(3) 回避原则。行政机关工作人员履行职责与行政管理相对人存在利害关系时，应当回避。

4. 高效便民原则

高效便民原则包含行政效率原则和便利当事人原则。行政效率原则的基本内容有两个方面：一是积极履行法定职责，禁止不作为或者不完全作为；二是遵守法定时限。禁止超越法定时限或者不合理延迟。延迟是行政不公和行政侵权的表现。便利当事人原则是指在行政活动中增加当事人程序的负担，是法律禁止的行政侵权行为。

5. 诚实守信原则

诚实守信原则包含行政信息真实原则和保护公民信赖利益原则。行政信息真实原则是指行政机关公布的信息应当全面准确真实。无论是向普通公众公布的信息，还是向特定人或者组织提供的信息，行政机关都应当对其真实性承担法律责任。保护公民信赖利益原则是指非因法定事由并经法定程序，行政机关不得撤销、变更已经生效的行政决定。因国家利益、公共利益或者其他法定事由需要撤回或者变更行政决定的，应当依照法定权限和程序进行，并对行政管理相对人因此而受到的财产损失，依法予以补偿。

6. 权责统一原则

权责统一原则包含行政效能原则和行政责任原则。行政效能原则是指行政机关依法履行经济社会和文化事务管理职能，要用法律法规赋予其相应的执法手段，保证政令有效。行政责任原则是指行政机关违法或者不当行使职权，应当依法承担法律责任。这一原则的基本要求是行政权力和法律责任的统一，即执法有保障，有权必有责，用权受监督，违法受追究，侵权须赔偿。

第二节　行政组织与行政主体

一、行政组织

行政组织是指以行使行政职能为目的、以行政职位为基本构成单位的组织。以行政职位为基本构成单位，可以组成不同规模、不同功能和不同形式的各种行政组织。行政组织主要包括国家行政机关、法定授权组织、受委托的组织和行政内部机构。

二、行政主体

行政主体是指国家行政机关和社会组织能够以自己的名义实施国家行政管理职能，并独立承受一定法律后果的资格。行政主体既是一个有权能的行政组织独立执法的资格，也是其独立承担法律责任的身份。

行政主体具有以下法律特征：

(1) 享有行政职权。行政主体是一种组织，但并不是所有的组织都是行政主体。只有依法拥有独立的行政职权的组织才具有行政主体资格。

(2) 以自己的名义对外行使职权。行政主体必须能够以自己的名义行使行政职权。所谓以自己的名义，是指能够依照自己的意志作出决定，能对外以自己的名义独立实施行政行为。能否以自己的名义实施行政管理反映了其是否享有相对独立的法律地位。

(3) 对外独立承担法律责任。行政主体必须能够独立承担一定法律后果。行政主体能够对自己作出的具体行政行为承担法律后果。其在行政复议中能够充当行政复议被申请人，在行政诉讼中能够充当行政诉讼被告，在行政赔偿中能够充当行政赔偿义务机关。总之，行政主体的主要特征是以实施者的独立名义从事行政活动和承担相关法律责任。不过，具有上述特征的组织仅具有行政主体资格。具有行政主体资格的组织在具体案件中是否是行政主体，还必须考虑其是否实施的是行政行为。具有行政主体资格的组织，在具体实施行政职权的情形下才是具体案件中的行政主体。

三、行政主体与行政组织、行政机关的关系

(1) 行政组织包含行政主体。行政主体只是行政组织中的一部分。行政组织是机构，行政主体是资格。

(2) 行政机关不是在任何场合下都是行政主体，不是所有的行政机关都是行政主体。

① 行政机关不是在任何场合都具有行政主体资格，具有行政主体资格的行政机关并非在任何案件中都是行政主体。当行政机关从事民事活动时，其身份是民事主体。例如，市公安局与某房地产开发公司签订房屋开发合同，此时市公安局就是民事主体，而非行政主体。当行政机关之间发生行政管理关系时，被管理的行政机关处于行政管理相对人的地位。例如，市公安局向市规划局申请建房规划许可时，市公安局就处于行政管理相对人的地位。

② 不是所有的行政机关都具有行政主体资格。虽然行政机关是最重要、最常见的行

政主体。但是，并非所有的行政机关都具有行政主体资格。哪些行政机关具有行政主体资格应当依据法律规定来确定。只有享有行政管理职能的行政机关才具有行政主体资格。例如，国务院派出机构不具有独立的行政管理职能，故不具有行政主体资格。

第三节　抽象行政行为与具体行政行为

一、抽象行政行为

1. 抽象行政行为

抽象行政行为是指国家行政机关制定法规、规章和有普遍约束力的决定、命令等行政规则的行为。抽象行政行为本身是一个相对于具体行政行为的理论概念。行政诉讼法提出了具体行政行为后，理论上，就更多地将抽象行政行为和具体行政行为作为对行政行为的基本分类。抽象行政行为的主要特点是：

(1) 它是国家行政机关实施的行为。它不同于国家权力机关、司法机关、军事机关制定的法律、军事法规和司法解释，也不同于非政府组织制定的内部规则。

(2) 它是一种制定规则的行为，不同于处理具体行政事务的具体行政行为。

2. 行政规则

行政规则是抽象行政行为的活动结果，行政法规、部门规章、地方政府规章和有普遍约束力的行政决定、命令，构成行政规则体系。

3. 行政法规

行政法规是指由国务院根据宪法和法律，按照法定权限和法定程序制定的规范性文件，可分为执行性行政法规、职权性行政法规和授权性行政法规。

(1) 执行性行政法规，即为执行法律的规定需要制定行政法规的事项。例如，为执行行政复议法，制定行政复议法实施条例。所谓执行性立法权，是指为执行上位规则，制定具体实施细则，其特征是不创设新的权利义务。

(2) 职权性行政法规是指宪法第八十九条规定的国务院行政管理职权的事项。例如，为行使宪法第八十九条第十七项规定的审定行政机构的编制的职权，而制定《国务院行政机构设置和编制管理条例》，这其实是赋予国务院自主性立法权。所谓自主性立法权，是指对上位规则尚未直接规定的事项，在宪法和组织法规定的管理权限内，根据行政管理的实际需要，自主创设权利义务。

(3) 授权性行政法规，即经全国人大及其常委会授权的法律相对保留事项，国务院享有授权性立法权。例如，根据立法法第八条规定，税收制度只能制定法律，属于法律保留事项。按照立法法第九条，该事项属于法律相对保留，即该事项在尚未制定法律前，全国人大及其常委会有权作出决定，授权国务院可以根据实际需要先制定行政法规。在实践中，国务院根据全国人大常委会的授权制定增值税暂行条例。

4. 行政规章

部门规章与地方政府规章统称为行政规章。

(1) 部门规章是指国务院各部、委员会、中国人民银行、审计署和具有行政管理职能的直属机构按照法定权限和法定程序发布的规范性文件。

(2) 地方政府规章是指省、自治区、直辖市人民政府和设区的市、自治州根据法定权限和法定程序制定通过的，在本行政区域内实行的规范性文件。

5. 行政规则的适用

行政规则的适用是指上述行政规则在适用中的相互关系及其处理原则。行政规则的适用作为一项重要原则，行政法规规章不溯及既往，但为了更好地保护公民法人和其他组织的权利和利益而作的特别规定除外。行政规则的适用包含效率等级和规则冲突两方面。

(1) 效率等级。效力等级是处理行政规则相互关系的基础。宪法具有最高的法律效力，行政法规、规章都不得同宪法相抵触。法律的效力高于行政法规、规章。行政法规的效力高于地方性法规、规章。地方性法规的效力高于本级和下级地方政府规章。省自治区的人民政府制定的规章的效力高于本行政区域内的较大的市的人民政府制定的规章。部门规章之间、部门规章与地方政府规章之间具有同等效力，在各自的权限范围内施行。

(2) 规则冲突。同一机关制定的行政法规、规章、特别规定与一般规定不一致的，使用特别规定。新的规定与旧的规定不一致的，适用新的规定。行政法规之间对同一事项的新的一般规定与旧的特别规定不一致，不能确定如何适用时由国务院裁决。地方性法规、规章之间不一致时，由有关机关依照下列规定的权限作出裁决：

① 地方性法规与部门规章之间对同一事项的规定不一致，不能确定如何适用时，由国务院提出意见。国务院认为应当适用地方性法规的，决定在该地方适用地方性法规的规定；认为应当适用部门规章的，提请全国人民代表大会常务委员会裁决。

② 部门规章之间，部门规章与地方政府规章之间对同一事项的规定不一致时，由国务院裁决。

国务院决定命令与行政法规的区别。根据现行《宪法》第 89 条第 1 项，国务院有权发布决定和命令。此种决定和命令即通称的国务院的红头文件，可能是规范性的，也可能是非规范性的。其中，属于规范性的国务院决定和命令，其应与行政法规具有同等效力。

二、具体行政行为

具体行政行为，是指行政主体就已经发生的事实，针对特定对象处分其权利、义务的处理决定。其具有以下几个特点：

1. 行政职权性

具体行政行为是行政机关行使行政职权而做出的处理措施，也就是根据行政法所进行的处理措施。行政机关以行使行政职权为目的，如果同时具备具体行政行为的其他特征，就属于具体行政行为。具体行政行为需要与刑事侦查行为、行政机关的民事行为、国家行为区别开来。

(1) 刑事侦查行为是为侦破刑事案件，公安机关、国家安全机关、海关等经刑诉法授权所作出的司法行为。对该行为不服，可以向检察机关申诉。公安机关、国家安全机关、海关的职权行为原则上属于行政行为。经刑诉法的明确授权则例外，属于司法行为。因此，具体行政行为与刑事侦查行为的区别，主要根据是不同的法律授权。

(2) 行政机关的民事行为。例如，终止民事租赁合同、国有土地出让合同都不属于具体行政行为。

(3) 国家行为，即行政机关所进行的宪法上的行为，例如，国务院、国防部、外交部等以国家名义实施的有关国防和外交事务的行为属于国家行为，并非具体行政行为。

2. 特定性

具体行政行为是对具体对象的处理措施，可以是直接针对特定某个人的处理，或者是直接针对特定的一群人的处理，也可以是对特定事物的处理，影响到特定人的权利义务。例如，交警对闯红灯的车辆进行处罚，公安局对聚众斗殴的一群人处罚。某道路发生交通事故，交警对此路段采取一个小时的临时交通管制措施，是对已经发生的事实，针对特定对象作出的决定，属于具体行政行为。而为了治理城市堵车，政府发布关于限行的公告，是针对不特定对象作出的对未来设定的具有普遍约束力的规则，属于抽象行政行为。

3. 处分性

具体行政行为的处分性，体现在行政机关对行政相对人作出产生、变更或消灭权利义务的意思表示，并产生相应的法律后果。

4. 外部性

具体行政行为是外部性处理，是对相对人权利义务的安排，而不是行政机关的内部措施。行政内部行为是针对行政机关及其工作人员所作出的行政系统内部的处理，不对行政机关以外的相对人产生法律效果的行为。

第四节　行 政 强 制

一、行政强制概述

行政强制包括行政强制措施和行政强制执行。两者都是行政机关运用强制手段实施的行为，在外观上具有一定的相似性，但两者存在着本质上的区别。

（一）行政强制措施

行政强制措施是指行政机关为制止违法行为、防止证据损毁、避免危害发生、控制危险扩大等情形，依法对公民的人身自由实施暂时性限制，或对公民、法人、其他组织的财物实施暂时性控制的行为。

1. 特征

行政强制措施的特征如下：

(1) 强制性。行政强制措施的实施是由行政机关以物理性的动作实现的。根据对象的不同，行政强制措施可以分为限制公民人身自由、查封场所、设施或者财物、扣押财物等。

(2) 处分性。行政强制措施会对相对人的权利、义务产生实际限制，是处分权利、义务的具体行政行为。限制人身自由、查封场所、设施或者财物、扣押财物以及冻结存款汇款等行政强制措施，都是限制相对人的权利或者自由。

(3) 临时性。无论哪种行政强制措施，都是对相对人权利的一种临时限制，目的达到即应解除。例如，为保障纳税义务的履行，税务机关依法可采取税收保全措施。若纳税人在法定限期限内缴纳税款的，税务机关必须立即解除税收保全措施。

(4) 非制裁性。行政强制措施不是以制裁违法为直接目的，而是以实现某一行政目的为直接目的，具有预防性、制止性或者保障性。根据目的不同，行政强制措施可以分为预防性措施、制止性措施和保障性措施。预防性措施以预防发生危害社会的违法行为或危害事件为目的。制止性措施针对正在危害社会的人或物采取，以制止违法行为或者危害事件的持续。保障性措施，以保障以后的行政管理工作正常有效进行为目的。因此，行政强制措施并非以相对人的违法为前提，即使是针对违法行为人作出，其直接目的也不在于制裁。行政强制措施不是制裁行为，因而与行政相对人的行为是否违法没有必然联系。

2. 种类

根据行政强制法的规定，行政强制措施的种类包括以下四类：

(1) 针对人身的强制，如留置、盘问、强制传唤、强制隔离，强行带离现场、强制驱散、强制治疗等。

(2) 针对财产的强制，包括查封、扣押、冻结存款汇款等。

(3) 针对场所的强制，包括查封场所、强制进入场所。

(4) 其他行政强制措施。

3. 一般性程序

行政强制措施的一般性程序如下：

(1) 实施之前报告批准。若情况紧急，当场实施后，24 小时内报告补办批准程序。

(2) 确定实施人员。两人以上具有执法资格。

(3) 现场出示执法证件。

(4) 通知当事人并告知权利。

(5) 听取陈述申辩。

(6) 制作现场笔录。

(二) 行政强制执行

1. 行政强制执行的概念

行政强制执行是指行政机关或者行政机关申请人民法院，对不履行行政决定的公民、法人或者其他组织依法强制履行义务的行为。行政强制执行是以相对人不履行行政决定赋予的义务为前提的，是保障具体行政行为执行力的有力措施。

2. 行政强制执行的设定

行政强制执行是由法律设定的，行政法规、地方性法规规章和一般规范性文件均不得设定行政强制执行。如果法律赋予行政机关自行强制执行的权利，则该行政机关既可以自己强制执行，也可以申请人民法院强制执行，但限制人身自由的决定不能申请法院执行。如果法律没有赋予行政机关自行强制执行的权利，则该机关只能申请人民法院强制执行。

根据行政强制法的规定，行政强制执行的方式包括以下五点：

(1) 不履行金钱给付义务的，加处罚款或者滞纳金。

(2) 不履行排除妨碍、恢复原状义务的，经催告无效，危害公共交通安全或者破坏污染自然资源环境的，行政机关或委托第三方代为履行相应的义务。

(3) 不履行金钱给付义务的，拍卖或者依法处理查封、扣押的场所设施或者财物。

(4) 不履行金钱给付义务的，划拨存款、汇款。

(5) 其他强制执行方式。例如，不履行责令拆除违法建筑义务的，依法强制拆除；不履行拘留决定的，依法强制执行拘留决定等。

第五节　政府信息公开

一、政府信息公开概述

我国政府信息公开条例所规定的政府信息是指行政机关在履行职责过程中制作或者获取的，以一定形式记录保存的信息。政府信息公开制度是有关政府信息公开的运作及保障政府信息公开切实落实的制度，包括政府信息公开的范围、要求、公开方式和程序、监督救济等内容。政府信息公开具有多重意义和作用。在当今信息时代，信息的价值和意义难以估量，对经济和社会发展的作用巨大。充分发挥信息的效用是政府的重要职责，推行政府信息公开，让公众了解政府的运作情况和政府运作所需要掌握的资料，是公众行使对政府和国家管理活动的参与权和监督权的前提，是民主政治的核心内容之一。政府信息公开，可以将政府的活动置于公众的监督之下，可以推进行政的公正，对防治腐败具有重要作用。

二、政府信息公开的范围

(一) 绝对不公开的信息

经保密审查，认定为涉及国家秘密的信息绝对不公开。

(二) 相对不公开的信息

政府信息公开不能侵犯企业的财产权和个人的隐私权。因此，涉及商业秘密和个人隐私的信息，也可能不公开。但并非绝对，经权利人同意公开的，或者行政机关认为不公开可能对公共利益造成重大影响的，涉及商业秘密、个人隐私的政府信息可以予以公开。

(三) 依申请公开的信息

不涉及国家秘密、商业秘密和个人隐私的信息，也未必和多数人相关，可能只有少数人在生产、生活、科研等方面对此有所需要。这些信息行政机关不必主动公开，而是等待相关人申请，符合条件的，依申请公开即可。

(四) 主动公开的信息

政府信息以公开为原则，以保密为例外。除了以上各类政府信息外，其他信息都属于主动公开的内容。应主动公开的政府信息包括以下几点：

(1) 涉及公民、法人或者其他组织切身利益的信息。

(2) 需要社会公众广泛知晓或者参与的信息。

(3) 反映本行政机关机构设置、职能、办事程序等情况的信息。

(4) 其他依照法律、法规和国家有关规定，应当主动公开的信息。

三、政府信息公开的方式

(一) 主动公开

主动公开是指行政机关应当将主动公开的政府信息以政府公报、政府网站、新闻发布会以及报刊、广播电视等便于公众知晓的方式公开。

(二) 依申请公开

依申请公开是指行政机关根据自然人、法人或者其他组织的申请，提供不属于应当主动公开的政府信息。政府信息公开申请应符合法定形式和内容。政府信息申请应当采用书面形式，包括数据电文形式。采用书面形式确有困难的，申请人可以口头提出，由受理该申请的行政机关代为填写政府信息公开申请。

政府信息公开申请的内容包括申请人的姓名或者名称、联系方式、申请公开的政府信息的内容描述和形式要求。如果申请内容不明确，行政机关告知申请人作出更改补充。政府信息公开申请的是依法属于公开范围的政府信息和依法属于本行政机关公开的政府信息，且该政府信息存在。如果申请公开的政府信息不存在，应当告知申请人。

四、政府信息公开的程序

行政机关依申请公开政府信息，应当按照申请人要求的形式予以提供。无法按照申请人要求的形式提供的，可以安排申请人查阅相关资料，提供复印件或者采用其他适当形式提供。行政机关依申请提供政府信息，除可以收取检索、复制、邮寄等成本费用外，不得收取其他费用。申请公开政府信息的公民确有经济困难的，经本人申请、政府信息公开工作机构负责人审核同意，可以减免相关费用。若行政机关发现影响或者可能影响社会稳定、扰乱社会管理秩序的虚假或者不完整信息，应当在其职权范围内发布准确的政府信息予以澄清。自然人、法人或者其他组织有证据证明行政机关提供的与其自身相关的政府信息记录不准确的，有权要求该行政机关予以更正。该行政机关无权更正的，应当转送有权更正的行政机关处理，并告知申请人。

五、监督与救济

为保证政府信息公开的顺利推行，政府信息公开条例规定了多种监督和救济制度。

(一) 对政府信息公开的考核评议

各级人民政府应当把政府信息公开列入考核制度、社会评议制度和责任追究制度，定期对政府信息公开工作进行考绩评议。

(二) 年度报告

各级行政机关应当在每年 3 月 31 日前公布本行政机关的政府信息公开工作年度报告。报告应当包括的内容有以下几点：

(1) 主动公开政府信息的情况。

(2) 依申请公开政府信息和不予公开政府信息的情况。

(3) 政府信息公开的收费及减免情况。

(4) 因政府信息公开申请行政复议提起行政诉讼的情况。

(5) 政府信息公开工作存在的主要问题及改进情况。

(6) 其他需要报告的事项。

(三) 公民组织的申诉复议与诉讼

公民、法人或者其他组织认为行政机关不依法履行政府信息公开义务的，可以向上级行政机关、监察机关或者政府信息公开工作主管部门举报。收到举报的机关应当予以调查处理。公民、法人或者其他组织认为行政机关在政府信息公开工作中的具体行政行为侵犯其合法权益的，可以依法申请行政复议或者提起行政诉讼。

第六节　行 政 复 议

一、行政复议的概念

我国的行政复议是指行政机关根据上级行政机关对下级行政机关的监督权，在当事人的申请和参加下，按照行政复议程序，对具体行政行为进行合法性和适当性审查并作出裁决，解决行政侵权争议的活动。行政复议是为公民、法人和其他组织提供法律救济的行政监督制度。

二、行政复议的范围

行政复议的范围是指行政复议机关受理行政案件的职责权限。

(一) 可以受理的事项

1. 具体行政行为

公民、法人或者其他组织认为具体行政行为的合法性、合理性侵犯其合法权益的，可以申请行政复议。具体行政行为是指行政机关及其他有权主体针对特定公民、法人或者其他组织所做的设定、变更、消灭其权利义务的单方行政行为。

2. 附带审查抽象行政行为

行政复议的申请人在提起对具体行政行为进行复议的同时，可以对该具体行政行为所依据的行政规定提出进行审查的请求。可以请求进行审查的行政规定是指国务院部门的规定、县级以上地方各级人民政府及其工作部门的规定、乡镇人民政府的规定。但要注意，行政复议申请人不得单独就某一抽象行政行为要求行政复议机关进行专门审查，而只能在对某一具体行政行为申请复议的同时，一并要求行政复议机关附带审查该具体行政行为所依据的行政规范性文件。

(二) 行政复议的排除事项

1. 内部行政行为

内部行政行为是指行政机关对于其工作人员的行政处分、决定以及其他奖惩、任免等人事处理决定。

2. 抽象行政行为

抽象行政行为主要是指行政法规与行政规章。也就是说，行政法规与行政规章不在行政复议的范围之列。另外，国务院制定、发布的抽象行政行为也不在行政复议的受案范围之列。

3. 行政机关针对民事争议的处理

一方当事人若不服行政机关对民事纠纷作出的调解或者其他处理，可以依法申请仲裁机构予以仲裁，或者向人民法院提起民事诉讼，不得申请行政复议。

三、行政复议机关

行政复议机关是指依照法律规定，有权受理行政复议申请，并对申请行政复议的行政行为进行合法性、适当性审查，并作出行政复议决定的行政机关。

(一) 对县级以上地方各级人民政府工作部门的具体行政行为不服的复议机关

(1) 对县级以上地方各级人民政府工作部门的具体行政行为不服的，由申请人选择，可以向该部门的本级人民政府申请行政复议，也可以向上一级主管部门申请行政复议。

(2) 对海关、金融、税务、外汇管理等实行垂直领导的行政机关和国家安全机关的具体行政行为不服的，向上一级主管部门申请行政复议。另外，申请人对经国务院批准实行省以下垂直领导的部门作出的具体行政行为不服的，可以选择向该部门的本级人民政府或者上一级主管部门申请行政复议。但是，若省、自治区、直辖市另有规定的，则应当依照省、自治区、直辖市的规定办理。

(二) 对地方各级人民政府的具体行政行为不服的复议机关

(1) 对地方各级人民政府的具体行政行为不服的，向上一级地方人民政府申请行政复议。

(2) 对省、自治区人民政府依法设立的派出机关所属的县级地方人民政府的具体行政行为不服的，向该派出机关申请行政复议。

(三) 对国务院部门或者省自治区直辖市人民政府的具体行政行为不服的复议机关

(1) 对国务院部门或者省、自治区、直辖市人民政府的具体行政行为不服的，向作出该具体行政行为的国务院部门或者省、自治区、直辖市人民政府申请行政复议。

(2) 对行政复议决定不服的，可以向人民法院提起行政诉讼，也可以向国务院申请裁决。国务院依法作出最终裁决。

(四) 特殊情形下的行政复议机关

(1) 对县级以上地方人民政府依法设立的派出机关的具体行政行为不服的，向设立该派出机关的人民政府申请行政复议。例如，对于省政府依法设立的地区行政公署的具体行政行为不服的，可以向省政府申请行政复议。

(2) 对政府工作部门依法设立的派出机构依照法律、法规或者规章规定，以自己的名义作出的具体行政行为不服的，向设立该派出机构的部门或者该部门的本级地方人民政府申请复议。

(3) 对法律、法规授权的组织的具体行政行为不服的，分别向直接管理该组织的地方人民政府、地方人民政府工作部门或者国务院部门申请行政复议。

(4) 对两个或者两个以上行政机关以共同的名义作出的具体行政行为不服的，向其共同上一级行政机关申请行政复议。

(5) 对被撤销的行政机关在撤销前所作出的具体行政行为不服的，向继续行使其职权的行政机关的上一级行政机关申请行政复议。

四、行政复议的程序

(一) 申请

1. 申请时限

公民、法人或者其他组织认为具体行政行为侵犯其合法权益的，可以自知道该具体行政行为之日起 60 日内提起行政复议申请。但是，法律规定的申请期限超过 60 日的除外。

2. 申请形式

申请人申请行政复议既可以书面申请，也可以口头申请。申请人书面申请行政复议的，可以采取当面递交、邮寄或传真等方式提出。有条件的行政复议机关可以接收以电子邮件形式提出的申请。申请人口头申请行政复议的，复议机构应当场制作行政复议申请笔录，交申请人核对或者向申请人宣读，并由申请人签字确认。

(二) 受理

1. 受理条件

行政复议申请符合下列条件的，应当受理。

(1) 有明确的申请人和符合规定的被申请人。

(2) 申请人与具体行政行为有利害关系。

(3) 有具体的行政复议请求和理由。

(4) 在法定申请期限内提出。

(5) 属于行政复议法规定的行政复议范围。

(6) 属于收到行政复议申请的行政复议机构的职责范围。

(7) 其他行政复议机关尚未受理同一行政复议申请，法院尚未受理同一主体就同一事实提起了行政诉讼。

2. 受理期限

复议机关收到行政复议申请后，应当在五日内进行审查，并视情况作出如下处理：

(1) 对符合条件的复议申请决定受理。

(2) 对不符合法定的行政复议申请，决定不予受理并书面告知申请人。

(3) 对符合法律规定，但是不属于本机关受理的行政复议申请，应当告知申请人向有关行政复议机关提出。

(4) 行政复议申请材料不齐全或表述不清楚的，可以自收到该行政复议申请之日起五日内书面通知申请人补正。申请人无正当理由逾期不补正的，视为申请人放弃复议申请。

(三) 审理

行政复议审理，是指复议机关受理复议申请后对被申请人的具体行政行为进行全面审查的活动。它是行政复议的实质性审查阶段，也是行政复议程序的关键和核心。

1. 审理机构

行政复议案件一般由复议机关中负责法制工作的机构具体审理。行政复议机构审理行政复议案件，应当由两名以上行政复议人员参加。行政复议原则上采取书面审查的方式，但是申请人提出要求或行政复议机构认为有必要时，可以实地调查核实证据。对重大、复杂的案件，申请人提出要求或行政复议机构认为必要时，可以采取听证的方式审理。

行政复议审理的一般过程包括以下两点：

(1) 送达申请书。行政复议机构应当自行政复议申请受理之日起七日内将申请书副本或者申请笔录复印件发送被申请人。

(2) 提供证据和答辩。被申请人应当自收到申请书副本或者申请笔录复印件之日起十日内提出书面答复，并提交当初作出具体行政行为的证据、依据和其他有关材料。

2. 审理期限

行政复议机关应当自受理申请之日起 60 日内作出行政复议决定。但是，法律规定的行政复议期限少于 60 日的除外。情况复杂，不能在规定期限内作出行政复议决定的，经行政复议机关的负责人批准，可以适当延长并告知申请人和被申请人。但是，延长期限最多不超过 30 日。

(四) 行政复议决定

行政复议机关负责法制工作的机构应当对被申请人作出的具体行政行为进行审查，提出意见，经行政复议机关的负责人同意或集体讨论通过后，作出行政复议决定。

1. 维持决定

如果行政复议机关经审理认为具体行政行为认定事实清楚，证据确凿，适用依据正确，程序合法，内容适当的，应当决定维持具体行政行为。

2. 履行决定

若被申请人依法应当履行法定职责但不履行的，应当决定其在一定期限内履行法定职责。

3. 决定撤销、变更或者确认违法决定

具体行政行为有下列情形之一的，决定撤销、变更或者确认该具体行政行为违法：

(1) 主要事实不清，证据不足的。

(2) 适用依据错误的。

(3) 违反法定程序的。

(4) 超越或者滥用职权的。

(5) 具体行政行为明显不当的。

决定撤销或者确认该具体行政行为违法的，可以责令被申请人在一定期限内重新作出具体行政行为。

4. 驳回复议申请决定

有下列情形之一的，行政复议机关应当决定驳回行政复议申请：

(1) 申请人认为行政机关不履行法定职责申请行政复议，行政复议机关受理后发现该行政机关没有相应法定职责或者在受理前已经履行法定职责的。

(2) 受理行政复议申请后，发现该行政复议申请不符合行政复议法及其实施条例规定的受理条件的。

上级行政机关认为行政复议机关驳回行政复议申请的理由不成立的，应当责令其恢复审理。

5. 赔偿决定

(1) 申请人提出行政赔偿请求的，行政复议机关对符合《国家赔偿法》的有关规定应当给予赔偿的，在决定撤销、变更具体行政行为或者确认具体行政行为违法时，应当同时决定被申请人依法给予赔偿。

(2) 申请人没有提出行政赔偿请求的，行政复议机关在依法决定撤销或者变更罚款，撤销违法集资、没收财物、征收财物、摊派费用以及对财产的查封、扣押、冻结等具体行政行为时，应当同时责令被申请人返还财产，解除对财产的查封、扣押、冻结措施，或者赔偿相应的价款。

第七节 行政诉讼

一、行政诉讼的概述

（一）行政诉讼

行政诉讼是法院应公民、法人或者其他组织的请求，通过审查行政行为合法性的方式，解决特定范围内行政争议的活动。在我国，行政诉讼与刑事诉讼、民事诉讼并称为三大诉讼，是国家诉讼制度的基本形式之一。

(二) 行政诉讼法

行政诉讼法是有关行政诉讼的法律规范的总和，它是规定人民法院、诉讼当事人和其他参与人的诉讼活动程序，规范各种行政诉讼行为，调整行政诉讼关系的法律规范，也是我国法律体系中的一个重要法律部门。

(三) 行政诉讼法的渊源

行政诉讼法的渊源是指行政诉讼法的具体表现形式。我国广义上的行政诉讼法的渊源主要有以下几种：

1. 宪法中有关行政诉讼的法律规范

宪法第四十一条明确规定："中华人民共和国公民对于任何国家机关和国家工作人员，有提出批评和建议的权利。对于任何国家机关和国家工作人员的违法失职行为，有向有关国家机关提出申诉控告或者检举的权利，但是不得捏造或者歪曲事实进行诬告陷害。对于公民的申诉、控告或者检举，有关国家机关必须查清事实，负责处理。任何人不得压制和打击报复。由于国家机关和国家工作人员侵犯公民权利而受到损失的人，有依照法律规定取得赔偿的权利。"这一规定是制定行政诉讼法的根本依据，也是行政诉讼法的最重要渊源。此外，《宪法》中关于公民基本权利和自由的规定，关于人民法院审判制度以及诉讼活动原则的规定等，都对行政诉讼具有指导和规范意义，也是行政诉讼法的渊源。

2. 行政诉讼法典

行政诉讼法典比较完整集中地对行政诉讼的原则及各项具体制度、程序作了规定，是公民、法人或者其他组织提起行政诉讼、人民法院审理行政案件的主要依据，是行政诉讼法的基本渊源。

3. 人民法院组织法、人民检察院组织法中的有关规定

人民法院组织法中有关审判组织和审判程序的原则规定以及人民检察院组织法中有关法律监督的原则规定，都是广义行政诉讼法的渊源之一。

4. 民事诉讼法

对于行政诉讼法没有规定或规定比较原则的方面，仍适用民事诉讼法的规定。如民事诉讼法规定的期间送达、合议制度、回避制度、诉讼保全、集团诉讼等规定，行政诉讼均可参照适用。

法院审理行政案件适用民事诉讼法必须符合下述原则：

(1) 不冲突原则。对于行政诉讼法没有规定，而民事诉讼法作了规定的，人民法院应当选择与行政诉讼案件的性质不冲突的民事诉讼规则。

(2) 行政诉讼法优先适用规则。对于行政诉讼法和民事诉讼法都做了规定的，应当优先选择行政诉讼法的规定，如回避制、合议制的规定。

5. 单行法律、法规

除上述行政诉讼法、民事诉讼法等法律外，有的单行的法律、法规也规定了行政诉讼的相关内容。例如，税收征收管理法规定了起诉不停止、行政复议前置、起诉期限等内容，这些规定行政诉讼有关内容的法律也是行政诉讼法的渊源。

6. 国际条约

法院审理涉外行政诉讼案件时，还要适用我国参加或认可的涉及行政诉讼问题的国际条约和双边、多边协定，但我国声明保留的条款除外。这些国际条约和协定也是行政诉讼法的渊源。

7. 法律解释

法律解释包括权力机关、行政机关及司法机关对行政诉讼法及相关法律、法规、规章所作的解释。这些法律解释同样是行政诉讼活动应当遵循的准则和规范，也是行政诉讼法的渊源之一。

二、行政诉讼的受案范围

（一）应予受理的案件

根据行政诉讼法第十二条的规定，人民法院受理公民、法人或者其他组织提起的下列诉讼：

(1) 行政处罚行为：对行政拘留、暂扣或者吊销许可证和执照、责令停产停业、没收违法所得、没收非法财物、罚款、警告等行政处罚不服的。

(2) 行政强制行为：对限制人身自由或者对财产的查封、扣押、冻结等行政强制措施和行政强制执行不服的。

(3) 行政许可行为：申请行政许可，行政机关拒绝或者在法定期限内不予答复，或者对行政机关作出的有关行政许可的其他决定不服的。

(4) 行政确权行为：对行政机关作出的关于确认土地、矿藏、水流、森林、山岭、草原、荒地、滩涂、海域等自然资源的所有权或者使用权的决定不服的。

(5) 行政征收、征用行为：对征收、征用决定及其补偿决定不服的。

(6) 行政不作为：申请行政机关履行保护人身权、财产权等合法权益的法定职责，行政机关拒绝履行或者不予答复的。

(7) 侵犯经营自主权、土地承包经营权、土地经营权行为：认为行政机关侵犯其经营自主权或者农村土地承包经营权、农村土地经营权的。

(8) 排除或者限制竞争的行为：认为行政机关滥用行政权力排除或者限制竞争的。

(9) 违法要求履行义务的行为：认为行政机关违法集资、摊派费用或者违法要求履行其他义务的。

(10) 行政给付行为：认为行政机关没有依法支付抚恤金、最低生活保障待遇或者社会保险待遇的。

(11) 行政协议行为：认为行政机关不依法履行、未按照约定履行或者违法变更、解除政府特许经营协议、土地房屋征收补偿协议等协议的。

(12) 其他侵犯人身权、财产权等合法权益的行为：认为行政机关侵犯其他人身权、财产权等合法权益的。

除前款规定外，人民法院还受理法律、法规规定可以提起诉讼的其他行政案件。

（二）不予受理的案件

(1) 国家行为。
(2) 抽象行政行为。
(3) 行政机关对行政机关工作人员的奖惩、任免等决定。
(4) 法律规定由行政机关最终裁决的行政行为。
(5) 刑事司法行为。
(6) 调解行为以及法律规定的仲裁行为。
(7) 不具有强制力的行政指导行为。
(8) 驳回当事人对行政行为提起申诉的重复处理行为。
(9) 对公民、法人或者其他组织权利义务不产生实际影响的行为。

三、行政诉讼程序

（一）起诉

行政诉讼的起诉是指公民、法人或者其他组织认为行政机关的行政行为侵犯其合法权益，向法院提起诉讼，请求法院运用国家审判权予以司法救济的诉讼活动。行政诉讼的起诉期限为知道行政行为内容之日起六个月内向法院起诉。但是，法律另有规定的除外。

（二）受理

符合起诉条件的，应当当场登记立案。对当场不能判定是否符合起诉条件的，应当接收起诉状，出具注明收到日期的书面凭证，并在七日内决定是否立案。不符合起诉条件的，作出不予立案的裁定，裁定书应当载明不予立案的理由。起诉状内容欠缺或错误，应当指导释明，不得未经指导释明即以起诉不符合条件为由，不接收起诉状。

（三）第一审程序

第一审程序是指人民法院自立案至作出第一审裁判的整个诉讼活动。第一审程序是整个行政诉讼的基础程序，也是最为规范的审理程序。对于二审以及再审等其他行政审判程序发挥指导作用。

（四）第二审程序

第二审程序又称上诉审程序，是指当事人对人民法院作出的一审裁判不服，依法向上一级人民法院提起上诉，上一级人民法院对案件再次审理并作出裁判的诉讼程序。由于我国实行两审终审制，因此二审程序又称为终审程序。

（五）审判监督程序

行政诉讼的审判监督程序又称再审程序，是指人民法院根据当事人的申请、人民检察院的抗诉或者人民法院自己发现已生效的裁判违反法律、法规规定，而决定再次审理的诉讼程序。

四、行政案件的判决

行政诉讼的判决，简称行政判决，是指人民法院经过对行政案件的审理，根据审理所查清的事实，依法对行政争议的实体问题所作的结论性处理决定。行政判决是行政诉讼结果的具体表现形式，也是人民法院解决行政争议的基本手段。

（一）一审判决

一审判决是指人民法院在第一审程序中作出的判决，判决结果包括下列几种：

1. 驳回诉讼请求的判决

驳回诉讼请求的判决是指人民法院经审查，认为行政行为证据确凿，适用法律、法规正确，符合法定程序的，或者原告申请被告履行法定职责或者给付义务理由不成立的，从而作出否定原告诉讼请求的判决形式。

2. 撤销判决

撤销判决是指经过人民法院审理，认为被诉行政行为全部或者部分不合法，从而予以撤销或者部分撤销，使之丧失法律效力的判决形式。与驳回诉讼请求的情形相似，对于违法的行政行为，人民法院对其加以否定的通常做法就是判决撤销行政行为。

3. 履行判决

履行判决是指法院对无正当理由不履行或者拖延履行法定职责的情形作出的，要求被告行政机关在一定期限内履行法定职责的判决。

4. 变更判决

变更判决是指法院经审理，认为行政机关所作的行政处罚明显不当，或者其他行政行为涉及对款额的确定、认定确有错误的，而直接改变原行政行为的判决方式。人民法院判决变更，一般不得加重原告的义务或者减损原告的权益，但利害关系人同为原告，且诉讼请求相反的除外，该原则可称为禁止不利变更原则。

5. 确认判决

确认判决是指人民法院经过审查，确认被诉行政行为违法或者无效的判决形式。确认判决是人民法院对违法的行政行为确认法律效力，但又不予撤销的判决方式。按照确认判决的内容不同，可以将确认判决划分为确认违法与确认无效两种判决形式。

1）确认违法的判决

人民法院作出的确认违法判决，一般是在无法作出撤销判决的情形下，选择的对行政行为的合法性作否定评价的判决方式。

2）确认无效的判决

行政行为有实施主体不具有行政主体资格或者没有依据等重大且明显违法情形，原告申请确认行政行为无效的，人民法院应当判决确认无效。

6. 复议决定与原行政行为的裁判

复议机关与作出原行政行为的行政机关为共同被告的案件，人民法院应当对复议决定和原行政行为一并作出判决。

(二) 二审判决

二审判决又称终审判决，是指人民法院经过第二审程序的审理，对行政案件所作出的最终判决。由于我国实行两审终审制，因此第二审程序又成为终审程序，人民法院所作的判决也成为最终的生效判决，当事人不服的，不得再行提起上诉。二审判决的结果包括以下几种：

1. 维持原判

第二审人民法院经审理，认为原判决、裁定认定事实清楚，适用法律、法规正确的，应当判决或者裁定驳回上诉，维持原判决、裁定。

2. 改判、撤销或者变更

原判决、裁定认定事实错误或者适用法律、法规错误的，二审法院应当依法予以改判、撤销或者变更。

3. 改判或者发回重审

原判决、裁定认定基本事实不清，证据不足的，发回原审人民法院重审，或者查清事实后改判。

4. 发回重审

原判决有遗漏当事人或者违法缺席判决等严重违反法定程序的，裁定撤销原判决，发回原审人民法院重审。

另外，由于第二审人民法院审理上诉案件，应当对原始人民法院的裁判和被诉行政行为是否合法进行全面审查。因此，第二审人民法院审理上诉案件需要改变原审判决的，还应当同时对被诉行政行为一并作出判决。

(三) 再审裁判

再审裁判是指人民法院按照审判监督程序对行政案件所作的裁判。

(1) 经再审，认为原审判决认定事实和适用法律并无不当的，应当裁定撤销原中止执行的裁定，维持执行原裁定。

(2) 法院经审理，认为原审判决、裁定确有错误的，应当区别不同情况加以处理。

① 原审法院审理案件时违反法定程序可能影响案件正确裁判的，应当裁定发回作出生效裁判的法院重新审理。

② 人民法院经过再审审理，如果认为第二审人民法院维持第一审人民法院不予受理裁定错误的，再审法院应当撤销第一审、第二审人民法院裁定，指定第一审人民法院受理。

③ 人民法院审理再审案件，认为原生效判决、裁定确有错误，在撤销原生效判决或者裁定的同时，可以对生效判决、裁定的内容作出相应裁判，也可以裁定撤销生效判决或者裁定，发回作出生效判决、裁定的人民法院重新审判。

五、行政诉讼的执行

(一) 概念

行政诉讼的执行，是指行政案件的当事人逾期拒不履行人民法院作出的生效法律文书，人民法院和有关行政机关依法采取强制措施，促使当事人履行义务，从而使生效法律文书的内容得以实现的诉讼活动。

(二) 执行措施

执行措施是执行机关在执行过程中所采取的各种法律手段和方法的总称。

1. 对行政机关的执行措施

行政机关拒绝履行判决、裁定的，第一审人民法院可以采取以下措施：

(1) 对应当归还的罚款或者应当给付的赔偿金，通知银行从该行政机关的账户内划拨。

(2) 在规定期限内不履行的，从期满之日起，对该行政机关负责人按日处 50 元至 100 元的罚款。

(3) 向该行政机关的上一级行政机关或者监察、人事机关提出司法建议。接受司法建议的机关，根据有关规定进行处理，并将处理情况告知人民法院。

(4) 行政机关拒绝履行人民法院生效判决、裁定的，人民法院可以对主要负责人或者直接责任人员予以罚款处罚。

(5) 拒不履行判决、裁定，情节严重构成犯罪的，依法追究主管人员和直接责任人员的刑事责任。

2. 对于公民、法人或者其他组织的执行措施

人民法院对公民、法人或者其他组织的执行措施，可以参照民事诉讼法的有关规定。需要注意的是，如果执行机关为有执行权的行政机关而非人民法院时，行政机关须严格按照有关的单行法律、法规的规定予以执行。

第八节　常见法律问题与解析

案例 1

【基本案情】

大学生李某违章驾驶，撞伤路人王某。交警赵某下班路过，目睹事件经过，于是上前处理。赵某在出示了交警证件后，要求肇事者李某出示驾驶证，告知其违法事实并对李某开出处罚单。李某认为交警赵某已经下班，无权对其进行处罚，对该处罚不服。

【案例解析】

本案中大学生李某与交警赵某之间因为交通处罚行为发生了纠纷，是行政相对人和行政主体之间因为不服行政管理发生的纠纷，属于行政纠纷。依据《中华人民共和国人民警察法》的规定，警察在下班期间，如果遇到违法行为的，应当及时干预制止，打击违法犯罪。本案中交警赵某的行为属于执行公务的行政行为，本案的行政主体是赵某所在的交警部门，公务人员自身不能够成为行政主体，他只是在代表国家行政机关行使行政权，赵某的行为属于公务行为，公务人员实施行政管理活动时，必须以行政机关的名义，所在行政机关承担该行为的法律后果。

案例 2

【基本案情】

某区政府工作人员以违反计划生育法律政策为理由，将王某夫妇家的笔记本电脑带走。不久后，区政府工作工作人员又将王某从其任教的学校带走，次日放回。王某将区政府起诉至区人民法院。

【案例解析】

本案中的行政主体是区政府，王某夫妇为行政相对人。区政府对王某夫妇实施的行为是具体行政行为。区政府作为行政机关，其行使的公权力必须有法律法规的明确授权，依据我国的相关法律法规规定，区政府无权扣押行政相对人的财产、限制行政相对人的人身自由。

案例 3

【基本案情】

张某自幼父母离异，跟随父亲一起生活。其父亲忙于工作，对张某关心不足。后来，张某离家出走，流浪街头，结识刑满释放人员丁某。在丁某教唆胁迫下，时年 15 岁的张某去公共汽车上扒窃，正当张某偷窃乘客钱包准备逃跑时，被人抓住被扭送到公安机关，张某坦白交代了行窃的事实，并且协助公安机关将丁某抓获，公安机关拟对张某进行行政处罚。

【案例解析】

本案当事人因为盗窃，违反了《行政处罚法》，但张某具有从轻或者减轻处罚情节：

(1) 张某已满 15 周岁，属于已满 14 周岁未满 18 周岁年龄段，应当从轻或者减轻行政处罚。

(2) 张某是受到他人的胁迫才有违法行为的，因此也应当从轻或者减轻处罚。

(3) 张某有立功表现，协助公安部门抓获了丁某，也是应当从轻或者减轻行政处罚的情形。

(4) 考虑违法行为人违法的不同情节给予具体裁量，进行从轻或者减轻处罚，体现了处罚与违法行为相互适应的原则。

案例 4

【基本案情】

某科技公司违法经营，某区市场监管局决定由工作人员孙某、朱某负责调查处理。孙某和朱某经调查取证确定该公司违法事实后，拟对该公司作出责令停业整顿的行政处罚，并告知该公司有权要求听证。但 3 日后该公司未提出听证要求。某区市场监管局于 5 日后通知该公司参加听证会，该公司参加了听证会。会上，该公司代表提出本案涉及商业秘密，要求听证会不公开进行，主持人孙某不予理睬。听证会上，主持人孙某当场作出了责令该公司停业整顿 3 个月的处罚决定，并向该公司收取了 50 元的听证费用。

【案例解析】

本案例中，某区市场监管局在行政执法过程中有以下违法行为：

(1) 没有当事人的申请，某区市场监管局不能主动举行听证会。

(2) 因涉及商业秘密，当事人又提出申请，听证会不应当公开举行。

(3) 主持人孙某是本案的调查人员，应当回避。

(4) 听证会上主持人不能当场作出处罚决定，应在会后由行政机关根据听证会的具体情况再作出处罚决定。

(5) 听证会上，不能向当事人收取任何费用。

案例 5

【基本案情】

某区公安局某派出所突击检查张某经营的娱乐城，张某向正在赌博的人员通风报信，派出所突击检查一无所获。派出所工作人员将张某带回调查，张某因为受到刑讯逼供而说出实情。派出所决定对张某拘留 10 日。

【案例解析】

张某的行为违反了治安管理处罚法，公安机关有权对其进行行政处罚。但是，根据治安管理处罚法的规定，治安管理处罚由县级以上人民政府公安机关决定，其中警告、500 元以下的罚款可以由公安派出所决定，所以，公安派出所仅仅对警告、500 元以下的罚款有处罚决定权，对行政拘留没有决定权。该派出所作出拘留决定的做法是不合法的。另外，根据行政处罚法的规定，行政机关作出责令停产停业、吊销许可证或者执照、较大数额的罚款等行政处罚决定之前，应当告知当事人有要求举行听证的权利；当事人要求听证的，行政机关应当组织听证。当事人不承担行政机关组织听证的费用。所以，根据上述规定，对于行政处罚的听证不包括行政拘留，因此，张某无权要求听证。如果张某对拘留的处罚决定不服提出行政诉讼，但是没有提供合适的担保人或者保证金，公安机关不暂缓拘留决定的执行。行政处罚法规定，当事人对行政处罚决定不服，申请行政复议或者提起行政诉讼的，行政处罚不停止执行，法律另有规定的除外。但是本案涉及行政处罚的情形，没有法律规定的除外的情形。

案例 6

【基本案情】

张某系某市公安分局民警。一日中午到饭馆吃饭，邻桌两伙人争吵，继而动手。张某欲上前制止，此时两伙人中的一人从口袋里掏出刀子，将对方一人扎伤。张某见状，即从腰间抽出手枪，准备抓获此人。打架的人见有警察，便高喊“警察来了”，众人作鸟兽散，张某立即持枪追赶。由于事态紧急，吃饭的人众多，张某一不小心腿被桌子绊了一下，一跤摔在地上，手也随之碰在地上，只听到两声枪响，子弹打在水泥地上，反弹起来打在一名旁观者王某腿上，将其打伤。后王某找张某要求赔偿。

【案例解析】

本案中，张某的行为是公务行为。根据人民警察法的规定，张某作为一名人民警察，赋有保护公民人身和财产安全的法定义务。因此其行为为依职权行为，即公务行为。王某的损失应当由某市铁路公安分局承担。因为张某的行为是公务行为，且其是某市铁路公安分局的工作人员。张某的执法行为并没有违法，但给他人造成了伤害。公务员具有公民身份和公务身份，在法律上享有不同的地位：一方面，公务员是公民。这一身份决定了公务员首先享有自然人的法律地位，他以自己的名义从事个人行为，只代表他个人，行为不具有强制性。另一方面，公务员是国家的公务员。这一身份决定了公务员享有公务员的法律地位，以公务机关的名义从事公务行为，公务行为所引起的效果，由所属公务机关承受。公务员的双重身份在某些特定情况下会发生冲突，应当准确加以划分，以便于确定责任的承担。

案例 7

【基本案情】

某市公安局交警梁某在执行公务时，对超载的司机王某给予 200 元罚款的行政处罚决定，并且当场制作了处罚决定书。当天下午，梁某又给违反交通法规的张某 10 元的罚款，并且当场收缴罚款，给张某出具了由某市公安局印制的罚款收据。

【案例解析】

根据行政处罚法的规定，当事人应当自收到行政处罚决定书之日起 15 日内，到指定的银行缴纳罚款，银行应当收受罚款，并且将罚款直接上缴国库。因此，司机王某应当在收到行政处罚决定书之日起 15 日内缴纳罚款。如果王某逾期不缴纳罚款，根据《行政处罚法》规定，当事人逾期不履行行政处罚决定的，作出行政处罚决定的行政机关可以采取下列措施：

(1) 到期不缴纳罚款的，每日按照罚款额的百分之三加处罚款。

(2) 根据法律规定，将查封、扣押的财物拍卖或者被冻结的存款划拨抵缴罚款。

(3) 申请人民法院强制执行。交警梁某向张某出具的罚款收据不合法。根据行政处罚法的规定，行政机关及其执法人员当场收缴罚款的，必须向当事人出具省、自治区、直辖市财政部门统一制发的罚款收据，不出具财政部门统一制发的罚款收据的，当事人有权拒绝缴纳罚款。

案例 8

【基本案情】

甄某是某大学电子工程学院学生。在学校进行专业课考试过程中，甄某因与他人传递试卷，被学校根据考场违纪及舞弊处理办法，给予其留校察看一年的处分。后甄某在数字信号处理重修考试中，被监考老师发现其夹带写有考试资料的纸条，即中断其考试。学校根据相关管理规定给予甄某勒令退学处分。甄某不服，向当地人民法院提起诉讼，请求判决撤销勒令退学处分。法院经审理认为，对于上诉人因不服勒令退学处分决定而提起行政诉讼，法院立案受理尚缺乏相应的法律依据，裁定驳回上诉。

【案例解析】

近年来，在全国范围内发生了不少有关高等学校和学生之间的行政诉讼纠纷，该类案件也引起了整个社会的强烈关注。这类案件大多集中体现在学位授予、学籍管理等方面。目前，因学位授予而提起的行政诉讼，已为法院所受理。因为根据《中华人民共和国学位条例》规定："学士学位，由国务院授权的高等学校授予，硕士学位、博士学位由国务院授权的高等学校和科学研究机构授予"。高校在这里可以视为法律、法规授权的组织。

在涉及学籍管理处分决定方面，是否可以纳入行政诉讼范畴，目前争议较大。从理论上来说，学校与学生的关系是非平等的关系，是管理与从属的关系，从严格意义上讲，学校行使的也是公共权力，就应当纳入行政诉讼范畴来解决争议，为学生提供相应的司法救济途径。但这一点，从现行的行政诉讼制度来看，缺乏相应的法律依据。

具体到本案而言，原告甄某因考试作弊而被学校作出勒令退学的处分决定，已涉及其接受教育的实体权利，但其却无法直接通过行政诉讼的途径予以救济。因为《中华人民共和国教育法》第四十二条规定受教育者对学校给予的处分不服有权向有关部门提出申诉，对学校、教师侵犯其人身权、财产权等合法权益，有权提出申诉或依法提起诉讼。这也就告诉我们，关于学籍管理方面的纠纷，教育法已明确规定了法律救济途径，对学籍管理方面的勒令退学、开除学籍的处理决定，学生应向有关教育行政主管部门申诉。对申诉处理决定不服的，可以提起行政诉讼。被告甄某所在大学勒令原告甄某退学的处分决定，并非可诉的具体行政行为。因此法院驳回其起诉是正确的。

【课后练习题】

1. 行政法的概念是什么？
2. 行政法的基本原则有哪些？
3. 行政措施分为哪两种？
4. 行政复议的程序是什么？
5. 行政诉讼的程序是什么？

专题七 大学生与劳动合同法

第一节 劳动合同法的基本内涵

一、劳动合同法的概念

《中华人民共和国劳动合同法》，由第十届全国人民代表大会常务委员会第二十八次会议于2007年6月29日修订通过，自2008年1月1日起施行。2012年12月28日第十一届全国人民代表大会常务委员会第三十次会议《关于修改〈中华人民共和国劳动合同法〉的决定》修正了部分内容，如下所述。

(1) 将第五十七条修改为“经营劳务派遣业务应当具备下列条件：① 注册资本不得少于人民币二百万元；② 有与开展业务相适应的固定的经营场所和设施；③ 有符合法律、行政法规规定的劳务派遣管理制度；④ 法律、行政法规规定的其他条件。经营劳务派遣业务，应当向劳动行政部门依法申请行政许可，经许可的，依法办理相应的公司登记；未经许可，任何单位和个人不得经营劳务派遣业务。”

(2) 将第六十三条修改为“被派遣劳动者享有与用工单位的劳动者同工同酬的权利。用工单位应当按照同工同酬原则，对被派遣劳动者与本单位同类岗位的劳动者实行相同的劳动报酬分配办法。用工单位无同类岗位劳动者的，参照用工单位所在地相同或者相近岗位劳动者的劳动报酬确定。劳务派遣单位与被派遣劳动者订立的劳动合同和与用工单位订立的劳务派遣协议，载明或者约定的向被派遣劳动者支付的劳动报酬应当符合前款规定。”

(3) 将第六十六条修改为“劳动合同用工是我国的企业基本用工形式。劳务派遣用工是补充形式，只能在临时性、辅助性或者替代性的工作岗位上实施。前款规定的临时性工作岗位是指存续时间不超过六个月的岗位；辅助性工作岗位是指为主营业务岗位提供服务的非主营业务岗位；替代性工作岗位是指用工单位的劳动者因脱产学习、休假等原因无法工作的一定期间内，可以由其他劳动者替代工作的岗位。用工单位应当严格控制劳务派遣用工数量，不得超过其用工总量规定的比例，具体比例由国务院劳动行政部门规定。”

(4) 将第九十二条修改为“违反本法规定，未经许可，擅自经营劳务派遣业务的，由劳动行政部门责令停止违法行为，没收违法所得，并处违法所得一倍以上五倍以下的罚款；没有违法所得的，可以处五万元以下的罚款。劳务派遣单位、用工单位违反本法有关劳务派遣规定的，由劳动行政部门责令限期改正；逾期不改正的，以每人五千元以上一万元以下的标准处以罚款，对劳务派遣单位，吊销其劳务派遣业务经营许可证。用工单位给被派遣劳动者造成损害的，劳务派遣单位与用工单位承担连带赔偿责任。”

劳动合同法是规范劳动关系的一部重要法律，在中国特色社会主义法律体系中属于社会法。劳动合同法在明确劳动合同双方当事人的权利和义务的前提下，重在对劳动者合法权益的保护，为构建与发展和谐稳定的劳动关系提供法律保障。

劳动合同法是一部调整劳动社会关系的法律，当大学生遇到有关劳动社会关系的法律问题时，就可以通过寻找劳动合同法来救济。劳动合同法调整的劳动关系主要是通过明确规定劳动合同双方当事人的权利和义务来保护劳动者的合法权益。劳动合同法的立法目的是保护劳动者的合法权益而不是保护劳动合同双方当事人的合法权益。

二、劳动合同法的适用范围

劳动合同法第二条规定了该法的适用范围，即与劳动者建立劳动关系，订立、履行、变更、解除或者终止劳动合同的用人单位包括以下 4 种类型：① 中国境内的企业；② 个体经济组织；③ 民办非企业单位；④ 与劳动者建立劳动关系的国家机关、事业单位、社会团体。

而劳动法的适用范围仅包括以下 3 种类型：① 中国境内的企业；② 个体经济组织；③ 与劳动者建立劳动关系的国家机关、事业组织、社会团体。

由此可见，在用人单位的适用范围上，劳动合同法比劳动法多了一个“民办非企业单位”。因此，不管是国家机关还是事业单位，不管是以营利为目的的企业、个体经济组织，还是以非营利为目的的社会团体、民办非企业单位，只要与劳动者建立了劳动关系，就应当签订劳动合同；而只要签订劳动合同，都要依照劳动合同法执行。

此外，需要注意的是，公务员和比照实行公务员制度的事业单位和社会团体的工作人员、农村劳动者(作为乡镇企业的职工或进城务工经商的农民除外)、现役军人、家庭保姆、利用业余时间勤工助学的在校学生，不适用劳动合同法。

三、劳动合同法的立法原则

劳动合同法的基本原则是指贯穿劳动合同法最基本的指导思想和基本准则，其他的劳动合同的规范受其规制，由其决定，不得与之相冲突、相矛盾，否则无效。

劳动合同法的基本原则包括以下几个方面：

1. 合法原则

所谓合法，就是劳动合同的形式和内容必须符合法律、法规的规定。首先，劳动合同的形式要合法。例如，除非全日制用工外，劳动合同需要以书面形式订立，这是劳动合同法对劳动合同形式的要求；如果是口头合同，当双方发生争议时，则用人单位要承担不签订书面合同的法律后果。其次，劳动合同的内容要合法。内容合法指双方当事人在劳动合同中涉及的劳动内容约定不能违背法律、法规和政策的规定，不得侵害任何法律法规赋予用人单位和劳动者的基本权利。

2. 公平原则

所谓公平，是指劳动合同的内容应当公平、合理，就是在符合法律规定的前提下，劳动合同的双方公正、合理地确立双方的权利和义务。公平是法律的价值选择之一，也是社会公德的体现。公平原则强调了劳动合同当事人双方承担的权利和义务中不能要求一方承担不公平的义务。

3. 平等自愿原则

这个原则包含两个方面：

(1) 平等原则是指劳动者和用人单位在订立劳动合同时在法律地位上是平等的，没有高低、从属之分，不存在命令与服从、管理与被管理的关系。

(2) 自愿原则是指订立劳动合同完全是出于劳动者和用人单位双方的真实意志，是双方协商一致达成的，任何一方不得把自己的意志强加于另一方。根据自愿原则，任何单位和个人都不得强迫劳动者订立劳动合同。

平等原则还表现在劳动合同的变更和解除阶段、双方的法律地位也是平等的。平等原则并不排斥公权力意志的强力干预。劳动关系双方实力差距的悬殊性和劳动关系的社会化特征，为公权力的干预提供了基础。

4. 协商一致原则

协商一致原则要求用人单位和劳动者对劳动合同的内容达成一致意见。合同是双方意思表示一致的结果，劳动合同是合同的一种类型，也受到自由意志协商一致的制约。在订立劳动合同时，用人单位和劳动者都要仔细研究合同的每项内容，进行充分的沟通和协商，解决分歧，达成一致意见。

5. 诚实信用原则

诚实信用原则是我国民事法律原则中具有重大的理论与实践指导意义的条款，具体到劳动合同法，简单地说就是订立劳动合同要诚实，讲信用。劳动合同法第八条规定："用人单位在招用劳动者时，应当如实告知劳动者工作内容、工作条件、工作地点、职业危害、安全生产状况、劳动报酬以及劳动者要求了解的其他情况；用人单位有权了解劳动者与劳动合同直接相关的基本情况，劳动者应当如实说明。"这些都是诚实信用原则的具体要求。劳动合同法明确了以欺诈手段签订的劳动合同无效或者部分无效的同时，对当事人存在这种情形的，允许另一方当事人解除劳动合同。

第二节　劳动合同的基本内涵

一、劳动合同的概念

劳动合同，又称劳动契约、劳动协议，是劳动关系的核心，是确立双方当事人劳动关系的一种法律形式。所谓劳动关系，亦称为劳资关系、劳务关系、雇佣关系等，一般认为是劳动者与用人单位在实现劳动过程中发生的一方有偿提供劳动力由另一方用于同其生产资料结合的社会关系。劳动法、劳动合同法并未直接规定劳动关系的概念，《中华人民共和国劳动合同法实施条例(草案)》第三条规定："劳动合同法所称劳动关系，是指用人单位招用劳动者为其成员，劳动者在用人单位的管理下，提供由用人单位支付报酬的劳动而产生的权利义务关系。”认定劳动关系的基本标准为劳动关系的本质特征——从属性，即人格上的从属性、组织上的从属性、经济上的从属性。

实际上，合同(包括劳动合同)的本质在于双方的合意，在于双方通过合同这种形式来设定各自的权利和义务，并通过合同的履行来实现各自订立合同所追求的目的。因此，劳动合同是双方当事人(劳动者与用人单位)间关于建立劳动关系的一种法律形式，是设立、变更、终止劳动权利和劳动义务关系的协议。劳动者与用人单位之间是否存在劳动关系，双方当事人的劳动权利与义务有哪些，劳动者与用人单位的行为是否符合劳动合同的要求等，都可以通过劳动合同来得到证明。

劳动合同也是劳动者实现劳动权的重要保障，是用人单位合理使用劳动力、规范劳动关系、提高劳动生产率、防止和减少发生劳动纠纷的重要措施和重要手段。因此，劳动合同法规定，建立劳动关系应当签订书面劳动合同。

二、劳动合同的种类

(一) 固定期限劳动合同

固定期限劳动合同指用人单位与劳动者约定的有合同终止时间的劳动合同。用人单位与劳动者协商一致，可以订立固定期限劳动合同。劳动者与用人单位双方订立固定期限劳动合同，必须对劳动合同履行的起始和终止日期有具体明确的规定。用人单位与劳动者协商一致，可以订立固定期限劳动合同，对劳动合同的期限长短没有限制；期限届满，双方的劳动关系即行终止；如果双方协商一致，还可以续订劳动合同。

(二) 无固定期限劳动合同

无固定期限劳动合同指用人单位与劳动者约定的无确定终止时间的劳动合同，是原劳动法规定的长期合同。用人单位与劳动者协商一致，可以订立无固定期限劳动合同。有下列情形之一，劳动者提出或者同意续订、订立劳动合同的，除劳动者提出订立固定期限劳动合同外，应当订立无固定期限劳动合同：

(1) 劳动者在该用人单位连续工作满十年的。

(2) 用人单位初次实行劳动合同制度或者国有企业改制重新订立劳动合同时，劳动者在该用人单位连续工作满十年且距法定退休年龄不足十年的。

(3) 连续订立二次固定期限劳动合同，且劳动者没有劳动合同法第三十九条和第四十条第一项、第二项规定的情形，续订劳动合同的。

(4) 用人单位自用工之日起满一年不与劳动者订立书面劳动合同的，视为用人单位与劳动者已订立无固定期限劳动合同。

(三) 单项劳动合同

单项劳动合同是没有固定期限，而以完成一定工作任务为期限的劳动合同，是指用人单位与劳动者约定的以某项工作的完成为合同期限的劳动合同。当用人单位与劳动者协商一致时，双方可以订立以完成一定工作任务为期限的劳动合同。此项工作任务完毕，合同即告终止。合同双方当事人在合同存续期间建立的是劳动关系。

(四) 特殊劳动合同

1. 集体合同

集体合同是指工会(未建立工会的用人单位，为上级工会指导劳动者推举的职工代表)代表企业职工(集体)一方与用人单位通过平等协商，就劳动报酬、工作时间、休息休假、劳动安全卫生、保险福利等事项订立的合同。集体合同草案应当提交职工代表大会或者全体职工讨论通过。企业职工一方与用人单位可以订立劳动安全卫生、女职工权益保护、工资调整机制等专项集体合同。在县级以下区域内，建筑业、采矿业、餐饮服务业等行业可以由工会与企业方面代表订立行业性集体合同，或者订立区域性集体合同。集体合同生效条件是：集体合同订立后，应当报送劳动行政部门；劳动行政部门自收到集体合同文本之日起 15 日内未提出异议的，集体合同即行生效。

依法订立的集体合同对用人单位和劳动者具有约束力。行业性、区域性集体合同对当地本行业、本区域的用人单位和劳动者具有约束力。集体合同中劳动报酬和劳动条件等标准不得低于当地人民政府规定的最低标准；用人单位与劳动者订立的劳动合同中劳动报酬和劳动条件等标准不得低于集体合同规定的标准。用人单位违反集体合同、侵犯职工劳动权益的，工会可以依法要求用人单位承担责任；因履行集体合同发生争议，经协商解决不成的，工会可以依法申请仲裁、提起诉讼。

2. 劳务派遣合同

劳务派遣合同是劳务派遣单位(用人单位)与劳动者订立的派遣劳动者到用工单位工作，由劳务派遣单位支付劳动者报酬的劳动合同。

劳务派遣一般在临时性、辅助性或者替代性的工作岗位上实施。劳务派遣合同，除应当载明一般劳动合同规定的事项外，还应当载明被派遣劳动者的用工单位以及派遣期限、工作岗位等情况。劳务派遣单位应当与被派遣劳动者订立二年以上的固定期限劳动合同，按月支付劳动报酬；被派遣劳动者在无工作期间，劳务派遣单位应当按照所在地人民政府规定的最低工资标准，向其按月支付报酬。

劳务派遣单位派遣劳动者应当与接受以劳务派遣形式用工的单位(以下称用工单位)订立劳务派遣协议。劳务派遣协议应当约定派遣岗位和人员数量、派遣期限、劳动报酬和社会保险费的数额与支付方式，以及违反协议的责任。用工单位应当根据工作岗位的实际需要与劳务派遣单位确定派遣期限，不得将连续用工期限分割订立数个短期劳务派遣协议。

劳务派遣单位应当将劳务派遣协议的内容告知被派遣劳动者。劳务派遣单位不得克扣用工单位按照劳务派遣协议支付给被派遣劳动者的劳动报酬。劳务派遣单位和用工单位不得向被派遣劳动者收取费用。劳务派遣单位跨地区派遣劳动者的，被派遣劳动者享有的劳动报酬和劳动条件，按照用工单位所在地的标准执行。

三、劳动合同订立的主体

(一) 劳动合同订立主体的资格要求

(1) 劳动者需年满 16 周岁(只有文艺、体育、特种工艺单位录用人员可以例外)，有劳动权利能力和行为能力。

(2) 用人单位有用人权利能力和行为能力。

(二) 劳动合同订立主体的义务

1. 用人单位的义务和责任

用人单位招用劳动者时，应当如实告知劳动者工作内容、工作条件、工作地点、职业危害、安全生产状况、劳动报酬，以及劳动者要求了解的其他情况。用人单位招用劳动者，不得扣押劳动者的居民身份证和其他证件，不得要求劳动者提供担保或者以其他名义向劳动者收取财物。

2. 劳动者的义务

用人单位有权了解劳动者与劳动合同直接相关的基本情况，劳动者应当如实说明。

四、劳动合同订立的形式

(一) 书面形式及要求

(1) 自用工之日起 1 个月内，经用人单位书面通知后，劳动者不与用人单位订立书面劳动的，用人单位应当书面通知劳动者终止劳动关系，无须向劳动者支付经济补偿，但是应当依法向劳动者支付其实际工作时间的劳动报酬。

(2) 用人单位自用工之日起超过 1 个月不满 1 年未与劳动者订立书面劳动合同的，应当向劳动者每月支付两倍的工资，并与劳动者补订书面劳动合同；劳动者不与用人单位订立书面劳动合同的，用人单位应当书面通知劳动者终止劳动关系，并支付经济补偿。

(3) 用人单位自用工之日起满 1 年未与劳动者订立书面劳动合同的，自用工之日起满一个月的次日至满一年的前一日应当向劳动者每月支付 2 倍的工资补偿，并视为自用工之日起满一年的当日已经与劳动者订立无固定期限劳动合同，应当立即与劳动者补订立书面劳动合同。

(二) 劳动合同订立的例外情况

作为订立劳动合同应当采用书面形式的例外情况，非全日制用工双方当事人可以订立口头协议。

五、劳动合同的效力

(一) 劳动合同的生效

劳动合同依法订立即生效，具有法律约束力。除非当事人对劳动合同生效有特殊约定，如约定须经公证或鉴定方可生效的劳动合同，其生效时间开始于鉴证、公证手续办理完毕之日。劳动合同法第十六条规定：“劳动合同由用人单位与劳动者协商一致，并经用人单位与劳动者在劳动合同文本上签字或者盖章生效。劳动合同文本应由用人单位和劳动者各执一份。”

(二) 劳动合同的无效

无效劳动合同是指劳动合同虽然已经成立，但因违反了法律或行政法规的强制性规定而被确认为无效的劳动合同。也就是说，无效的劳动合同已经成立，但不具有法律约束力，不发生履行效力，即无效的劳动合同从订立时起就没有约束力。劳动合同部分无效，不影响其他部分效力的，其他部分仍然有效。

对劳动合同的无效或者部分无效有争议的，由劳动争议仲裁机构或者人民法院确认，其他任何部门和任何个人都无权认定无效劳动合同。劳动合同被确认无效，劳动者已经付出劳动的，用人单位应当向劳动者支付劳动报酬。劳动报酬的数额，参照本单位相同或者相近岗位劳动者的劳动报酬确定。

下列劳动合同无效或部分无效：

(1) 以欺诈、胁迫的手段或者乘人之危，使对方在违背真实意思的情况下订立或者变更劳动合同的。欺诈的种类很多，如劳动者提供了假的学历、学位证书、专业技术资格证书等。

(2) 用人单位免除自己的法定责任、排除劳动者权利的。一些高危行业如煤矿、建筑等，往往通过与劳动者签订免责条款来规避责任。法律从保护公民权利的角度出发，禁止用人单位同劳动者约定免除自己法定责任、排除劳动者权利的内容，约定了相关内容的合同为无效合同，即使劳动者出于自愿，也应认定为无效。

(3) 违反法律、行政法规强制性规定的。签订劳动合同的劳动者一方必须是具有劳动权利能力和劳动行为能力的公民，如果劳动合同的内容涉及损害社会公共利益、国家利益，则为无效，如约定生产假冒伪劣产品。

(三) 无效劳动合同的法律后果

无效劳动合同的法律后果主要有以下几个方面：

1. 支付劳动者工资

劳动合同法第二十八条规定："劳动合同被确认无效，劳动者已付出劳动的，用人单位应当向劳动者支付劳动报酬。劳动报酬的数额，参照本单位相同或者相近岗位劳动者的劳动报酬确定。"最高人民法院《关于审理劳动争议案件适用法律若干问题的解释》中也有相应的规定，即劳动合同被确认为无效后，用人单位对劳动者付出的劳动，一般可参照本单位同期、同工种、同岗位的工资标准支付劳动报酬。由此可见，在劳动合同被确认无效的情况下劳动者付出劳动后，企业应按照用人单位同类岗位劳动者的劳动报酬支付给劳动者报酬，而不是按照原来合同的约定支付。这是因为，劳动合同被确认无效的，自始就没有法律效力，如果按照原来劳动合同的约定支付报酬，则逻辑上存在矛盾。

2. 赔偿劳动者损失

劳动合同法第八十六条规定："劳动合同依照本法第二十六条规定被确认无效，给对方造成损害的，有过错的一方应当承担赔偿责任。"最高人民法院《关于审理劳动争议案件适用法律若干问题的解释》第十四条第二款规定："根据劳动法第九十七条之规定，由于用人单位的原因订立的无效合同，给劳动者造成损害的，应当比照违反和解除劳动合同经济补偿金的支付标准，赔偿劳动者因合同无效所造成的经济损失。”

第三节 劳动争议处理与劳动仲裁

一、劳动争议的概念与受案范围

劳动争议是指劳动关系的当事人之间因执行劳动法律、法规和履行劳动合同而发生的纠纷，即劳动者与所在单位之间因劳动关系中的权利义务而发生的纠纷。根据争议涉及的权利和义务的具体内容，可将其分为以下几类：

(1) 因确认劳动关系发生的争议。

(2) 因订立、履行、变更、解除和终止劳动合同发生的争议。

(3) 因除名、辞退和辞职、离职发生的争议。

(4) 因工作时间、休息休假、社会保险、福利、培训以及劳动保护发生的争议。

(5) 因劳动报酬、工伤医疗费、经济补偿或者赔偿金等发生的争议。

(6) 法律、法规规定的其他劳动争议。

二、劳动争议的处理机制与处理机构

我国劳动争议的处理机制大致可以分为合议方式和裁判方式。《中华人民共和国劳动争议调解仲裁法》规定，我国劳动争议处理机制包括以下 4 种：

(1) 协商和解。劳动争议发生后，当事人双方就争议事项自行协商，达成解决劳动争议的协议。

(2) 调解。在当事人双方不愿协商、协商不成或者达成和解协议后不履行的，可以向第三方调解组织(如专业性的人才机构、争议调解中心等)申请调解。

(3) 劳动仲裁。仲裁也称公断。劳动仲裁是指劳动争议仲裁委员会根据当事人的申请，依法对劳动争议在事实上作出判断、在权利义务上作出裁决的一种法律制度。

(4) 诉讼。诉讼是指人民法院按照民事诉讼法规的程序，以劳动法规为依据，按照劳动争议案件进行审理的活动。其程序一般主要有起诉、人民法院受理、强制执行诉讼、告知诉讼风险等。

三、劳动争议仲裁

劳动争议仲裁是发生劳动关系的当事人将劳动争议提交法定的仲裁机构，由仲裁机构对双方的争议进行处理并作出具有约束力的裁决。劳动争议仲裁是我国劳动争议处理制度的核心，是劳动争议诉讼的必经前置程序。

劳动争议仲裁的管辖主要实行地域管辖，由劳动合同履行地或者用人单位所在地的劳动争议仲裁委员会申请仲裁的，由劳动合同履行地的劳动争议仲裁委员管辖。

根据《中华人民共和国劳动争议调解仲裁法》的规定，劳动争议申请仲裁的时效期限为1年。劳动关系存续期间因拖欠劳动报酬发生争议的，劳动者申请仲裁不受上述规定的仲裁时效期间的限制，但是劳动关系终止的，应当自劳动关系终止之日起1年内提出。

劳动争议仲裁的程序主要有以下几个部分：

(1) 提出申请。劳动争议当事人申请仲裁，应当提交书面仲裁申请，并按照被申请人提交副本。仲裁申请书应当载明劳动者的基本信息、用人单位的基本情况、仲裁请求和所依据的事实理由、证据和证据来源等内容。

(2) 案件受理。劳动争议当事人向仲裁委员会提交劳动仲裁申请书，经审查，仲裁委员会收到劳动仲裁申请书之日起五日内作出受理或者不予受理的决定。决定不予受理的，应自作出决定之日起五日内制作不予受理通知书，送达申请人；决定立案的，应自作出决定之日起，5日内向申请人和被申请人发出书面通知，同时将申请书副本送达被申请人，并要求其在10日内提交答辩书和证据。被诉人不提交答辩书的，不影响案件审理。当事人一方在十人以上的集体劳动争议，仲裁委员应自收到申诉书之日起3日内作出受理或者不予受理的决定。仲裁委员会决定受理的，采用通知书或布告形式通知当事人。

(3) 调查取证。仲裁委员会有权要求劳动争议当事人提供或补充证据。当事人因客观原因不能取证的，当事人提供的证据互相矛盾、无法认定的，或针对双方当事人的申诉和答辩中存在的疑点，仲裁委员会依职权可找有关单位、知情人了解情况和搜集证据。遇有需要勘验或鉴定的问题，应交由法定部门勘验或鉴定；没有法定部门的，由仲裁委员会委托有关部门勘验或鉴定。

(4) 仲裁调解。在查明争议事实的基础上，由仲裁庭或仲裁员主持，对劳动争议案件先行调解。经调解达成协议的制作仲裁调解书，由双方当事人签字，仲裁员署名，加盖仲裁委员会印章并送达当事人。调解未达成协议或仲裁调解书送达前当事人反悔，以及当事人拒绝接收调解书的，仲裁庭应及时仲裁。

(5) 审理裁决。仲裁庭开庭裁决，应当在开庭的五日前，将开庭时间、地点的书面通知送达当事人。开庭审理时，听取申请人的申请和被申请人的答辩，由仲裁庭进行当庭调查、主持辩论，征询双方当事人的最后意见，并再行调解。双方未达成协议或不愿接受调解的，经仲裁庭合议作出裁决，并制作仲裁裁决书送达双方当事人。当事人对仲裁裁决不服的，可在收到裁决书之日起15日内向人民法院起诉，期满不起诉的裁决书即发生法律效力。一方当事人不执行的，对方当事人可申请人民法院强制执行。仲裁委员会处理劳动争议案件，应当在收到仲裁申请后的四十五日内结束，案情复杂需要延期的，经批准可以延长15日。处理集体劳动争议，应当自组成仲裁庭之日起15日结束，案情复杂需要延期的，可延长15日。

劳动争议仲裁裁决的生效时间分为两种：一种是部分裁决一经做出立即生效，另一种是其他裁决待当事人收到裁决书之日起15日内不起诉后生效。生效的仲裁调解书、裁决书对当事人具有法律约束力，当事人应当依照规定的期限履行。一方当事人逾期不履行的，另一方当事人可以依照民事诉讼法的有关规定向人民法院申请执行。受理申请的人民法院应当依法执行。根据《中华人民共和国企业劳动争议处理条例》第三十条规定，属于本条例范围内的劳动争议，当事人一方或者双方对仲裁裁决不服，自收到裁决书之日起15日内，可以向有管辖权的人民法院起诉。

第四节　大学生实习与签订就业协议

一、大学生实习的界定

实习，一般是指高校按照培养计划，组织在校大学生进入政府机关、企事业单位和社会团体等用人单位进行教学实习、生产实习，以开展实践教学、培养学生工程与实践能力和创新精神。大学生实习也包括在校内校外的工程训练中心、专业实训中心、专业实训基地、实习基地、实习实训基地的各类实习。

实习是大学生从走出校园到适应社会的重要过渡，也是适应劳动岗位的重要活动。实习中大学生与实习单位形成的法律关系具有特殊性。实习只适用于在校大学生，一些用人单位故意与符合劳动者资格的非在校学生签订实习协议，这是为了降低人力成本、逃避保险、减轻风险的限制，是违法无效的。但这并不意味着用人单位可以随意侵犯大学生的劳动权益。一般来说，用人单位与大学生签订实习协议，同样也能保护大学生的权益。

为了进一步提高实习质量，维护学生、学校和实习单位的合法权益，教育部印发了《关于加强和规范普通本科高校实习管理工作的意见》，对进一步加强和规范普通本科高校实习管理工作做出了规定。2019 年 9 月 29 日，教育部发布的《关于深化本科教育教学改革全面提高人才培养质量的意见》(教高〔2019〕6 号)提出，推动健全大学生实习法律制度，完善各类用人单位接收大学生实习的制度保障。

二、大学生实习期权益受损的主要表现

在实践中，大学生在实习期间权益受到损害的情况屡有发生。例如，一些大学生对劳动法、劳动合同法等法律法规不太了解，未与实习单位签订实习协议；一些大学生维权意识薄弱，在实习过程中处于弱势地位，在权益受损时对实习单位的过错责任难以举证，很难有效地运用法律武器维护自身的合法权益。因此，关于大学生实习期间权益保护的问题日益受到社会的广泛关注。

大学生实习期权益受损的情况主要是遭受实习单位的侵权：

(1) 一些实习单位拒绝签订实习协议，即使签订了协议，也存在内容不规范的问题，缺乏对实习生意外伤害事故处理办法等有关权益保护的说明。

(2) 在实习过程中，大学生的实习报酬普遍较低，而且工作时间较长，很少有加班费。

(3) 实习单位甚至要求缴纳实习费用。

(4) 许多实习单位不考虑实习生缺乏安全生产经验，甚至不提供基本的安全生产防护装备和措施，导致实习生的安全事故和意外伤害事故时有发生。

三、大学生实习期间的法律关系分析

在实习过程中，实习生的身份不仅仅局限于学生，同时与实习单位具有劳动关系，实

习生既要服从学校的管理，又要服从实习单位的管理。明确大学生实习期间的身份，才能够有效保障实习生的合法权益。所以，实习生是否属于劳动法所规定的劳动者的范围显得尤为重要。虽然现行法律没有赋予大学生实习期间劳动者资格，但其在实习过程中的劳动和一般劳动者的劳动只有形式上的区别，并无本质上的差别。我国宪法明确规定了公民的劳动权，同时宪法第十九条表明劳动者有权接受教育。可见，学生作为劳动者并不冲突。由于大学生实习期间处于弱势地位，合法权益容易受到侵害，所以其享有的劳动权应当受到劳动法的确认。但是也有学者认为实习大学生与用人单位签订的不是劳动合同，实习大学生并不是严格意义上的劳动者，用人单位不承担无过错责任，无须执行最低工资标准。

在法学理论上，劳动者可以分为宪法上的劳动者、社会保险法上的劳动者以及劳动法上的劳动者，劳动法上的劳动者又有广义和狭义之分。劳动法上广义的劳动者指具有劳动主体资格的自然人，即劳动力市场中的劳动者；狭义的劳动者指劳动关系中的劳动者，即劳动法第二条所规定的与企业个体经济组织有劳动关系的劳动者，以及与国家机关事业单位、社会团体有劳动合同关系的劳动者。可见，我国现行的劳动法并没有对劳动者给出确切的定义，而是从“用人单位”入手，以用人单位和劳动关系为标准区分劳动法上的劳动者与非劳动者。

由于劳动者这一概念在现行的立法文件下，内涵和外延均有很大的不确定性，所以学者对劳动者的定义均有明显的差别。有学者认为，劳动者是“具有劳动权利能力和劳动行为能力的公民”，还给劳动权利能力和劳动行为能力下了明确的定义。有学者认为劳动法中的劳动者是“达到法定年龄，具有劳动能力，以从事某种社会劳动获取收入为主要生活来源的自然人”。有学者将劳动者定义为“与劳动力使用者相对应的一方主体，是按照法律和合同的规定，在用人单位管理下从事劳动并获取相应报酬的自然人”。还有学者则认为，劳动法意义上的劳动者是“在现代产业社会中受雇于他人，以工资报酬收入为基本生活来源的体力和脑力工作者”。此外，也有学者从劳动关系入手来界定劳动法上的劳动者。

虽然各个学者对劳动者的定义存在明显的差别，但是从各个学者的定义当中我们可以得出如下共识，即劳动者的定义应当具备如下 3 个方面的要义：

(1) 劳动者应当是具备劳动权利能力和劳动行为能力的自然人。

(2) 劳动者对用人单位具有人格从属性，即劳动者接受用人单位的管理，用人单位能够单方确定工作的时间、地点、任务，劳动者从事用人单位安排的工作，其提供的工作成为企业日常经营不可或缺的部分。

(3) 劳动者就其提供的劳动报酬向用人单位取得劳动报酬。

以上三个方面的内容是劳动者定义中不可缺少的条件，也是劳动者之所以为劳动者的标准。

在司法实践中，在校实习生与用人单位之间的关系一般情况下不被认定为劳动关系，但如果实习生自行联系用人单位，而用人单位又安排实习生工作，进行日常劳动纪律考勤，或以就业为目的进行实习活动，如实习生超过取得毕业证之日后继续实习、提前离校、休学或退学等又不告知用人单位，也有可能被视为建立事实劳动关系。

大学生实习期间的法律关系主要涉及学生与学校之间、学校与实习单位之间以及学生与实习单位之间的法律关系。其中，学生与学校之间存在教育管理关系。学生虽然在实习单位参加实习，要服从实习单位的管理，但是作为在校大学生，服从学校的统一安排是毋庸置疑的。学校应承担对学生的教育、管理、指导和保护的法律义务。关于学校与实习单位的法律关系，应该根据是否由学校指派学生到实习单位实习来确定。如果是学校与实习单位签订实习协议，则二者之间构成委托关系，并且依协议对实习期间实习生的人身损害承担责任。

对于实习生与实习单位的法律关系，学界存在很多观点：

(1) 附带劳动关系说。实习单位通过实习协议接受学校的教学委托，从而获得对学生的教育管理权利，同时学生通过向实习单位提供劳动来获得实际经验和实际技能，他们具有一定的劳动关系。因此学生与实习单位的基础关系应该是教育管理与被管理关系，在此基础上附带一定的劳动关系。

(2) 教育管理关系和事实劳动关系双重说。对于在校大学生在正常教学之外进行实习并能够获得一定报酬的情形，实习生与实习单位的法律关系具有教育管理关系和事实劳动关系的双重性。

(3) 教育管理关系说。学生在实习期间与用人单位建立的并不是劳动关系，而是以实习合同为依托的教育管理关系。

(4) 劳动关系说。从劳动关系的特点看，实习生与实习单位之间的关系具有劳动关系不同于民事关系的特征，如双方主体特定、兼具平等性和隶属性、兼具财产性和人身性等。因此，实习生与实习单位之间的关系在本质上是一种劳动关系。

四、完善我国大学生实习权益保障制度的对策

国外一些实习权益保障制度值得我们借鉴。一些国家在劳动立法方面大多肯定了实习大学生的劳动者资格，明确规定大学生实习期间的劳动权益，对大学生实习的薪酬和工时给予法律保障，并将实习大学生纳入工伤事故保险范畴。多数国家采用雇员的形式，把在校大学生涵盖到职业伤害范围中，如法国规定，实习学生可享受大学生社会保险，保险内容涵盖工伤事故和职业病。

2010 年 3 月 1 日《广东省高等学校学生实习与毕业生就业见习条例》(以下简称《条例》)正式颁布，成为我国第一个以地方性法规的形式对大学生实习问题加以规范、保障的专门法律制度。《条例》规定了实习的规范和管理制度，并对实习的法律责任作出详细规定，主要包括学校的法律责任、实习单位的法律责任以及政府部门及其工作人员的法律责任。实习协议是大学生、学校和实习单位三者之间就实习事项达成的共同意愿。签订实习协议，可以约束三方的行为，避免各方出现侵权行为，从而明确各方责任，保障实习期间大学生的合法权益。签订的实习协议，既要有关于实习工作内容的实习工作职责、工作地点、工作时间等事项，又要有关于大学生在实习期间人身权益保护的内容，如商业保险等；同时，也应确定当出现一方违约或存在争议时的纠纷解决机制，做到双方的权利义务更加明晰，更好地保护大学生的实习合法权益。

此外，大学生群体应增强法律意识和自我保护意识。大学生应该加强劳动方面法律知识的学习，主动要求订立实习协议。此外还应该培养自己的维权意识，在遭遇伤害事故时

运用法律武器，有效保障自己的合法权益。

五、大学生就业协议与劳动合同的关系

大学生就业协议书与劳动合同均为用人单位录用毕业生时所订立的书面协议，但两者有较大的区别，主要表现在以下几个方面：

(一) 内容不同

在毕业生就业协议当中，毕业生的义务是向用人单位如实地介绍自己的情况，并按时到用人单位进行报到。用人单位的义务是如实向毕业生介绍自己的情况，负责办理毕业生有关手续。学校的义务则是负责完成有关的派遣工作，毕业生就业协议是毕业生分配的具体体现。劳动合同是针对劳动者与用人单位确立的劳动关系，明确双方的权利和义务的合同。

(二) 主体不同

就业协议书主体有三方：毕业生、用人单位、高等院校。毕业生和用人单位是人才市场上的平等主体，双方经过供需见面、双向选择而达成协议。劳动合同的主体双方则是劳动者和用人单位，用人单位和劳动者之间是管理和被管理的关系。

(三) 法律依据不同

毕业生就业协议是无名合同，适用民法典(2021 年 1 月 1 日起实施)及国家有关毕业生就业分配的法律法规和其他相关政策规定，这个协议一经签订，各方应严格履行。任何一方要变动这个协议，需提前一个月取得另外两方的同意，否则按违约处理。劳动合同是有名合同，适用劳动法、劳动合同法、劳动争议调解仲裁法等法律规范。

(四) 签订时间不同

一般来说，就业协议签订在前，劳动合同订立在后。就业协议是毕业生在找工作过程中落实用人单位后签订的，就业协议的签订在学生离校前。劳动合同是毕业生到用人单位报到后订立的。如果毕业生与用人单位在工资待遇、住房等方面有事先约定，可在就业协议的约定条款中注明或附后补充，日后订立劳动合同时对此内容应予以认可。

(五) 适用的人员不同

劳动合同可以适用于各类人员。凡是中华人民共和国公民，只要有劳动能力并符合法律规定的条件，经过供需见面、双向选择，一经录用，都可以与用人单位签订劳动合同。就业协议只适用于高校毕业生。

(六) 纠纷解决方式不同

毕业生因就业协议发生纠纷，任何一方均可以向人民法院提起诉讼，不能提请劳动争议仲裁。若因劳动合同发生纠纷，任何一方均可向当地的劳动争议仲裁委员会申请仲裁，

当事人对仲裁裁决不服的，可以向人民法院提请诉讼。仲裁是诉讼的前置程序，如当事人就劳动争议直接向人民法院起诉的，人民法院不予受理。

第五节　大学生兼职的劳动法律关系

近年来，大学生从事校内外兼职已经成为一种普遍现象。作为大学生，进行适当的兼职可以让大学生提早积累社会经验，另一方面也能够锻炼意志品质，提升个人能力素质，减轻家庭负担。我国法律也对大学生兼职做了法律保护，大学生应该善于运用法律武器来保护自己的合法权益。

一、大学生兼职的劳动法律关系

一般来说，大学生兼职不具有相应的本职工作，由此决定了大学生的兼职和一般职工兼职的区别。正是由于这种区别，理论界、立法界和司法实践均认为，大学生兼职不具有劳动法律关系的性质。《关于贯彻执行<中华人民共和国劳动法>若干问题的意见》(劳部发〔1995〕309号)文件第12条规定："在校生利用业余时间勤工助学，不视为就业，未建立劳动关系，可以不签订劳动合同。"大学生兼职建立的法律关系更具有教育法律关系的性质，而不具有劳动法律关系的性质。

近年来，随着大学生兼职类型的不断扩大，出现了非全日制用工和劳务派遣等新型劳动关系。2008年1月1日施行的劳动合同法已经对这两种劳动关系进行了规定。在劳动合同法颁布之前，我国当时的劳动法律只界定了全日制的用工形式，而对非全日制的用工形式关注不够，使其缺乏保护。因此，很长一段时期，大学生兼职行为未能纳入劳动法保护的范畴。随着劳动合同法的出台，双重劳动关系的合法地位已经得到确认。也就是说，非全日制用工的用工形式得到了法律的认可。非全日制用工的特点体现在三个方面：一是为同一用人单位每日工作时间不超过4小时；二是用工报酬方式以小时计酬为主；三是周累计工作时长不超过二十四小时。劳动合同法背景下从大学生兼职工作的特点以及维护兼职大学生权益的角度出发，应将大学生兼职活动尽快纳入非全日制用工的保护范畴。比较来看，在校大学生出于多种目的的考量利用课余时间参与兼职活动，这和法律上作出规定的非全日制用工的用工形式有着更多的共同之处。因此，无论是从现实的必要性还是从理论的可行性方面分析，都可以也必须将大学生兼职视为非全日制用工的一种特定形式。在实践层面来看，学生在兼职过程中因为工作时间不会太久一般很少与用人单位签订书面的劳动合同，而按照劳动合同法的规定，订立口头协议也为非全日制用工所允许的规定，也更适合兼职大学生的客观需要。在兼职实践中，很多大学生在一天之中往往从事两份或更多的兼职项目，而非全日制用工规定也认可多重劳动关系在法律上的合规性，允许劳动者同时与一个以上的用人单位签订劳动合同。因此，如果还固守劳动者必须加入用人单位才能建立劳动关系的做法；而否认兼职者的劳动法律关系，是不符合时代要求的，也是违反现行法律规定的。如果大学生利用空余时间到用人单位打零工(属于非全日制用工)，或者利用寒暑假在用人单位全日制工作，则均构成劳动法律关系。如果大学生利用课余时间从事家教、业务培训师等兼职工作，则构成具有民事法律关系性质的兼职。有的大学生自己开办公司，则是具有商事法律关系性质的兼职。因此，需要根据大学生兼职的类型和特点，确定适用的法律关系。大学生兼职因为由不同的法律规范来调整，形成了不同的法律关系，而对于不同的法律关系国家干预的程度也不相同。比较而言，劳动法律关系国家干预程度最强，商事法律关系次之，民事法律关系最弱。

二、大学生兼职的劳动权益保护

劳动者与雇佣单位之间按照一定的规则形成的权利和义务关系称为劳动关系，它主要包括两个方面的内容：

(1) 指劳动者与用人单位达成协议后，必须按照用人单位的安排参与劳动过程，按时完成用人单位赋予的劳动任务。

(2) 指用人单位有义务按照约定向劳动者支付劳动报酬及其他各种待遇，负责保护劳动者的劳动安全等。

在大学生兼职的实践中，也必须和其他劳动者一样，遵守用人单位制定的各项规章制度尤其是劳动纪律，完成用人单位安排的一定数量的工作；同样地，同人单位也必须按照事先的约定为兼职学生支付相应的报酬，提供必要的劳动保护。大学生兼职过程中形成的这种雇佣和被雇佣关系与法律规定的劳动关系并无二致。同时，在最高人民法院有关劳动争议案件适用法律若干问题的解释中也指出，除了个别指出的关系外，其他类个人和雇主之间的关系均应视为劳动关系，并受劳动法的保护。据此，兼职大学生与用人单位之间形成的关系应视为劳动法意义上的劳动关系。反之，如果兼职大学生与雇主之间的关系未能纳入劳动法律规范的保护范畴，很明显的一个结果就是，兼职大学生的劳动权益因得不到法律的保护而将遭受极大的损害。

从实践层面来看，大学生在兼职过程中因为工作时间不会太久，一般很少与用人单位签订书面的劳动合同，而按照劳动合同法的规定，订立口头协议也为非全日制用工所允许的规定，也更适合兼职大学生的客观需要。在兼职实践中，很多学生在一天之中往往从事两份或更多的兼职项目，而非全日制用工的规定也认可多重劳动关系在法律上的合规性，允许劳动者同时与一个以上的用人单位签订劳动合同。大学生兼职活动被纳入非全日制用工形式后，其劳动过程自然要受到劳动法的保护。如用工单位不得对兼职学生约定试用期，兼职学生的报酬标准不得低于当地最低工资标准等。此外，用人单位应为从事兼职活动的学生提供安全保障和必需的劳动条件，并按规定交纳工伤保险。如果兼职学生在工作时因工受伤，这时即便用人单位没有及时为兼职学生缴纳工伤保险，只要事实符合工伤保险条例中工伤认定的标准，则用人单位也必须按照相应的赔偿标准对兼职学生给予必需的赔偿。在劳动过程中兼职学生难免因各种原因与用人单位发生劳动争议，解决争议的过程中应该特别注意以下几个问题：

① 注意搜集、保存相关证据，为下一步的维权工作准备充足的证据。

② 出现争议后可以先和用人单位进行协商，争取通过协商的途径达成和解协议。

③ 如果出现用人单位不愿协商或达成和解协议后不积极履行的，可以向企业设立的劳动争议调解委员会或依法设立的基层调解组织申请调解。

④ 若用人单位不接受调解，则可以向劳动争议仲裁委员会申请仲裁，直至向人民法院提起诉讼。

总之，纳入劳动法保护的兼职学生享有多种多样的保护措施，兼职学生应充分利用劳动法维护自己的劳动权益。

我国相关立法指出，如果用人单位未与劳动者签订书面劳动合同，但同时满足以下三个条件：

(1) 用人单位和劳动者符合法律、法规规定的主体资格。

(2) 用人单位依法制定的各项劳动规章适用于劳动者，劳动者受用人单位的管理，从事用人单位安排的有报酬的劳动。

(3) 用人单位提供的劳动是用人单位业务的组成部分，则成立事实劳动关系。

大学生在从事兼职劳动的过程中，多数情况下不与用人单位签订书面协议或者劳动合同，若要主张存在事实劳动关系，则大学生可以通过工资条、考勤表、工作服等完成举证。然而，由于社会经验和法律知识的缺乏，大学生往往不重视证据的保存或者由于工作的临时性特点根本没有证据可以证明存在事实劳动关系。因此，兼职大学生要想主张事实劳动关系的成立，必须做好证据的保存工作。

国外在劳动立法方面大多肯定了兼职大学生的劳动者资格，并通过立法对处于弱势地位的兼职大学生给予倾斜性保护，确保劳动法律关系的公平。美国的《公平劳动标准法案》将绝大多数行业以及行业内的雇员纳入了调整范围，在调整范围之内的雇员都可以享受最低工资标准。德国司法界形成了一致意见，即大学生兼职的情况，只要学生听从用人单位的指示在其组织体系中提供非独立性劳动，就应当认定成立了具有从属性的劳动关系，兼职大学生作为劳动者受到法律保护。法国对大学生兼职打工有明确规定：大学生打半工，每周不得超过 20 个小时；在假期大学生有权力打全工，但是每年最多只能打三个月的全工；工作期间如果产生劳动纠纷，可以寻找劳动监察机构来进行援助。

第六节　常见法律问题与解析

案例 1

【基本案情】

大学毕业生蒋某与某家公司签订了 1 年期限的劳动合同，自 2017 年 6 月 15 日起至 2018 年 6 月 15 日终止。合同到期后，双方又续订了 1 年期限的劳动合同。2019 年 6 月 15 日，双方劳动合同到期，公司提出终止劳动合同，不再续签，但蒋某要求订立无固定期限劳动合同。

【案例解析】

蒋某已经与公司连续签订了两次固定期限劳动合同，并且公司并未提出劳动合同法规定的如蒋某违规违纪、违法、因患病负伤不能胜任工作的情形。因此在合同到期后，蒋某提出签订无固定期限劳动合同应当得到支持。用人单位如果不想与劳动者订立无固定期限劳动合同，可以在第一次合同到期后行使终止权，如果第二次劳动合同到期后，劳动者提出订立无固定期限劳动合同，用人单位必须订立。

案例 2

【基本案情】

大学毕业生小孙最近患了重感冒，但是为了不耽误工作，一直带病坚持。周五下班小孙本来想周末总算可以好好休息下。没想到部门经理说今天所有人都要加班。小孙于是对部门经理说明了情况，表示不能加班要回去休息。部门经理当即表示，不加班也可以，但是要扣当月奖金。最后小孙没有加班，却被扣除了当月奖金。小孙越想心里越不舒服，于是向劳动仲裁委员会申请仲裁，请求如数支付应得到的报酬。

【案例解析】

用人单位不顾劳动者的身体健康状况而强制要求加班，属于强迫加班。劳动合同法第三十一条规定，用人单位应当严格执行劳动定额标准，不得强迫或者变相强迫劳动者加班。公司因小孙不参加加班被扣了当月奖金的做法显然是不合理的，小孙的请求可以得到劳动仲裁部门支持。

案例 3

【基本案情】

大学毕业生小张在一家公司工作了 5 年，最近公司在小刘没有过失的情况下以裁员为名提出解除与小张的劳动合同。小张同意了，但要求支付经济补偿金。

【案例解析】

劳动合同法规定，用人单位与劳动者协商一致，可以解除劳动合同。但是，由用人单位首先提出解除劳动合同的，劳动者又不属于违纪违法等过失行为和身体原因不能从事岗位工作的情况，除劳动者不愿意续签的情况之外，固定期限劳动合同终止，用人单位得给予经济补偿。

案例 4

【基本案情】

小丁大二暑假回家，便在本地某餐饮店找了一份暑期工。初次工作的小丁很兴奋，也没有跟店老板提出签订书面协议，就开始了工作。一次上菜时，小丁不慎被地面的油渍滑倒，脚踝轻微骨折，而手臂也被手里端着的热菜烫伤。店老板垫付了小丁入院时的部分医疗费后对此次事件再无表示，也未与小丁协商处理。而因为没有签订任何协议，小丁也不知该如何证明自己受伤与在该店工作有关，索赔变成了一个难题。

【案例解析】

在实践中，大学生兼职的法律关系分为具有劳动法律关系的兼职、具有民事法律关系的兼职、具有商事法律关系的兼职等形式。该案例中，小丁被店老板雇佣打工，属于劳务关系，适用于劳动法调整，可以纳入劳动法的保护范围。

案例 5

【基本案情】

大三学生郭某明年将参加工作，目前他在一家单位试用，但是 5 个月过去了，现在的单位仍然没有给他转正。郭某不知道要试用多久才可以成为正式录用人员。

【案例解析】

劳动合同法规定，劳动合同期限 3 个月以上不满 1 年的，试用期不得超过 1 个月；劳动合同期限 1 年以上不满 3 年的，试用期不得超过 2 个月；3 年以上固定期限和无固定期限的劳动合同，试用期不得超过 6 个月。以完成一定工作任务为期限的劳动合同或者劳动合同期限不满 3 个月的，不得约定试用期。而且试用期包含在劳动合同期限内。因此，郭某的试用期不能超过 6 个月。

案例 6

【基本案情】

林某是一名大学毕业生，应聘于一家外语培训机构从事课程顾问工作。林某在该培训机构经历了半个月的所谓的培训期，之后，培训机构只是以口头的形式约定了一个月的试用期，工资 1000 元，没有与林某签订书面劳动合同，也未缴纳各种社会保险。该培训机构还向所有员工索要工作服的保证金 600 元，并且与员工签订了一份有关培训费的协议书。其中，约定了培训费用 1000 元，服务期限 6 个月。然而，林某只接受了岗前培训。林某上班期间，几乎每天都会延长下班时间，少则半个小时，多则两三个小时。一天，林某因家中有事，向部门经理请假一天，部门经理却一反常态，并在 11 月 29 日向林某下达通告，要么再延长一个月试用期，要么于 11 月 30 日提前结束试用期辞退林某。对于部门经理的无理要求，林某气愤离开培训机构，并求助于律师，维护自己的合法权益。

【案例解析】

本案例中，用人单位违反劳动合同法，侵害了其员工林某的合法权益。有证据证明，培训机构存在以下违反劳动合同法的行为：① 自用工之日起不与员工签订书面劳动合同；② 与员工约定和实际所发工资均低于当地最低工资标准；③ 勒令员工延长试用期；④ 在试用期内，没有对员工说明理由，提前无故辞退；⑤ 要求员工缴纳保证金；⑥ 与员工签订实为岗前培训而名为专项培训的培训费协议；⑦ 经常要求员工加班，但不支付加班费。

对培训机构这 7 种违反劳动合同法的行为分析如下：

(1) 培训机构自用工之日起，不与员工签订书面劳动合同。根据劳动合同法第十条规定，用人单位应当自用工之日起一个月内与员工订立书面劳动合同。根据劳动合同法第八十二条规定，用人单位自用工之日起超过一个月不满一年未与劳动者订立书面劳动合同的，应当向劳动者每月支付二倍的工资。

(2) 培训机构与员工约定和实际发的工资均低于当地月工资最低标准。根据劳动合同法第二十条规定，劳动者在试用期的工资不得低于本单位相同岗位最低档工资或者劳动合同约定工资的百分之八十，并不得低于用人单位所在地的最低工资标准。

(3) 培训机构违反约定试用期。根据劳动合同法第十九条之规定，同一用人单位与同一劳动者只能约定一次试用期。培训机构与林某口头约定试用期为一个月，而在试用期即将结束时，提出延长一个月的试用期，明显违反劳动合同法中有关试用期规定。

(4) 培训机构违反劳动合同法，在试用期内，没有正当理由辞退员工。试用期是指用人单位对新招录员工各方面进行考察的期限，是一个双方互相了解的过程，在试用期内，一方面可以维护用人单位的利益，单位可以考察劳动者是否与录用要求相一致，另一方面可以维护员工的利益，使员工了解一下单位是否符合劳动合同的规定。根据劳动合同法第三十九条第一款规定，在试用期被证明不符合录用条件的员工，用人单位才可以与其解除劳动关系。依据法律，培训机构需要举证证明员工不符合录用条件，且录用条件需要在招聘员工时书面告知。然而，培训机构不给任何理由，不进行任何说明，任意辞退员工，严重侵犯了劳动者的合法权益。培训机构应当依照劳动合同法第四十七条规定的经济补偿标准的二倍向劳动者支付赔偿金。

(5) 培训机构违反劳动合同法，要求员工缴纳保证金。依据劳动合同法相关规定，用人单位招用劳动者禁止以各种名义向劳动者收取财物。然而有证据证明，培训机构要求员工缴纳 600 元保证金，以担保员工工装费，这显然是违反法律的。

(6) 培训机构与员工约定无效的培训费。根据劳动合同法第二十二条第二款规定的培训费用，包括用人单位为了对劳动者进行专业技术培训而支付的有凭证的培训费用、培训期间的差旅费用，以及因培训产生的用于该劳动者的其他直接费用。然而，林某在培训机构接受的是岗前培训，这是劳动合同法规定的用人单位的法定义务，培训机构却移花接木，以岗前必要培训当做是法律规定的专项培训，这些做法都是违反劳动合同法的。

(7) 培训机构经常让员工加班，但不支付加班费。培训机构已经明确约定了具体工作时间，然而培训机构不严格遵守已经制定的时间制度，经常延长工作时间，员工加班后还不支付加班费，违反了劳动合同法，侵犯了劳动者的合法权益。

案例 7

【基本案情】

宁某是某著名高校毕业生，毕业后在一家科技公司工作了多年，后来被提拔为研究开发部主管。宁某合同到期，公司有意与其续签合同，宁某不愿意，要求离职。人事部经理在给宁某办理离职手续时，发现公司曾与宁某签订一份竞业禁止协议，协议约定：宁某在离职后 1 年内不得在同行业其他企业或业务与本公司有竞争关系的企业工作，作为补偿，公司在宁某离职后 3 个月内向宁某支付人民币 1 万元；同时又约定：若宁某违反约定在相关公司工作，须向企业支付违约金 1 万元，且违约金的支付并不代表竞业禁止条款的无效。宁某在离开公司时，不愿意领取 1 万元竞业限制补偿金，并且在离开公司 1 周后，就去了一家与公司有竞争关系的公司上班。宁某的做法是否正确？

【案例解析】

根据双方协议规定，公司在宁某离职 3 个月内要支付 1 万元，除非双方签字认可才能变更协议。所以公司只要在规定期限内支付给宁某1万元，公司就没有违背协议。而宁某的行为显然违背了协议，公司可以按照协议规定追究宁某责任。在上述案例中，公司方面并没有违约，因为合同中规定公司只要在员工离职后3个月内支付补偿金即可。违约的是宁某，宁某放弃1万元补偿金并不代表原公司违约，也并不等于原公司默认他可以违反协议。也就是说，在宁某离开公司时，无论宁某是否愿意接受补偿金，公司都应主动与其协商有关竞业限制的相关问题。此事发生时如果还在3个月的时间范围内，公司则可以向宁某提供补偿金，并要限制其在现有公司的工作，追诉其违反竞业禁止条款的责任，宁某须向企业支付违约金1万元。因此，公司在宁某离职时，可以按照正常程序办理退工手续，同时要求宁某以书面形式确认不愿领取1万元补偿金这样的事实，或要求公司法律顾问/律师等专业人士到场作现场笔录，以作为将来诉讼的证据材料。其次，在确定宁某已违反公司与之签订的竞业禁止协议后，立即向劳动争议仲裁委员会提起劳动仲裁，以法律武器维护公司合法权益。

案例8

【基本案情】

小静大学毕业后到某公司任职，后因家庭原因患上了精神分裂症，企图自杀被人发现后获救。2017年夏天，小静又因发病去医院看病，医生为她出具了7天的病假证明。病假结束后，小静回到单位正常上班。10月某日，小静被发现死于工作场所的仓库内。后经公安部门鉴定，小静系服用工作场所的杀虫剂过量致死。当地劳动保障局作出了工伤认定书，认定小静为因公死亡。小静的工作单位不服，向人民法院提起了上诉。

【案例解析】

法院审理认为，公司明知小静属于有自杀倾向的患有精神疾病的职工，对其应负有更为严格的安全卫生保护义务，却安排她从事储存危险化学品的工作，显然未尽到保护义务。工作场所存在不安全因素，并直接导致小静的死亡。可见，小静的死亡与其工作环境的不安全性有关。据此维持了劳动保障部门作出的工伤认定。工伤保险条例第十六条规定，自杀不得认定为工伤。但是公司不能证明小静服用毒药时精神状态正常。结合小静的精神病史，可以推定小静是在精神疾病发作、无意识的状况下喝下杀虫剂的。所以不能认定小静主观上有结束自己生命的意愿。

案例9

【基本案情】

“最近一直在找实习单位，可不少公司一看我没什么工作经验，拒绝提供实习工资。”这是某高校金融专业大三学生小叶的困惑。据了解，暑期临近，很多企业都推出了实习岗位，但还是有一部分不愿意支付相应的报酬，有小叶类似经历的大学生还真不少，有的甚至因为发生纠纷闹上法庭。

【案例解析】

根据劳动法及其配套规定，大学生实习主要有两种情况：一种是专业实习，在校大学生出于教学需要而在单位进行社会实践的行为；另一种是勤工俭学，在校大学生利用业余时间在单位勤工俭学的行为。但上述两种情况均未形成劳动关系，不能受劳动法调整，但是否获得报酬可以适用民法调整，也就是大学生与单位之间事先双方就专业实习或勤工俭学相关权利义务达成协议，其中可以包括报酬、人身伤害等内容的约定。大学生与用工单位应事先签订书面合同，约定好劳动条件、工作时间、地点、期限、工作内容、劳动报酬及其支付方式、伤害赔偿等。

【课后练习题】

1. 劳动合同法的立法原则是什么？
2. 什么是劳动合同？
3. 民法调整的法律关系有哪些？
4. 大学生兼职的劳动法律关系是什么？
5. 试举出一例大学生在实习期间劳动权益受损的案例，并进行分析。

专题八　大学生与出入境管理法

第一节　大学生出入境与签证

近年来，随着国际交流的日益频繁，越来越多的大学生到境外旅游、学习、生活，拓宽自己的见识，认识新朋友，为自己的发展增添一些色彩，相当一部分学生选择通过出国留学的方式到国外大学深造，这些在过去看来有些困难的事情现在变得更加容易。但是，一些大学生在出境旅游、留学过程中也会遇到一些问题。比如，出入境过程中需要注意哪些相关法律问题和规定，签证办理过程中有哪些注意事项等。一些大学生因为缺乏必要的知识和不熟悉政策流程，往往在出入境的时候因为信息获取不及时和信息了解不对称而遇到麻烦。因此，有必要对大学生出入境和办理签证过程中涉及的相关常识、法律问题和注意事项进行梳理，以便提高通行办理效率，减少麻烦和纠纷。

一、大学生出入境应知晓的法律法规

（一）《中华人民共和国出境入境管理法》

该法是为了规范出境入境管理，维护中华人民共和国的主权、安全和社会秩序，促进对外交往和对外开放而制定的法律法规。该法律由全国人大常务委员会于 2012 年 6 月 30 日通过，自 2013 年 7 月 1 日起施行。其中，对中国公民出境入境、外国人入境出境、外国人停留居留、交通运输工具出境入境边防检查、调查和遣返以及相关的法律责任等进行了明确规定和详细说明。我国大学生作为中国公民，在出境入境的过程中也必须遵守相关的法律规定。其中，需要大学生知晓的条款规定主要有：

(1) 中国公民出境入境，应当依法申请办理护照或者其他旅行证件。

(2) 中国公民前往其他国家或者地区，还需要取得前往国签证或者其他入境许可证明。但是，中国政府与其他国家政府签订互免签证协议或者公安部、外交部另有规定的除外。

(3) 中国公民以海员身份出境入境和在国外船舶上从事工作的，应当依法申请办理海员证。

(4) 中国公民往来内地与香港特别行政区、澳门特别行政区，中国公民往来大陆与台湾地区，应当依法申请办理通行证件，并遵守《中华人民共和国出境入境管理法》的有关规定。

(5) 中国公民出境入境，应当向出入境边防检查机关交验本人的护照或者其他旅行证件等出境入境证件，履行规定的手续，经查验准许，方可出境入境。

(6) 中国公民有下列情形之一的，不准出境：

① 未持有效出境入境证件或者拒绝、逃避接受边防检查的。

② 被判处刑罚尚未执行完毕或者属于刑事案件被告人、犯罪嫌疑人的。

③ 有未了结的民事案件，人民法院决定不准出境的。

④ 因妨害国(边)境管理受到刑事处罚或者因非法出境、非法居留、非法就业被其他国家或者地区遣返，未满不准出境规定年限的。

⑤ 可能危害国家安全和利益，国务院有关主管部门决定不准出境的。

⑥ 法律、行政法规规定不准出境的其他情形。

(7) 定居国外的中国公民要求回国定居的，应当在入境前向中华人民共和国驻外使馆、领馆或者外交部委托的其他驻外机构提出申请，也可以由本人或者经由国内亲属向拟定居地的县级以上地方人民政府侨务部门提出申请。

(8) 定居国外的中国公民在中国境内办理金融、教育、医疗、交通、电信、社会保险、财产登记等事务需要提供身份证明的，可以凭本人的护照证明其身份。

大学生在出入境过程中，需要遵守出入境国家的相关法律规定。以入境澳大利亚为例，需要遵守和知晓以下规定：

(1) 持中国护照进入澳大利亚需要预先在澳驻华使馆或领馆办妥与自己赴澳目的相一致的入境签证。

(2) 认真填写“入境旅客登记卡”，如有虚报或隐瞒，一经查出，将受到严惩。

(3) 澳大利亚海关和检疫部门对入境旅客的检查非常严格，特别禁止或限制携带动植物及其制品。

(4) 不要携带任何形式的食物，包括干的食物、新鲜食物、熟食、腌制食品等。

(5) 不要携带木制品，植物的根、茎、叶、果、籽等任何部分。不要携带中草药、稻草制品等。

(6) 不要携带动物、动物的任何部分及与动物有接触的产品，其中包括设备、蛋类、生物样本、鸟、鱼、昆虫、珊瑚、贝壳、蜜蜂产品、宠物食品等。

(7) 不要携带泥土或粘有泥土的物件，如体育设备、运动鞋子等。

(8) 不得携带药物、类固醇、枪械、各式武器、毒品等。

(9) 限制携带物品：酒类不得超过 1125 毫升，香烟 250 支以内(烟草 250 克以内)。

(10) 有商业用途的货物或样品要申报。

(11) 总额超过或等于 1 万澳元的澳币或等值外币要申报。

(12) 在海外获得的物品、礼品、在澳大利亚购买的免税物品总值超过澳币 400 元者要申报。

(13) 目前疫情防控期间，机场加大了对入境旅客携带药物的检查，因此携带的个人用药应注意适量，并备齐英文说明书(包括药品成分)、医生处方和购药发票，以免遇到麻烦。

(二) 《中华人民共和国护照法》

该法是为了规范中华人民共和国护照的申请、签发和管理，保障中华人民共和国公民出入中华人民共和国国境的权益，促进对外交往，制定的法律法规。其中对护照的作用、类型、签发机构、申请流程、不予签发的相关情形等作了明确规定和详细说明。作为在校大学生，只要年满 16 周岁的本地籍公民，就可以凭本人身份证在户籍所在地的出入境管理机构申请办理护照、港澳通行证和台湾通行证。非本地籍的大学生，可以凭借在校证明、居住证、身份证、学生证等到所在地的出入境管理机构申请办理护照、港澳通行证和台湾通行证。其中，需要大学生了解和注意的规定条款主要有：

(1) 中华人民共和国护照是中华人民共和国公民出入国境与在国外证明国籍和身份的证件。任何组织或者个人不得伪造、变造、转让、故意损毁或者非法扣押护照。

(2) 护照分为普通护照、外交护照和公务护照。护照由外交部通过外交途径向外国政府推介。

(3) 普通护照由公安部出入境管理机构或者公安部委托的县级以上地方人民政府公安机关出入境管理机构以及中华人民共和国驻外使馆、领馆和外交部委托的其他驻外机构签发。外交护照由外交部签发。公务护照由外交部、中华人民共和国驻外使馆、领馆或者外交部委托的其他驻外机构以及外交部委托的省、自治区、直辖市和设区的市人民政府外事部门签发。

(4) 公民因前往外国定居、探亲、学习、就业、旅行、从事商务活动等非公务原因出国的，由本人向户籍所在地的县级以上地方人民政府公安机关出入境管理机构申请普通护照。

(5) 公民申请普通护照，应当提交本人的居民身份证、户口簿、近期免冠照片以及申请事由的相关材料。国家工作人员因本法第 5 条规定的原因出境申请普通护照的，还应当按照国家有关规定提交相关证明文件。公安机关出入境管理机构应当自收到申请材料之日起十五日内签发普通护照；对不符合规定不予签发的，应当书面说明理由，并告知申请人享有依法申请行政复议或者提起行政诉讼的权利。在偏远地区、交通不便的地区或者因特殊情况不能按期签发护照的，经护照签发机关负责人批准，签发时间可以延长至三十日。公民因合理紧急事由请求加急办理的，公安机关出入境管理机构应当及时办理。

(6) 普通护照的登记项目包括护照持有人的姓名、性别、出生日期、出生地，以及护照的签发日期、有效期、签发地点和签发机关。普通护照的有效期为：护照持有人未满十六周岁的为五年，十六周岁以上的为十年。普通护照的具体签发办法，由公安部规定。

(7) 外交官员、领事官员及其随行配偶、未成年子女和外交信使持用外交护照。在中华人民共和国驻外使馆、领馆或者联合国、联合国专门机构以及其他政府间国际组织中工作的中国政府派出的职员及其随行配偶、未成年子女持用公务护照。前两款规定之外的公民出国执行公务的，由其工作单位依照本法第 4 条第 2 款、第 3 款的规定向外交部门提出申请，由外交部门根据需要签发外交护照或者公务护照。

(8) 外交护照、公务护照的登记项目包括护照持有人的姓名、性别、出生日期、出生地，以及护照的签发日期、有效期和签发机关。外交护照、公务护照的签发范围、签发办法、有效期以及公务护照的具体类别，由外交部规定。

(9) 护照持有人所持护照的登记事项发生变更时，应当持相关证明材料，向护照签发机关申请护照变更加注。

(10) 有下列情形之一的，护照持有人可以按照规定申请换发或者补发护照：

① 护照有效期即将届满的。

② 护照签证页即将使用完毕的。

③ 护照损毁不能使用的。

④ 护照遗失或者被盗的。

⑤ 有正当理由需要换发或者补发护照的其他情形。护照持有人申请换发或者补发普通护照，在国内，由本人向户籍所在地的县级以上地方人民政府公安机关出入境管理机构提出；在国外，由本人向中华人民共和国驻外使馆、领馆或者外交部委托的其他驻外机构提出。定居国外的中国公民回国后申请换发或者补发普通护照的，由本人向暂住地的县级以上地方人民政府公安机关出入境管理机构提出。外交护照、公务护照的换发或者补发，按照外交部的有关规定办理。

(11) 护照具备视读与机读两种功能。护照的防伪性能参照国际技术标准制定。护照签发机关及其工作人员对因制作、签发护照而知悉的公民个人信息，应当予以保密。

(12) 申请人有下列情形之一的，护照签发机关不予签发护照：

① 不具有中华人民共和国国籍的。

② 无法证明身份的。

③ 在申请过程中弄虚作假的。

④ 被判处刑罚正在服刑的。

⑤ 人民法院通知有未了结的民事案件不能出境的。

⑥ 属于刑事案件被告人或者犯罪嫌疑人的。

⑦ 国务院有关主管部门认为出境后将对国家安全造成危害或者对国家利益造成重大损失的。

(13) 申请人有下列情形之一的，护照签发机关自其刑罚执行完毕或者被遣返回国之日起六个月至三年以内不予签发护照：

① 因妨害国(边)境管理受到刑事处罚的。

② 因非法出境、非法居留、非法就业被遣返回国的。

(14) 人民法院、人民检察院、公安机关、国家安全机关、行政监察机关因办理案件需要，可以依法扣押案件当事人的护照。案件当事人拒不交出护照的，前款规定的国家机关可以提请护照签发机关宣布案件当事人的护照作废。

(15) 护照持有人丧失中华人民共和国国籍，或者护照遗失、被盗等情形，由护照签发机关宣布该护照作废。伪造、变造、骗取或者被签发机关宣布作废的护照无效。

(16) 弄虚作假骗取护照的，由护照签发机关收缴护照或者宣布护照作废；由公安机关处二千元以上五千元以下罚款；构成犯罪的，依法追究刑事责任。

(17) 为他人提供伪造、变造的护照，或者出售护照的，依法追究刑事责任；尚不够刑事处罚的，由公安机关没收违法所得，处十日以上十五日以下拘留，并处二千元以上五千元以下罚款；非法护照及其印制设备由公安机关收缴。

(18) 持用伪造或者变造的护照或者冒用他人护照出入国(边)境的，由公安机关依照出境入境管理的法律规定予以处罚；非法护照由公安机关收缴。

(19) 护照签发机关工作人员在办理护照过程中有下列行为之一的，依法给予行政处分；构成犯罪的，依法追究刑事责任：

① 应当受理而不予受理的。

② 无正当理由不在法定期限内签发的。

③ 超出国家规定标准收取费用的。

④ 向申请人索取或者收受贿赂的。

⑤ 泄露因制作、签发护照而知悉的公民个人信息，侵害公民合法权益的。

⑥ 滥用职权、玩忽职守、徇私舞弊的其他行为。

(20) 短期出国的公民在国外发生护照遗失、被盗或者损毁不能使用等情形，应当向中华人民共和国驻外使馆、领馆或者外交部委托的其他驻外机构申请中华人民共和国旅行证。

二、大学生办理签证应注意的法律事项

1. 签证的含义

签证是一个国家的出入境管理机构(如移民局或其驻外使领馆)对外国公民表示批准入境所签发的一种文件。

2. 签证费和签证受理费的区别

签证费和签证受理费是两个概念。签证费指为办理签证所支付的费用，一般在办妥签证后收取。如遭拒签，则不必交纳。签证受理费是为审核签证材料支付的受理费用，一般签证申请被受理时，无论最终是否获签，该费用均不退还。各国自主决定如何收取签证费用。通常各国根据对等原则确定收费标准。

3. 签证的种类

签证主要有外交签证、公务签证和普通签证三种，即持有外交护照的发给外交签证，持有公务护照的发给公务签证，持有普通护照的发给普通签证。

(1) 签证根据出入境情况分为出境签证、入境签证、出入境签证以及再入境签证。出境签证，只许持证人出境，如需入境，须再办入境签证。入境签证，只准许持证人入境，如需出境，须再申办出境签证。出入境签证，持证人可以出境，也可以再入境。多次入出境签证，持证人在签证有效期内可允许入出境。

(2) 签证根据出入境事由分为移民签证、非移民签证、留学签证、旅游签证、工作签证、商务签证和家属签证等。

(3) 签证根据时间长短分为长期签证和短期签证。长期签证的概念是在前往国停留 3 个月以上。申请长期签证不论其访问目的如何，一般都需要较长的申请时间。在前往国停留 3 个月以内的签证称为短期签证，申请短期签证所需时间相对较短。

三、大学生出国签证办理流程中需要注意的事项

(1) 大学生在按照提交材料要求备齐签证申请材料后，就可提交使领馆。提交材料有两个途径：申请人本人提交，委托第三方提交。多数国家允许第三方提交，但也有些国家只准许本人当面提交。大部分使领馆只在上午接受申请材料，下午不接受。少数签证业务量大的使领馆(如美国使馆)，去使馆之前要电话预约。

(2) 交完材料后，使领馆一般会开具一份收据，写明何时出结果。等待时可凭此条查询或进入使馆。

(3) 颁发签证是一个国家主权范围内的事务，主权国家有权自行决定是否给其他国家公民颁发本国签证，且无须说明理由。因此，公民申请外国签证被拒属于正常情况，与签证官吵闹、纠缠或冲突无助于问题的解决，应沉着冷静地向签证机关了解原因，说明情况，尽快补齐所需材料，再次申办。

(4) 多数短期签证为一星期左右，加急视情况而定。需要注意的是，绝大多数使馆的签证受理时间是按工作日计算的，非工作日不计。

四、大学生在入境后需要注意的法律事项

大学生不管是旅游、求学或者在入境国短暂生活，都需要了解当地法律法规、风土人情、气候情况、治安状况、我国驻入境国使领馆地址和联系电话等。下面罗列了一些需要遵守的法律法规和自身防护等注意事项。

(1) 懂法守法，不做任何违规的事。涉及留学生的法律通常有民法、刑法、交通法、邻里法、婚姻法、消费法、环境保护法、野生动物保护法、公共秩序法、打工法等，此外还有不少针对学生管理的学校规定(如学籍、考勤、考试、图书借阅、资料复印、交费管理、住宿管理等)。学生在校学习期间受到各种法律保护，应尽可能搞清自己的权益，也可向专为学生提供法律咨询的律师请教。

(2) 学会保护自己。个人的家庭情况、财产状况、人际关系、婚姻状况等，不要轻易对外人言起。护照(护照要注意有效期)、银行卡(密码一定要保密)、学生卡、借阅卡、驾照、住房收据、重要购物票据等要妥为保存。不轻易与同学、朋友发生借贷等类经济往来。这类经济往来往往发生在两人之间，发生纠纷，既无凭又无证，一旦反目，极易转成冲突。

(3) 与家人保持经常性联系。学生在外，家里人无一日不挂念，为了让父母在国内安心工作，要经常同家里联系，随时沟通情况，报告平安。

(4) 远离黄赌毒类场所，不涉足黄赌毒类活动。许多学生因为不慎被诱涉猎这些不健康场所而导致财政状况恶化、情绪极度低落、学业荒废等情况，甚至走上犯罪的道路。

(5) 建立应急电话簿。常用电话号码要整理完备，紧急电话号码更不能离身，驻地使领馆电话、当地警察局电话和其他救急电话更要牢记。

(6) 丢失护照要及时报告我国使领馆，并及时登报声明作废，迅速补办新本护照。

(7) 严禁携带毒品、国际禁运物品、受保护动植物制品等出境，如携带大额现金，必须按规定向海关申报；不宜为陌生人携带行李或物品。

(8) 准备长期停留入境地的人抵达后，应及时到就近的使领馆办理有关登记手续，以便万一发生意外事件时中国驻当地的使领馆能及时与大学生及家人取得联系。

(9) 注意保管护照、重要文件、钱物及贵重物品等，最好将它们与其他行李分别搁放，以免被偷、被抢或遗失。将护照、签证、身份证复印备份，并将复印件连同几张护照相片与证件原件分开携带，以备急需。

第二节　留学生出入境和停留居留

教育对外开放是我国改革开放事业的重要组成部分。在构建人类命运共同体视野下梳理新时代教育对外开放观，是新时代教育开放发展的战略方向。各国高校教育的深度合作和人文交流，可以促进大学生对不同国家、不同文化的认识和理解，形成构建人类命运共同体的思想基础、文化基础和感情基础。党的十八大以来，我国的教育对外开放取得了显著进步。改革开放至 2019 年底，我国各类出国留学人员总数达 305.86 万人；2019 年各类

来华留学人员总数达 39.8 万。我国已经成为世界上最大的留学生输出国，同时也成为亚洲最大的留学目的地国。如何做好留学生的教育管理，使之遵守和熟悉留学地的法律法规和相关制度，更好地保护自己和维护自身权益，顺利度过愉快、收获满满的留学期，是一个重要问题。本节主要梳理了外国留学生来华入境出境和停留居留应遵守和涉及的相关法律法规，并进行了解读。

一、《中华人民共和国出境入境管理法》

(1) 外国人入境，应当向驻外签证机关申请办理签证，但是本法另有规定的除外。

(2) 签证分为外交签证、礼遇签证、公务签证、普通签证。对因外交、公务事由入境的外国人，签发外交、公务签证；对因身份特殊需要给予礼遇的外国人，签发礼遇签证。外交签证、礼遇签证、公务签证的签发范围和签发办法由外交部规定。对因工作、学习、探亲、旅游、商务活动、人才引进等非外交、公务事由入境的外国人，签发相应类别的普通签证。普通签证的类别和签发办法由国务院规定。

(3) 外国人申请办理签证，应当向驻外签证机关提交本人的护照或者其他国际旅行证件，以及申请事由的相关材料，按照驻外签证机关的要求办理相关手续，接受面谈。

(4) 外国人申请办理签证需要提供中国境内的单位或者个人出具的邀请函件的，申请人应当按照驻外签证机关的要求提供。出具邀请函件的单位或者个人应当对邀请内容的真实性负责。

(5) 外国人向口岸签证机关申请办理签证，应当提交本人的护照或者其他国际旅行证件，以及申请事由的相关材料，按照口岸签证机关的要求办理相关手续，并从申请签证的口岸入境。口岸签证机关签发的签证一次入境有效，签证注明的停留期限不得超过三十日。

(6) 外国人有下列情形之一的，不予签发签证：

① 被处驱逐出境或者被决定遣送出境，未满不准入境规定年限的。

② 患有严重精神障碍、传染性肺结核病或者有可能对公共卫生造成重大危害的其他传染病的。

③ 可能危害中国国家安全和利益、破坏社会公共秩序或者从事其他违法犯罪活动的。

④ 在申请签证过程中弄虚作假或者不能保障在中国境内期间所需费用的。

⑤ 不能提交签证机关要求提交的相关材料的。

⑥ 签证机关认为不宜签发签证的其他情形。

对不予签发签证的，签证机关可以不说明理由。

(7) 外国人有下列情形之一的，可以免办签证：

① 根据中国政府与其他国家政府签订的互免签证协议，属于免办签证人员的。

② 持有效的外国人居留证件的。

③ 持联程客票搭乘国际航行的航空器、船舶、列车从中国过境前往第三国或者地区，在中国境内停留不超过二十四小时且不离开口岸，或者在国务院批准的特定区域内停留不超过规定时限的。

二、《中华人民共和国外国人入境出境管理条例》

(1) 《中华人民共和国外国人入境出境管理条例》(以下简称《管理条例》)的一大亮

点是留学生勤工助学合法化。《管理条例》规定，持学习类居留证件的外国人需要在校外勤工助学或者实习的，应当经所在学校同意后，向公安机关出入境管理机构申请在居留证件上加注勤工助学或者实习地点、期限等信息。未加注的，不得在校外勤工助学或者实习。

(2)《管理条例》将普通签证由原先的 8 类调整为 12 类：取签证种类首字的汉语拼音，在旧法规定的八类普通签证，即 D 字(定居)、Z 字(职业)、X 字(学习)、F 字(访问)、L 字(旅游)、G 字(过境)、C 字(乘务)、J 字(记者)签证的基础上，新增了 M 字(贸易)、Q 字(亲属)、R 字(人才)、S 字(私事)四类签证，并对原有 F、X、Z 字签证的发放范围进行了调整。外国留学生一般申请的签证是 X1 字签证和 X2 字签证，前者发给申请在中国境内长期学习的人员，后者发给申请在中国境内短期学习的人员。短期是指在中国境内停留不超过 180 日(含 180 日)。长期、常驻是指在中国境内居留超过 180 日。

(3)《管理条例》明确了外国人居留证件的种类，包含以下几类：

① 工作类居留证件，发给在中国境内工作的人员。

② 学习类居留证件，发给在中国境内长期学习的人员。

③ 记者类居留证件，发给外国常驻中国新闻机构的外国常驻记者。

④ 团聚类居留证件，发给因家庭团聚需要在中国境内居留的中国公民的家庭成员和具有中国永久居留资格的外国人的家庭成员，以及因寄养等原因需要在中国境内居留的人员。

⑤ 私人事务类居留证件，发给入境长期探亲的因工作、学习等事由在中国境内居留的外国人的配偶、父母、未满 18 周岁的子女、配偶的父母，以及因其他私人事务需要在中国境内居留的人员。

(4) 外国留学生申请办理居留证件，应当提交本人护照或者其他国际旅行证件以及符合规定的照片和申请事由等相关材料，以及招收学校出具的注明学习期限的函件等证明材料，本人到居留地县级以上地方人民政府公安机关出入境管理机构办理相关手续，并留存指纹等人体生物识别信息。

(5) 外国留学生如果在申请居留证件时，不能按照规定提供申请材料的，在申请过程中弄虚作假的，违反中国有关法律、行政法规规定，不适合在中国境内停留居留的，有不宜批准签证和居留证件的延期、换发、补发或者签发停留证件的其他情形的，公安机关出入境管理机构不予批准签证和居留证件的延期、换发、补发，不予签发停留证件。

三、《教育部关于规范我高等学校接受外国留学生有关工作的通知》

依据《中华人民共和国教育法》和《中华人民共和国高等教育法》，为维护我国公平的教育环境，按照《高等学校接受外国留学生管理规定》的要求，现对高等学校接受祖国大陆(内地)、香港、澳门和台湾居民在移民外国后作为外国留学生来华进入本专科阶段学习做出如下补充规定：自 2010 年起，来华留学申请人必须持有有效的外国护照或国籍证明文件 4 年(含)以上，且最近 4 年(截至入学年度的 4 月 30 日前)之内有在国外实际居住 2 年以上的记录(一年中实际在国外居住满 9 个月可按一年计算，以入境和出境签章为准)。高等学校必须在来华留学申请人同时符合学校的其他报名资格规定后，方可受理其来华进入本专科学习的申请。祖国大陆(内地)、香港、澳门和台湾居民移民外国后返回国内接受高中教育并毕业，如未恢复中国国籍，则属于在中国定居的外国侨民，如符合我国普通高校招生工作规定的报名条件，可持其所在省(区、市)公安机关填发的《外侨居留证》，在其所在省(区、市)省级招生委员会指定的地点报名参加我国高等学校招生统一考试。

第三节　外国留学生与“三非”违法行为

随着我国国际地位的不断提升和国际交往的日益扩大，外国留学生来华进行学习深造和文化交流的频次逐年攀升，数量逐年增多。同时，中国高校经过多年的教育改革，教育质量显著提升，许多知名高校在国际上也具有了较大的影响力，吸引了越来越多的外国留学生来到中国高校进行深造，成为我国教育国际化的显著标志和重要内容。此外，留学生的教育管理也是我国高校教育管理工作的一个重要组成部分。正确认识和分析外国留学生教育管理中遇到的问题，对于促进我国高等教育事业的发展和提升教育国际化水平，具有重要的现实意义。

近年来高校留学生教育管理中面临的最主要问题就是“三非”问题(如非法居留、非法就业等)。一些留学生在不注意或者麻痹大意的情况下，就触犯了法律法规，对自己的学习、就业造成了很大的影响，更对高校的安全稳定造成了一定程度的影响。因此，有必要认真梳理和分析“三非”违法行为的具体含义和危害性。

一、“三非”违法行为的具体含义

根据《中华人民共和国出境入境管理法》相关规定，“三非”违法行为是指非法入境、非法居留和非法就业三种情况。

(1) 非法入境是指外国人未持合法、有效的入出境证件和签证(同我国订有免办签证协议国家的除外，如新加坡、文莱、日本等)，或未从我国对外开放的或者指定口岸入境，或未经我国边防检查站查验而私自入境的行为。

(2) 非法居留是指外国人未持合法有效签证、停居留证件在中国居留或停留的行为。非法居留主要有以下几种情形：

① 应该办理居留证件但未依法办理的。

② 所持居留证件已过期失效的。

③ 临时来华外国人的停留时间超过了签证上注明的准予停留期限的。

(3) 非法就业是指以下行为：

① 未取得工作许可和工作类居留证件在中国工作的。

② 超出工作许可限定范围在中国境内工作的。

③ 留学生违反勤工助学管理规定，超出规定岗位范围或者时限在中国境内工作的。

二、《中华人民共和国出入境管理法》有效应对“三非”问题的意义

外国人非法入境、非法居留、非法就业是我国经济社会发展到一定阶段的产物。目前，我国“三非”外国人问题虽然总体平稳可控，但必须加以重视，加强研究应对，避免成为影响出入境秩序的重要安全隐患。

(1) 严格签证签发制度，从源头上预防“三非”问题的产生。规范单位或者个人邀请外国人来华行为，规定出具邀请函件的单位或者个人应当对邀请内容的真实性负责。同时明确不予签发签证和不准入境的情形，对具有在申请签证过程中弄虚作假或者不能保障在中国境内期间所需费用等情形的外国人不予签发签证，对具有入境后可能从事与签证种类不符的活动等情形的外国人不准入境。

(2) 加强外国人停留居留管理。进一步规范来华外国人停留居留证件办理、住宿登记和日常查验等制度，规定外国人在中国境内不得从事与停留居留事由不相符的活动，规定公民、法人或者其他组织发现外国人有“三非”情形的，应当及时向公安机关报告。

(3) 规范外国人在华工作管理。规定外国人在中国境内工作，应按照规定取得工作许可和工作类居留证件，并明确对非法就业的界定，即外国人未按照规定取得工作许可和工作类居留证件在中国境内工作、超出工作许可限定范围在中国境内工作、外国留学生违反规定超出规定的岗位范围或者时限在中国境内工作的，属于非法就业。

(4) 规定了调查、遣返“三非”人员的措施和法律责任。对有“三非”嫌疑的外国人，县级以上地方人民政府公安机关或者出入境边防检察机关可以依法当场盘问、继续盘问、拘留审查、限制活动范围或者遣送出境等。被遣送出境的，一至五年内不准入境。对有“三非”情形的外国人，可以依法给予罚款或者拘留的处罚，并可以处限期出境。

三、我国公安机关对“三非”违法行为开展的专项行动

我国公安机关对打击“三非”违法行为历来高度重视，全国各地每年纷纷开展专项清理行动。例如：

(1) 四川省、云南省等地公安机关于2016年5月20日至9月20日，在全省统一开展了为期4个月的清理“三非”外国人专项整治行动：非法聘用外国人的用人单位，最高可处十万元以下罚款。对于介绍外国人非法就业的，对个人处每非法介绍1人5千元、总额不超过5万元的罚款；对单位处每非法介绍1人5千元、总额不超过10万元的罚款；有违法所得的，没收违法所得。非法聘用外国人的，每非法聘用1人处以1万元罚款，但总额不超过十万元；有违法所得的，没收违法所得。市民在日常生活中发现有“三非”外国人或其他单位(个人)存在上述违法行为的，可直接向当地公安机关举报。

(2) 2015年广州进行了12年来最大规模的清查“三非”外国人的行动，依法取缔涉及犯罪活动的出租屋，严格管理以小时、天数为租期的出租屋。

(3) 2017年广州公安机关通过大数据实现了对在当地非法入境、非法居留、非法就业外国人的精准查控，设置违规中介、频繁开房、非法家政、非法务工、重点人员聚集等多个数据分析战法模型，通过信息挖掘分析，获取情报线索，起到了良好的查处打击效果。

由此可见，我国各地公安机关对打击外国人“三非”违法行为的管控越来越严格，打击力度越来越大，查处成效也越来越显著，各地公安机关全警联动，有效遏制了外国人“三非”违法行为的上升势头。

四、各国处理“三非”行为的法律规定

由于经济发展阶段不同，贫富差距、地区动荡与战乱等原因，“三非”外国人已经成

为全球“移民潮”中很多国家面临的共性难题。为了解决这类问题，各国都出台了相应的管理办法。

(1) 新加坡：针对“三非”外国人，判处半年以下有期徒刑，并处鞭刑。

根据报道，新加坡现在总人口中，外国人已经占了1/4以上，这还不包括那些已经拿了当地永久居留权的外国人。虽然新加坡对于外国人前往持相当开放的态度，但是对“三非”外国人的打击处理力度是毫不手软的。近年来，新加坡发生了多起外国人冒用他人护照，或者通过藏匿在交通工具中偷渡等方式，试图非法进入新加坡，触犯移民法而被当局逮捕的事件。根据新加坡移民法的规定，非法入境或者逾期逗留者将被判处6个月以下的有期徒刑，并被处以至少三下的鞭刑，或者5万元人民币的罚款。而协助非法移民者的刑期最高可达2年。同样，在新加坡就业的外籍劳工，必须持有工作者证，否则会被认定为非法就业者，不但会被处以2万5千元人民币以内的罚款，而且还会面临牢狱之灾，面临鞭刑，还会被遣送出境，并将永久被禁止再度进入新加坡。

(2) 美国：针对“三非”外国人，处罚从罚款到负刑事责任不等。

美国是一个由移民组成的国家，非法移民问题一直都是美国社会的热点话题之一。目前，美国共有超过1000万非法移民。据统计，进入美国的非法移民者逐年升高，而且远远超过了合法进入美国的人数。由于美国的经济困境，许多雇主为了节省成本支出，设法以现金支付的方式来雇佣一些非法居留者，但是一旦被政府或移民局查获，就会受到严重的惩罚，处理的办法从罚款到负刑事责任不等。对于非法移民来说，自己本身也尽量遵纪守法，避免被抓之后查明身份，被驱逐出境。另外，有组织的犯罪团伙也常常以非法货运集装箱的方式，大批贩卖人口，导致大量非法移民入境。一旦被查获，受害者一般情况下会被递解回国，但是如果有各种理由申请避难，美国政府也会给予考虑。

(3) 日本：警方拘捕强制遣返的“三非”外国人，5年内不得入境。

在20世纪90年代，日本的“三非”问题相当严重。日本政府早在2004年就制定了五年以内将非法滞留的外国人人数降低一半的目标，日本入国管理局专门开设了举报非法滞留的邮箱，警方对举报人会酌情给予5万日元以下的奖金。特别是从2007年开始使用指纹认证系统以后，以他人的名义入境日本就更加困难了。日本还规定，非法滞留的外国人自首，出境后一年之内不得再次入境，如果被警方拘捕强制遣返的，5年以内不得入境。另外，雇佣非法滞留人员的企业和雇主将以非法就业驻扎罪被判处3年以下监禁，或300万日元以下的罚款。

五、外国留学生禁止“三非”违法行为的原因

我国各大高校都制订了留学生管理的相关规定，其中都明确规定了外国留学生应当遵守中国政府的法律法规和学院的校纪校规，不得参加违法、违纪活动，不得损害中国的国家主权、安全和社会公共利益。其中就包括不得违反《中华人民共和国出入境管理法》中针对外国人的“三非”违法行为的法律规定。近年来，少数外国留学生抱着侥幸的心理隐瞒、谎报相关情况，进行非法居留、非法打工等。我国公安机关出入境管理部门不定期会对辖区内留学生开展专项整治教育行动，重点开展境外留学生身份入户信息核查、对辖区内有较多外籍留学生居住的小区进行全面入户清查等行动，不定期查验留学生的居留许可

证件、临时住宿登记，并对居住安全防范方面进行多项巡检和抽查等，一旦发现留学生违反《中华人民共和国出入境管理法》的相关规定，具有“三非”违法行为的情况出现，都将给予严厉处罚，将其遣返回国，并且在遣返回国之日起六个月至三年以内不予签发护照。更为严重者，如果参与组织偷渡、跨境运输“三非”人员链条中，将构成组织他人偷越国(边)境罪。关于组织他人偷越国(边)境罪，《中华人民共和国刑法》第三百一十八条规定：组织他人偷越国(边)境的，处二年以上七年以下有期徒刑，并处罚金；情节严重的，处七年以上有期徒刑或者无期徒刑，并处罚金或者没收财产。因此，外国留学生来华进修深造，首先要遵守的就是《中华人民共和国出入境管理法》，同时要注意的问题就是“三非”问题。

第四节　常见法律问题与解析

案例 1

【基本案情】

某高校 B 国留学生入境就读后，在办理居留许可申请手续前不慎遗失护照。留学生管理人员接到举报后及时到出入境管理部门为其办理了护照遗失证明，并督促其抓紧办理新的护照。但是该留学生长期拖延，并未办理新护照，构成严重超期居留而被处罚。

【案例解析】

根据《中华人民共和国出入境管理法》第十五条规定：“外国人入境，应当向驻外签证机关申请办理签证，但是本法另有规定的除外。”第七十八条规定：“外国人非法居留的，给予警告；情节严重的，处每非法居留一日五百元、总额不超过一万元的罚款或者五日以上十五日以下居留。”本案例中的外国留学生在护照丢失后，长期拖延办理新护照及签证手续，已经违反了相关法律规定。相关部门可对其作出相应处罚。

案例 2

【基本案情】

我国某地边检站官兵在为美国至该地的旅客办理入境手续时，发现大学生蒋某所持普通护照签证页内的 3 枚中国边检验讫章有被涂改嫌疑。面对执勤人员询问，蒋某声称是有一次不小心被“泡水”才导致验讫章异常。边检官兵经过技术比对查验，确认是人为涂改。此时，蒋某才交代实情：他一直在国外读书，父母看管很严，但女朋友在国内，很难见面，为解相思之苦，为了不让家人知道他私自回国见女朋友，情急之下，他将证件上的验讫章日期进行了涂改。边检站对蒋某处以 1000 元罚款，并收缴了他的护照。

【案例解析】

蒋某私自涂改边检验讫章违反了《中华人民共和国出入境管理法》的有关规定，蒋某的护照已经作废，只能重新申请护照再出境。大学生要注意，护照上的任何东西都不能随便更改，涂改出入境验讫章系违法行为。

案例 3

【基本案情】

我国某地边检站执勤官兵在检查该地至韩国首尔的出境航班时，发现一名女性旅客宋某直接冲出了检查通道，我边检人员当即将宋某拦下。经了解，宋某是韩国某男团组合的粉丝，得知偶像要从当地机场出境，为能近距离地接触偶像，用护照买了机票，顺利跟随偶像抵达登机口。飞机起飞后，小韩取消了行程，在等待注销手续时，她有些不耐烦，直接冲出了检查通道，最后被边检人员拦下。

【案例解析】

根据《中华人民共和国出入境管理法》有关规定，扰乱口岸限定区域管理秩序的，给予警告，可以并处二千元以下罚款；情节严重的，可以并处五日以上十日以下拘留。宋某为此受到警告和罚款的处罚。

案例 4

【基本案情】

某高校 C 国留学生甲在某市入境，修读汉语课程。某日该校卫队队员在巡逻检查过程中发现留学生甲正在给路过的学生散发传单，传单内容涉及宗教宣传。该校保卫处工作人员立即联系当地公安机关出入境管理部门。

【案例解析】

根据《中华人民共和国境内外国人宗教活动管理规定实施细则》(国家宗教事务局 2000 年 8 月 11 日令第 1 号公布，2010 年 11 月 29 日国家宗教事务局令第 9 号修正)的有关规定，明确禁止外国人在中国公民中发展教徒，在我国境内散发宗教宣传品等传教行为。学校招收和培养国际学生管理办法规定国际学生在校内不得进行任何宗教活动。我国高校制定的学生管理规定也明确禁止在校园内进行各类传教活动。该留学生违反了相关法律规定，经反复教育和劝导，仍坚持进行传教活动。学校按照相关政策开除了学生甲。公安机关出入境管理部门注销了他的签证并要求其限期离境。

案例 5

【基本案情】

A 高校某外国留学生在酒吧吸食毒品，导致产生幻觉前往医院就诊。经诊断，该留学生长期吸食大麻类毒品，为大麻类物质精神和行为障碍。经学校和警方核实，依法对该留学生处以行政拘留 5 日后遣返的处罚。

【案情解析】

我国对待毒品犯罪零容忍。禁毒法和治安管理处罚法均对吸食毒品行为有相应的规定。针对来华留学生涉毒问题，在法治教育中要全面介绍中国的禁毒法律制度，一旦来华留学生触犯法律，直接走法律途径解决问题。

案例 6

【基本案情】

某高校留学生甲，因屡次违反校纪校规被学校开除学籍勒令退学后，并未按照惯例在两周内变更居留许可，限期离境回国，而是在机场游荡。后由出入境管理部门工作人员和机场保安将甲送上改签后的航班，离境回国。

【案情解析】

留学生甲屡次触犯学校的管理规定，严重影响他人的学习生活，且屡教不改，学校有权对其作出勒令退学的处分。学校采取的措施符合法律规定。根据《中华人民共和国出入境管理法》第六十二条，被处限期出境，未在规定期限内离境的，可对其遣送出境。

案例 7

【基本案情】

某高校留学生甲在酒吧醉酒后对乙女士进行了猥亵，乙女士随即拨打了报警电话。当地派出所分别对甲、乙、目击证人进行了问询并做笔录。根据目击证人提供的信息，证实甲确有对乙进行了猥亵。当地公安机关对甲处以 5 日行政拘留的处罚。后学校开除了甲的学籍并督送确认甲登记离境。

【案情解析】

根据我国相关法律规定，留学生甲为完全行为人，能够对自己的行为承担责任。根据《中华人民共和国治安管理处罚法》的规定，公安机关可以对甲做出居留处罚。同时根据该法第 10 条：“对违反治安管理的外国人，可以附加适用限期出境或者驱逐出境。”

案例 8

【基本案情】

2020 年疫情期间，3 名越南籍留学生在隔离期间，为了避免被人察觉，故意将安装有定位 App 的手机放在隔离场所后，外出就餐。后被留学所在国家法务部门驱逐出境。

【案情解析】

随着新冠病毒疫情在全球不断蔓延，各国政府都制定了相关的政策措施。该留学生所在国要求所有入境人员不分国籍一律接受为期两周的隔离，费用自行承担。案例中的留学生违法隔离规定，违规外出，受到了被驱逐出境的处罚。

案例 9

【基本案情】

中国女留学生王某在留学所在国为亲戚朋友代购了一些奶粉，后来发现可以赚一些钱来补贴生活费，就开始在网上发布信息，大批量代购。后来遭到当地政府查处，王某直接被遣返回中国。留学生王某不仅荒废了学业，同时因为触犯了当地法律付出了惨痛的代价。

【案情解析】

华人留学生在留学所在国作代购、开网店的现象，已经屡见不鲜。然而，当一些学生以为在校期间就能大干一番“事业”时，却忽略了其中可能触及法律的问题。

海外代购，这项被认为易于操作、投资额低、回报率高的生意，吸引了大批留学生趋之若鹜。而由代购引发的种种问题却没有引起留学生群体的足够重视。作为留学生到海外主要的目的是学习，而代购则被认定为是商业经营的一种模式，这本身已经超出了学生签证所允许的行为范畴。这种情况一旦得到证实，移民部门有权利收回被滥用的签证。其次，在多次进行的商业代购过程中，代购者以自用名义，数次买入商品，却以盈利为目的卖出商品。这样的行为已经产生了偷逃税和非法经营的问题，更严重的还有可能构成走私。这已属于刑事犯罪问题，除了可能受到当地法律制裁外，则更有风险被遣返回国。

案例 10

【基本案情】

中国留学生张某因携带豆花进入留学所在国地铁站，被安检人员拦下。安检员要求其喝完再进站，并向其解释禁止乘客将液体携带进地铁。然而，张某拒绝服从，随后还因控制不住情绪将豆花泼向为其解释安全规定的警察。最后，张某遭当地警方逮捕，并被驱逐出境。

【案情解析】

留学生要严格遵守目的地国家有关出入境管理的规定，避免麻烦。同时，在任何地方、任何时候，都不应该心存逍遥法外的侥幸心理，违法犯罪最终都将面临法律的惩罚和制裁。张某的行为已经触犯了目的地国家的法律，被控“袭警”“违抗公权力”及“不当骚扰”，违反了当地的移民法威胁公众利益而被驱逐出境。

【课后练习题】

1. 大学生办理签证应注意的法律事项有哪些？
2. 外国人不予签发签证的情况有哪些？
3. “三非”违法行为具体是指什么？
4. 外国留学生申请办理居留证件的程序是什么？
5. 试举出一例大学生违反出入境管理法的案例，并进行分析。

附录 实用工具

个人借款合同范本

甲方(出借人)：________ 身份证号：__________________

乙方(借款人)：________ 身份证号：__________________

第一条 自_____年_____月_____日至_____年_____月_____日，由甲方提供乙方借款计人民币(大写) _____元。还款计划如下：

第二条 甲方应按期、按金额向乙方提供贷款，否则，应按违约数额和延期天数付给乙方违约金，违约金数额的计算与逾期借款罚息同。

第三条 借款利率，按银行贷款现行贷款利率。如遇调整，按调整的新利率和计息规定计算。

第四条 乙方保证按本合同所定期限归还借款本息。否则，按中国人民银行延付款计算规定计算罚息。

第五条 乙方的借款由担保人用____________作担保，担保期限为_____，担保范围为乙方偿还本息和逾期罚息。

第六条 借款到期后，如乙方不按期归还本息，由担保单位(或担保人)依法承担连带责任。

第七条 为保证本合同项下的借款能得到清偿，甲方可要求乙方提供担保措施(包括但不限于保证、抵押、质押等)，具体担保事宜以相应的担保合同为准。

第八条 本合同一式三份，甲方和乙方各持一份，担保方一份。各份协议文本具有相同法律效力。

第九条 本合同经双方签字之日起生效。

签约日期：__________________

甲方：________(签字) 联系电话：_____________ 住址：__________________

乙方：________(签字) 联系电话：_____________ 住址：__________________

贷款合同范本

贷款方：____________________

乙　方：____________________

保证方：____________________

乙方为进行生产(或经营活动)，向贷款方申请借款，并聘请_____作为保证人，贷款方业已审查批准，经三方(或双方协商)，特订立本合同，以便共同遵守。

第一条　贷款种类：____________________

第二条　借款用途：____________________

第三条　借款金额人民币(大写) _____元整。

第四条　借款利率借款利息为千分之_____，利随本清，如遇国家调整利率，按新规定计算。

第五条　借款期限：____________________

还款期限：____________________

第六条　还款资金来源及还款方式。

1. 还款资金来源：____________________

2. 还款方式：____________________

第七条　保证条款

1. 乙方用____________做抵押，到期不能归还贷款方的贷款，贷款方有权处理抵押品。乙方到期如数归还贷款的，抵押品由贷款方退还给乙方。

2. 乙方必须按照借款合同规定的用途使用借款，不得挪作他用，不得用借款进行违法活动。

3. 乙方必须按照合同规定的期限还本付息。

4. 乙方有义务接受贷款方的检查，监督贷款的使用情况，了解乙方的计划执行、经营管理、财务活动、物资库存等情况。乙方应提供有关的计划、统计、财务会计报表及资料。

5. 需要有保证人担保时，保证人履行连带责任后，有向借贷方追偿的权利，借贷方有义务对保证人进行偿还。

第八条　违约责任。

一、乙方的违约责任

1. 乙方不按合同规定的用途使用借款，贷款方有权收回部分或全部贷款，对违约使用的部分，按银行规定的利率加收罚息。情节严重的，在一定时期内，银行可以停止发放新贷款。

2. 乙方如逾期不还借款，贷款方有权追回借款，并按银行规定加收罚息。乙方提前还款的，应按规定减收利息。

3. 乙方使用借款造成损失浪费或利用借款合同进行违法活动的，贷款方应追回贷款本息，有关单位对直接责任人应追究行政和经济责任。情节严重的，由司法机关追究刑事责任。

二、贷款方的违约责任

1. 贷款方未按期提供贷款，应按违约数额和延期天数付给乙方违约金。违约金数额的计算应与加收乙方的罚息的计算相同。

2. 银行工作人员，因失职行为造成贷款损失浪费或利用借款合同进行违法活动的，应追究行政和经济责任。情节严重的，应由司法机关追究刑事责任。

第九条　解决合同纠纷的方式

执行本合同发生争议时，由当事人双方协商解决。协商不成时，经双方同意由仲裁委员会仲裁或向人民法院起诉。

第十条　其他

本合同非因《借款合同条例》规定允许变更或解除合同的情况发生，任何一方当事人不得擅自变更或解除合同。当事人一方依照《借款合同条例》要求变更或解除本借款合同时，应及时采用书面形式通知其他当事人，并达成书面协议。本合同变更或解除之后，乙方已占用的借款和应付的利息，仍应按本合同的规定偿付。

本合同如有未尽事宜，须经合同双方当事人协商，作出补充规定，补充规定与本合同具有同等效力。

本合同正本一式三份，贷款方、乙方、保证方各执一份；合同副本一份，报送到有关单位(如经公证或鉴证，应送公证或鉴证机关)。

贷款方：____________________(签字)

乙　方：____________________(签字)

保证方：____________________(签字)

房屋租赁合同范本

甲方(出租方)：____________________

乙方(承租方)：____________________

根据《中华人民共和国城市房地产管理法》《中华人民共和国合同法》及其他国家和地方房屋租赁的有关规定，甲乙双方在平等、自愿、协商一致的基础上，就下列房屋租赁事项订立本合同。

一、租赁房屋状况

1. 房屋坐落：_____市(县)，房屋所有权证号：____________________(或其他产权证明：____________________)

2. 房屋的建筑结构为_____，建筑面积_____平方米，间数_____间，公共部位与公用分摊建筑面积_____平方米。实际使用面积_____平方米。

3. 装修及设施情况(附件一)。

二、租赁用途：该房屋仅作(□住宅 □商业 □办公 □生产用房)用途使用，未经甲方同意不得随意更改。

三、租赁期限：从_____年_____月_____日起至_____年_____月_____日止。

四、租金及交付方式：

1. 租金按(□建筑面积 □使用面积 □套 □间)计价。

2. 月租金为人民币_____圆整(大写)。

3. 租金变动条款：________________

4. 付款方式：________________

5. 定金：乙方在签订本合同后_____天内须向甲方缴纳_____月的租金作为定金，即人民币_____圆整(大写)。

五、房屋租赁期间，甲方保证并承担下列责任：

1. 上述房屋符合出租房使用要求。

2. 甲方应负责向房屋所在地房管部门办理房屋租赁合同登记备案手续。

3. 如需出卖或抵押上述房屋，甲方应提前_____个月通知乙方。

4. 甲方负责对房屋及其附着物承担正常的房屋维修费用。因甲方延误房屋维修而使乙方或第三人遭受损失的甲方负责赔偿。

5. 交房之前甲方应负责结清出租房屋的有关费用(□物业费 □水电费 □电话费 □燃气费 □宽带网)

6. 租赁期间，甲方未经乙方同意，不得擅自改变房屋现状。

7. 租赁期内，出租方因拖欠政府的税费，或因其他债务纠纷导致出租房屋受到限制，影响承租人正常使用的，甲方应负责赔偿。

8. 其他约定：____

六、房屋租赁期内，乙方保证并承担下列责任：

1. 如需对房屋进行改装或增扩设备时，应征得甲方书面同意。费用由乙方自理。

2. 因使用不当或其他人为原因而使房屋或设备损坏的，乙方负责赔偿。

3. 乙方应对甲方正常的房屋检查和维修给予协助。

4. 乙方应在租赁期届满时把房屋交还给甲方。如需继续承租上述房屋，应提前_____天与甲方协商，双方另签订合同。未签订续租合同乙方继续使用房屋，甲方没有提出异议的，租赁合同继续有效，但租赁期限为不定期。

5. 乙方应负责缴纳出租房屋租赁期内所发生的费用(□物业管理费 □水电费 □电话费 □燃气费 □宽带网)

6. 未经甲方同意，乙方不得改变房屋用途，不得擅自分割或转租。

7. 乙方应遵守物业管理部门制定的各项管理规章制度。

8. 其他约定：____

七、房屋交接约定：合同期满后_____天内，甲乙双方按以下约定条款交接：

1. 装修清场约定：乙方应负责(□将房屋恢复原装修状况 □保留租期届满时的装修状况 □期满前_____天与甲方协商后另定交接条件)

2. 定金约定：乙方向甲方交房时，甲方应将定金无息退还乙方。如乙方有欠缴的租金及其他未结清的费用，则甲方可将定金折抵后剩余部分退还乙方。

3. 遗留物约定：甲方向乙方交房_____天后，或乙方向甲方交房_____天后，一方有权任意处置另一方的遗留物。

4. 其他约定：____

八、违约责任：

1. 任何一方未能履行本合同约定的条款或违反国家和地方房屋租赁的有关规定，另一方有权提前解除本合同，所造成的损失由责任一方承担。

2. 甲方逾期交付房屋，每逾期一日，由乙方按定金额的千分之_____向甲方加收违约金，违约金可充抵租金。

3. 乙方逾期交付房租，每逾期一日，由甲方按月租金额的千分之_____向乙方加收违约金。

4. 其他约定：____

九、乙方有下列行为之一的，甲方有权终止合同，收回房屋，因此而造成损失的，由乙方负责赔偿：

1. 将承租的房屋擅自转租的；

2. 将承租房屋擅自转让、转借他人或擅自调换使用的；

3. 擅自拆改承租房屋结构或改变用途，损坏房屋的；

4. 拖欠租金连续_____天或累计_____天以上的；

5. 利用承租房屋进行违法违规活动的。

十、甲方有下列行为之一的，乙方有权终止合同，由甲方双倍返还定金，并承担由此产生的责任。

1. 甲方迟延交付出租房屋_____天以上；

2. 甲方不承担维修责任，致使乙方无法正常使用或造成人身伤害、财产损失；

3. 出租房屋权属不清，造成乙方无法继续承租；

4. 未经乙方同意，擅自改变房屋现状；

5. 以欺诈手段骗取定金或租金。

十一、如因不可抗力的原因而使承租的房屋或设备损坏的，双方互不承担责任。因不可归责于承租人的原因，致使租赁房屋部分或全部毁损、灭失的，承租人可以要求减少租金或不支付租金；因租赁房屋部分或全部毁损、灭失，致使不能实现合同目的的，承租人可以解除合同。

十二、租赁同事经租赁双新高度签章后生效，并主动向房地产管理部门登记备案。合同无效、被撤销或终止的，不影响合同中独立存在的有关解决争议方法的条款的效力。

十三、上述房屋在租赁期内所需缴纳的税费，由甲乙双方按规定各自承担并按时缴纳。若甲方因其他原因未按时缴纳，可由乙方代缴，其代缴金额可从租金中抵扣。

十四、本合同未迟事项，双方可签订补充协议(附件二)合同附件与本合同具有同等法律效力。

十五、本合同在履行中若发生争议，甲乙双方可协商解决；也可以由当地房地产管理部门或工商行政管理部门调解；协商或调解不成的，按下述第__________款方式解决。

1. 提交__________仲裁委员会仲裁。

2. 依法向人民法院起诉。

十六、本合同签订后_____天内，由(□甲方 □甲方委托乙方)依法向所在地房地产管理部门申请办理登记备案手续。

十七、本合同一式_____份，甲乙双方各执_____份，所在地房地产管理部门备案一份。

甲方(签章)
法定代表人：
地址：
联系电话：
委托代理人：
_____年_____月_____日

乙方(签章)
法定代表人：
地址：
联系电话：
委托代理人：
_____年_____月_____日

登记机关：(盖章)

登记日期：_____年_____月_____日

登记期限：自_____年_____月_____日至_____年_____月_____日止
附件一(房屋装修设备)______________________________
附件二(补充协议)______________________________

离婚协议书(一般范本)

男方：________，_____年_____月_____日出生，身份证件号：_______________，现住址：__________。

女方：________，_____年_____月_____日出生，身份证件号：_______________，现住址：__________。

双方于_____年_____月_____日在_____市_____城区(县)人民政府的民政部门登记结婚，现因_______________ (注：指感情不和等)的原因，自愿离婚，经双方协商一致，对有关事项，依《婚姻法》的规定达成如下协议：

一、男方_____与女方_____自愿离婚。

二、子女的抚养：

1. 双方于_____年_____月_____日生育有一儿子/女儿，取名：_____，离婚后儿子/女儿随男方/女方直接抚养生活，由女方/男方每月给付抚养费(包括生活费、教育费、医疗费)_____元，在每月_____号前付清，直到孩子完成高中教育阶段止。高中教育阶段之后的有关费用双方日后重新协商。

2. 男方/女方(注：指未直接抚养的一方)可在每月的第_____周星期六起至周日接儿子/女儿随其生活或娱乐。如临时或节假日的探望，可提前一天由双方协商，达成一致后可按协商的办法进行探望。儿子/女儿十周岁以上时，探望权的行使应尊重儿子/女儿的意见，不可强行按本协议执行。

三、夫妻共同财产的分割：

1. 房产：

A. 夫妻双方婚后购有坐落在_____路_____号_____小区_____栋_____单元_____号的楼房一套，登记在男方/女方(或双方)名下，属夫妻共有财产。离婚后，该套房屋归男方/女方所有(注：包括房内装修、内附属设施及相关配套设施)，双方相互配合办理产权变更登记手续。因办理产权变更登记手续所应支付的一切税费等均由男方/女方承担。取得房屋所有权的一方给予另一方经济补偿人民币_____元，在本协议签订之日起_____日内付清。

B. 夫妻双方婚后购有坐落在_____路_____号_____小区_____栋_____单元_____号的楼房一套，购房时以男方/女方为主贷人向_____银行按揭贷款购买，首付及按揭还款都来源于夫妻共有存款，该房属夫妻共有财产。离婚后，该套房屋归男方/女方所有(注：包括房内装修、内附属设施及相关配套设施)，双方相互配合办理产权变更登记及办理贷款主贷人变更手续。因办理产权变更登记及办理贷款主贷人变更手续所应支付的一切税费等均由男方/女方承担。取得房屋所有权的一方给予另一方经济补偿人民币_____元，在本协议签订之日起_____内付清。

C. 夫妻共有房屋内的家用电器及家具等等(见清单)，双方同意作价_____万元，归男方/女方所有，取得的一方给予另一方经济补偿人民币_____元，在本协议签订之日起_____内付清。

2. 机动车辆：_____年_____月_____日购有_____牌汽车一辆，离婚后归男方/女方所有，取得的一方给予另一方经济补偿人民币_____元，在本协议签订之日起_____内付清。

3. 股权、股票、债券等：(如前述依协议详定) ________________

4. 债权与债务：(如前述依协议详定) ________________

5. 双方各自名下的其他私人财产(如首饰、衣服等)归各自所有。

四、离婚后住房的安排：

男方住：____________________

女方住：____________________

五、其他协议事项：____________________

上述协议事项，双方保证切实履行。协议内容如有隐瞒、欺骗、责任自负。

立协议人：

男方：_________ (签章)　　女方：_________ (签章)

_____年_____月_____日　　_____年_____月_____日

劳动合同范本

甲方(用人单位名称)：____________________

乙方(职工姓名)：________________________

乙方家庭住址：__________________________

身份证号码：____________________________

通信地址：______________________________

联系方式：______________________________

依照《中华人民共和国劳动法》和国家有关劳动法律、法规的规定，经甲、乙双方在平等、自愿、协商一致的原则下，签订本合同，甲乙双方自愿全面履行，如有违反，愿承担相应的法律责任。

第一条　合同履行期限为年，自_____年_____月_____日起至_____年_____月_____日止，其中试用期为_____个月(自_____年_____月_____日起至_____年_____月_____日止)合同期满即行止，如甲方工作需要，可在双方同意的条件下续订合同。

第二条　工作岗位及酬劳

1. 乙方受聘于甲方，担任__________岗位工作，乙方应按照甲方的要求，按时完成规定的__________岗位工作，并达到质量标准。

2. 在聘用期内甲方支付给乙方的工作酬劳为每月人民币_____元；试用期内甲方支付给乙方的工作酬劳为每月人民币_____元。

第三条　双方责任和义务

1. 甲方依照岗位需要，提供相应的劳动防护、安全措施。

2. 甲方依照工作需要对乙方进行专业技术培训和业务培训，以及企业的有关安全治理、岗位责任制等规章制度培训。

3. 甲方不得拖欠乙方的酬劳，如出现拖欠，应及时给付。

4. 在合同期内所形成的全部知识产权归甲方所有。

5. 甲方制订公司规章制度，乙方应遵守甲方的规章制度，并执行甲方规章制度中相关岗位职责，掌握岗位技能和操作程序，按工作质量标准完成任务，并同意甲方职能部门的考核。

6. 乙方郑重承诺，对在甲方工作期间掌握的治理流程、产品制作方法、专有技术、培训内容、特有操作方法、产品配方、原材料采购渠道、客户使用情况、费用利润情况、工艺、数据、程序、设计、货源情报、招投标文件以及其他技术信息和经营信息等商业隐秘负有守护、保密的义务。

7. 乙方同意甲方培训所获得的特别技术__________，产品配方__________及乙方获悉的商业隐秘等。乙方在甲方工作期间或离职后的任何时候不得做技术转让、不得泄露、离职_____年内不得从事该工作。

如发觉乙方有违反第三条第 7 款第 1 项情形的，甲方将追究乙方违约责任，乙方须给付甲方违约金人民币_____元，并由乙方承担甲方行使权利救济的全部费用(仲裁费、诉讼费、律师费等)。

如乙方有违反第三条第 6 款和第 7 款第 1 项的情形并对甲方造成经济损失的，应当依法承担赔偿责任，并由乙方承担甲方行使权利救济的全部费用(仲裁费、诉讼费、律师费等)。

乙方在终止或解除劳动合同后的一定期限内(_____年内)，不得到生产同类产品或经营同类业务且到有竞争关系的其他用人单位工作，也不得自己生产与原单位有竞争关系的同类产品或经营同类业务。如乙方有违反上述条款的行为则乙方承担违约责任，乙方须给付甲方违约金_____元。

8. 特别工作用品费用由乙方自行承担。为便于统一治理，乙方应托付甲方制作或购置，特别工作用品制作或购置费用为_____元。

本合同正常终止时甲方可补偿乙方特别工作用品费用_____元。

第四条　合同变更与终止

1. 本合同所依据的客观情况发生重大变化，致使本合同无法履行的，经双方协商同意，能够变更本合同相关内容。

2. 乙方有下列行为时，甲方有权解除本合同：

(1) 被工作实践证明不称职的；

(2) 严重违反劳动纪律或甲方规章制度的：

(3) 严重失职、营私舞弊，对甲方利益造成损害的；

(4) 被依法追究法律责任的；

(5) 患有传染性疾病时或躯体不适宜从事该岗位工作的；

(6) 患病或者非因工负伤，医疗期满后不能从事原工作，也不能从事由甲方另行安排的工作的；

(7) 劳动合同订立时所依据的客观情况发生重大变化，致使原劳动合同无法履行，经甲、乙双方协商不能就变更劳动合同达成协议的。

3. 合同期内任何一方要求解除劳动合同，必须提早一个月以书面形式通知对方，方可解除本合同。(第四条第二款所列 7 种情况除外)

4. 甲方无故未按时支付乙方工资达三个月以上时，乙方有权单方解除合同。

5. 甲方向乙方邮寄信件、传递信息时，邮寄地址以乙方提供的家庭住址或通信地址为准，乙方家庭成员可作为乙方邮件、信息代收人。

第五条　双方需约定的条款

1. 本合同未尽事宜，双方可另行协商达成一致后，以书面形式作为本合同的补充合同。补充合同与本合同具有同等法律效力。

2. 本合同在执行过程中，如与国家新颁布的法律抵触时，应按国家法律执行。

3. 本合同发生争议时，当事人应先向企业劳动争议调解委员会申请调解，调解不成时再向劳动争议仲裁委员会申请仲裁。

本合同依法成立，经甲、乙双方签字后生效。

本合同一式三份，甲方执二份，乙方执一份，具有同等法律效力。

甲方：____________________ 乙方：__________________

法定代表人：_____________ (签章) __________________ (签章)

托付代表：_______________ (签章) __________________ (手印)

合同签订日期：_____年_____月_____日

就业协议书范本

普通高等学校毕业生就业协议书

用人单位(甲方)：______________________

毕 业 生(乙方)：______________________

学　　　　校：______________________

甲方(用人单位)	单位名称		组织机构代码	
	单位隶属	□中属 □省属 □设区市属 □县(市、区)属 □县以下(含乡镇、村、居委会等)	联系人	
	单位地址		联系电话	
	单位类别	□机关 □科研设计单位 □高等教育单位 □中、初等教育单位 □医疗卫生单位 □艰苦事业单位 □其他事业单位 □国有企业 □非公有制企业 □艰苦行业企业 □其他企业 □部队 □农村建制村 □城镇社区 □社会团体 □民办非企业 □其他		
	单位行业	□农、林、牧、渔业 □采矿业 □制造业 □电力、燃气及水的生产和供应业 □建筑业 □交通运输、仓储和邮政业 □信息传输、计算机服务和软件业 □批发和零售业 □住宿和餐饮业 □金融业 □房地产业 □租赁和商务服务业 □科学研究、技术服务和地质勘查业 □水利、环境和公共设施管理业 □居民服务和其他服务业 □教育 □卫生、社会保障和社会福利业 □文化、体育和娱乐业□公共管理与社会组织 □国际组织 □其他		
	档案接收单位			
	档案接收地址		邮政编码	
	户口迁移地址			

乙方(毕业生)	姓　名		性　别		出生年月		毕业时间	
	入学前户口所在地		民　族		政治面貌		健康状况	
	专　业				学　制		学　历	
	身份证号码				学　位		联系电话	
	培养类别	□非定向 □定向 □委培 □师范						
	家庭地址						邮政编码	

用人单位意见： 签　章 ____年____月____日	用人单位主管部门或人事代理机构意见： 签　章 ____年____月____日
学校院(系)意见： 签　章 ____年____月____日	学校毕业生就业工作部门意见： 签　章 ____年____月____日

学校名称		邮政编码		联系电话	
学校地址				联系人	

甲乙双方按照国家和省毕业生就业政策及相关规定，遵守诚实、信用的原则，在平等自愿、协商一致的基础上，依法达成如下协议：

一、甲方同意录(聘)用乙方。

二、乙方同意毕业后到甲方工作。

三、甲方录(聘)用乙方工作期限为_____年，工作地点为_____，工作岗位为__________。

四、甲方录(聘)用乙方工作期间，乙方月实际工资收入不低于_____元(该项收入不得低于当地政府规定的最低工资标准)。

五、甲方录(聘)用乙方工作期间，甲方按国家和本省法律、法规、政策规定为乙方缴纳社会保险(包括养老、医疗、失业、工伤、生育等保险)，提供相关的福利待遇，以及符合国家规定的劳动安全卫生条件和劳动防护用品。

六、甲方可根据工作需要，在签订本协议前组织体检，否则以学校毕业时体检为准。

七、甲方在招聘时所提供的带有承诺内容的宣传材料作为本协议的附件，乙方在应聘时所提供的自荐材料亦作为本协议的附件。

八、甲方所介绍的情况严重失实，乙方可单方解除本协议并免责；乙方所提供的自荐材料内容严重失实，甲方可单方解除本协议并免责。

九、符合下列情形之一，经书面告知对方，本协议解除：

1. 甲方被撤销或依法宣告破产的；

2. 乙方考入普通高等院校、依法服兵役、被录用为公务员，或经选拔参加选调生、选聘生、西部计划、欠发达计划、三支一扶、服务社区计划等国家和地方基层就业项目的；

3. 乙方报到时未取得毕业资格的；

4. 乙方被依法追究刑事责任的；

5. 法律、法规、政策规定的其他情形。

十、本协议生效后，甲乙双方应全面履行。一方违约，另一方可依法追究其违约责任，并要求赔偿相关损失。

十一、甲乙双方协商一致，可以变更协议中双方约定的条款或解除协议，变更或解除协议应当采用书面形式。

十二、甲乙双方因履行本协议发生争议，由甲、乙双方协商解决，或提请有关部门协调解决，也可直接向人民法院提起诉讼。

十三、本协议一式四份，甲方、乙方、学校毕业生就业工作部门、甲方所在地政府毕业生就业主管部门各执一份。

十四、甲乙双方签订就业协议后，由甲方在 10 个工作日内将本协议交一份报甲方主管部门(或人事代理机构)所属政府毕业生就业主管部门审核备案；由乙方在 10 个工作日内将本协议交一份报乙方所在学校毕业生就业工作部门审核登记，并由学校毕业生就业工作部门列入毕业生就业方案，报毕业生就业主管部门签发就业报到证。

十五、经甲乙双方协商，乙方于_____年_____月_____日前到甲方报到。甲方应当在乙方报到后 1 个月内为乙方办理录用手续，或签订劳动(聘用)合同，乙方应当积极配合。本协议中关于工作期限、岗位、地点、薪酬等主要条款应写入劳动(聘用)合同。

十六、本协议自甲乙双方签字之日起生效，甲乙双方签订劳动合同或甲方为乙方办理录(聘)用手续后，本协议终止。

甲方(盖章)：______________　　乙方(签名)：______________

日期：_____年_____月_____日　　日期：_____年_____月_____日

保密和竞业禁止协议

甲方：________________________

法定代表人：__________________

乙方：________________________

身份证号码：____________________

除在劳动合同中已经约定的条款之外，甲、乙双方在遵循平等自愿、协商一致、诚实信用的原则下，就有关保密和竞业禁止的若干事项达成如下补充协议：

第一条：保密义务

1.1 未经甲方事先书面同意，乙方在合同期限内以及解除/终止日后的竞业禁止期内，均不得为其个人利益使用或者向其他个人或单位披露任何保密信息，并且应当始终尽全力防止保密信息被披露。

1.2 在劳动合同期限内以及终止日(定义见下文)后的一年内，任何由员工独自或者与他人一起创作或者开发的创意、作品、发明、创造、计算机软件、专有技术、商业秘密和专有信息的著作权、专利申请权、专利权以及所有权(“知识产权”)，只要这些知识产权与员工在公司的职责或公司指派给其的任务有关，或者是利用公司的资金、资料、技术秘密和技术条件创作或开发而成，则该等知识产权均归公司所有。另外，本条的规定对员工的继承人和受让人有约束力。“终止日”是指本合同因期满未续约而终止之日，或本合同因其他原因终止或解除之日。

1.3 保密内容，包括：

1.3.1 甲方的交易秘密，包括但不限于客户名单、客户基本信息、客户调查报告、客户贷款信息、成交或商谈的保费价格；

1.3.2 甲方的经营秘密，包括但不限于公司股份构成和投资情况、公司近远期发展战略、经营方针、重要决议、投资方案、投资决策意向、市场分析、广告策略、与公司经济利益关系重大的研究开发项目和计划、经营管理策略；

1.3.3 甲方的管理秘密，包括但不限于财务资料、人事资料、工资薪酬资料；

1.3.4 甲方的技术秘密，包括但不限于计算机软件、计算机程序、数据库、研究设计开发记录、业务操作流程、操作手册、担保费率计算说明、技术方案、技术数据、技术文档、科研成果、相关函电等。

1.4 保密范围

1.4.1 乙方在劳动合同期前所持有的科研成果和技术秘密，经双方协议乙方同意被甲方应用和操作的；

1.4.2 乙方在劳动合同期内的发明、工作成果、科研成果和专利技术；

1.4.3 乙方在劳动合同期前甲方已有的商业秘密；

1.4.4 乙方在劳动合同期内甲方所拥有的商业秘密。

1.5 乙方同意保持所有甲方所了解到或可能了解到的第三方的保密信息或技术秘密

处于最严格的保密状态，除非为履行乙方为甲方所进行的工作任务且符合甲方与该第三方的协议外，不向任何个人、企业或公司披露或使用这些保密信息或技术秘密。

第二条：竞业禁止

2.1 未经甲方事先书面同意，乙方不得兼职从事其他企事业单位及其他组织的工作，不得参与其他组织对甲方的商业竞争；不得利用职务便利为自己或者他人谋取属于甲方的商业机会，自营或者为他人经营与甲方同类的业务；乙方违反前款规定所得的收入应当归甲方所有。

2.2 如果乙方意图被一家从事与甲方业务相竞争的机构聘用，或直接或间接进行与甲方业务相竞争的任何业务，则其须获得甲方的事先书面同意。

2.3 在合同期限内，员工不得建议或直接或间接地以任何方式试图说服或促使公司或其关联方、股东、客户及商业伙伴(例如与公司有业务关系的银行)的雇员接受其他个人或单位的雇佣，或离开公司或其关联方、股东、客户及商业伙伴。

2.4 甲方将在竞业禁止期限内向员工按月支付相当于员工月基本工资 25%的数额或法律要求的竞业禁止补偿的最低数额作为当月的竞业禁止补偿金，除非甲方在竞业禁止期限届满之前不再要求员工遵守竞业禁止义务。

第三条：违约责任

3.1 在合同期限内，若乙方违反本协议规定，甲方可要求其赔偿，赔偿金额相当于因乙方行为造成甲方的直接经济损失；同时乙方应向甲方支付违约金，违约金为______元。若违约责任发生在劳动合同期内，甲方可单方解除与乙方的劳动关系并不予提前通知。

3.2 乙方承认对本合同的任何违反均可能会给甲方造成无法挽回且不能通过金钱赔偿予以弥补的损失。因此，如乙方违反或威胁违反本合同，甲方除其他救济之外还有权申请禁制令或类似强制措施，且乙方在此放弃任何关于甲方存在其他救济方式的抗辩或任何其他可能阻止甲方申请实际履行或任何其他救济方式的抗辩。乙方承认除适用法律为乙方的任何限制之外，其还应遵守本合同项下对乙方的任何限制。

3.3 本协议与国家有关强制性规定存在直接冲突的，按国家法律规定处理。

第四条：其他

4.1 因本协议引起的纠纷，由双方协商解决，协商不成的，应向甲方所在地劳动仲裁机构申请仲裁或向人民法院起诉。

4.2 甲方拥有对本协议的最终解释权。

4.3 本协议一式两份，甲、乙双方各执一份，经甲、乙双方签字盖章之日起生效。

甲方(盖章)：______________________

代表(签字)：______________________

乙方(签字)：______________________

身份证号码：______________________

签订日期：_____年_____月_____日

实习协议书范本

用人单位(甲方)：________________________

法定代表人：________________________ 地址：________________________

实习学生(乙方)：________________________

性别：________________________ 出生日期：________________________

居民身份证：________________________ 户籍所在地：________________________

文化程度：________________________ 所属院校：________________________

联系电话：________________________ 带队教师：________________________

甲乙双方在平等自愿、协商一致的基础上，就乙方接受甲方派遣实习(工作)事宜，签订本协议，并承诺共同遵守。

一、协议期限

协议期限：自_____年_____月_____日起至_____年_____月_____日止。

二、实习内容及要求

1. 甲方根据用工单位用工需求及乙方组织院校实习合作意向，派遣乙方至__________实习，从事____________________工作，乙方愿意服从甲方用工单位岗位安排，并认真执行和完成岗位实习任务。

2. 经甲乙双方协商一致，甲方可以根据用工单位需求和实际情况调换乙方的实习内容和实习岗位。

3. 乙方同意按照甲方和用工单位的工作内容和岗位要求，努力提高职业技能，完成实习任务。

三、实习时间和休息休假

1. 实习时间：乙方在用工单位实行国家规定的工时工作制。

2. 甲方负责协调用工单位保障乙方享有法定休息休假权利。乙方具体休息休假时间由用工单位依法给予乙方安排；因工作需要安排乙方延长工作时间或在节假日加班的，乙方应当配合，并享受相应报酬。

四、实习报酬、保险、奖励及个人费用承担

1. 乙方享有与用工单位相同或相近岗位劳动者同工同酬和福利待遇的权利。根据国家有关部门规定和乙方实习任务情况，按用工单位的薪酬分配方式，发放乙方的工资。低于六个月的实习生(临时工)，发放时经同薪计算后实际比照正式员工试用期薪资标准扣发，实际按照_____元/小时综合时薪发放实习补贴，多劳多得原则。发放当月全勤奖_____元/月(当月全勤者)。

2. 工资发放日为次月_____日。

3. 甲方使用银行卡发放工资，银行卡由甲方统一办理。

4. 甲方根据有关规定，为乙方办理人身意外保险。乙方的医疗待遇按人身意外保险有关条款执行。

5. 每月甲方用工单位补贴生活_____元/月/人，按时打入个人餐卡中，个人承担_____元/月(当月工资中扣除)，包吃(含休息日)，一日 3～4 餐。

6. 公寓楼住宿，全天热水供应，空调开放，个人承担水电费及宿舍管理费_____元/月/人(当月工资中扣除)。

7. 服装费押金_____元/人，从首月工资中扣除，实习期满离厂时退还。

8. 统一享受代购床上用品(包括冬季床上_____件/套、毛巾_____条、洗脸盆_____个、漱口杯牙刷牙膏_____套)，价值_____元，从首月工资中如数扣除。

五、劳动保护和劳动条件

1. 甲方监督用工单位建立、健全劳动安全卫生制度，严格执行国家劳动安全规程和标准对乙方进行劳动安全教育，为乙方提供符合国家规定的劳动安全卫生条件和必要的劳动防护用品。

2. 乙方必须严格遵守安全操作规程。乙方有权拒绝用工单位的管理人员违章指挥、强令冒险作业；对危害生产安全和身体健康的行为，有权提出批评、检举和控告。

六、规章制度

1. 乙方应遵守国家的法律，法规和甲方及用工单位制定的各项规章制度。

2. 乙方如有事请假，应按工作单位规定提前请假。如无故缺勤，作旷工处理。

3. 节假日及实习(工作)以外的时间由乙方自由支配，乙方的一切个人行为、后果责任自负。

七、培训

1. 甲方负责乙方实习(工作)前的有关培训，以帮助乙方进入用工单位顺利实习。

2. 甲方或用工单位对乙方有进行职业道德、安全生产和安排上岗前培训的义务。如需乙方从事特种作业，应经过专门培训，持证上岗。

3. 协议期内，甲方不定期组织开展各种专项培训、讲座。

4. 甲方提供职业技能培训的机会，并颁发相应职业资格证书。

八、离职

1. 实习期内，乙方不得擅自离职，如有正当原因确需离职的，需提前 30 天提交书面申请至甲方行政部，经甲方批准后，由甲方为乙方在用工单位办理离职手续。

2. 乙方离职时，需依甲方和用工单位的规定办妥移交手续。

3. 乙方离职手续未经核准前不得擅自离岗，否则按旷工处理。

4. 乙方离职后甲方不再承担任何责任。

九、违约责任

1. 协议期未满而乙方离职的，需赔偿甲方的专项培训费。

2. 协议期未满而乙方离职的，需赔偿协议期内甲方用工单位协议中涉及因乙方原因而需赔偿之经济受损部分。

3. 如无正当原因乙方擅自离职的，甲方有权停发乙方工资并按旷工处理，乙方应承担一切后果，并承担由此造成甲方及用工单位的经济损失。

4. 乙方因用工单位不可抗力原因而无法完成实习任务的，乙方不承担违约责任。

十、协议的变更、解除和终止

1. 本协议存续期间、原实习任务完成后，甲方应安排乙方至新的用工单位实习，乙方应当服从甲方的安排；不服从安排者，视为擅自离职。

2. 乙方如有违反甲方和用工单位劳动纪律、规章制度行为的，甲方和用工单位可以依法给予批评教育直至解除本协议。

3. 经甲乙双方协商一致，本协议可以解除。

十一、其他约定条款

1. 乙方因不可抗力原因在原用工单位无法完成实习任务的，甲方应积极安排乙方至新的用工单位实习，甲方不收取任何赔偿费用。

2. 本协议期满前 30 天双方如无异议，协议期顺延。

3. 本协议未尽事宜，双方协商解决。

十二、本协议一式两份，甲、乙双方各执一份，由合同双方签名、盖章后生效。

甲方(盖章)：________________　　　　乙方(签名)：________________

日期：_____年_____月_____日　　　　日期：_____年_____月_____日

法律年龄对照表

零岁以下

胎儿还不能称作法律上的“人”，法律只认可其为“胎儿”。尽管不是法律意义上的人，但胎儿仍然具有法律意义。民法典第十六条规定：“涉及遗产继承、接受赠与等胎儿利益保护的，胎儿视为具有民事权利能力。但是，胎儿出生时为死体的，其民事权利能力自始不存在。”另外，为体现对胎儿的特别保护，我国《刑法》和《治安管理处罚法》规定，孕妇不适用死刑和治安拘留。

零至一岁

民法典第一千零八十二条规定：一周岁以内，婴儿的父亲不得向母亲提出离婚，但母亲提出离婚或者法院认为确有必要受理父亲离婚请求的，不在此限。

一至六岁

我国法律规定，一周岁以内的小孩为婴儿，一周岁以上不满六周岁的为幼儿，六周岁以上不满十四周岁的为儿童。为了婴儿的利益，哺乳自己不满一周岁婴儿的妇女，违反治安管理处罚法的，不适用治安拘留。

六至七岁

义务教育法第五条规定，凡年满六周岁的儿童，不分性别、民族、种族，应当入学接受规定年限的义务教育。条件不具备的地区，可以推迟到七周岁入学。由此看来，六周岁是一个人开始行使接受义务教育权利的法定起点时间。另外，根据道路交通安全法第六十四条规定：“学龄前儿童在道路上行走，须有对其负有管理、保护职责的人带领。”据此，未满六周岁的幼儿，不能单独在街道上或者公路上行走。

八岁

我国法律规定，十八周岁以下为未成年人。根据民法典规定，八周岁是一个很重要的年龄分界线，把未成年人分成两个阶段：八周岁以下为无民事行为能力人，八周岁以上为限制民事行为能力人。

十二岁

根据《中华人民共和国道路交通安全法实施条例》，满十二周岁的人可以合法地骑自行车、三轮车上路。也就是说，未满十二周岁的未成年人在道路上骑车是违法的，一旦发生事故，就要承担相应的责任。在此希望家长要负起监护责任，不要让未满十二周岁的孩子骑车出行。因此，未满十二周岁的未成年人，也不能骑共享单车。

十四至十六岁

十四周岁是一个十分重要也很危险的年龄。因为从这一岁开始，人们将可能为自己的行为承担行政法、刑法上的责任。根据刑法第十七条规定，十四至十六岁属相对刑事责任年龄，犯故意杀人、故意伤害致人重伤或者死亡、强奸、抢劫、贩卖毒品、放火、爆炸、投毒罪的，应当负刑事责任。十四周岁也是法律对部分人严格保护的一个年龄界限。刑法规定，十四周岁以下的女性儿童为幼女，与幼女发生性行为，无论幼女是否同意，均成立奸淫幼女犯罪，应当以强奸罪从重处罚；同时无论男女，只要是未满十四周岁均可成为拐骗儿童罪的对象和拐卖儿童罪的对象。由于刑法只规定了拐骗儿童罪、拐卖儿童罪和拐卖妇女罪，所以，拐骗十四周岁以上的人或者拐卖十四周岁以上的男性，都不能追究刑事责任。治安管理处罚法规定，十四至十六岁的未成年人违反《治安管理处罚法》的，不执行治安拘留处罚。询问不满十六周岁的违反治安管理行为人，应当通知其父母或者其他监护人到场。

十六至十八岁

这个年龄段具有与十四至十六周岁未成年人几乎同等重要的法律意义。因为从十六周岁开始，人开始有了劳动的权利。法律禁止用人单位招用未满十六周岁的未成年人。文艺、体育和特种工艺单位招用未满十六周岁的未成年人，必须依照国家有关规定，履行审批手续。另外，道路交通安全法实施条例规定，年满十六周岁，可以驾驶电动车、自行车或残疾人机动轮椅车上道行驶。治安管理处罚法规定，已满十六周岁不满十八周岁的未成年人，初次违反治安管理的，不执行行政拘留处罚。治安管理处罚法规定："已满十四周岁不满18岁的人违反治安管理的，从轻处罚，不满十四岁违反治安管理的，免于处罚，但是可以予以训诫，并责令其监护人严加管教。"

十八岁

到了十八周岁，就属于成年人了，享有广泛的公民权利，即有选举权和被选举权，有权参与国家管理，有担任公职和社会职务的资格(包括警察、律师、公务员，但需要同时满足其他条件)，办理公司、企业。于每年12月31日以前年满十八周岁的男性公民，应当被征集服现役。民法典第十七条规定："十八周岁以上的自然人为成年人。不满十八周岁的自然人为未成年人。"

二十至二十二岁

民法典一千零四十七条规定，从二十周岁开始，女性获得了结婚的权利。在婚姻领域，男性比女性要迟两年，即二十二周岁才获得结婚的权利。未达法定婚龄，无论男女，以夫妻名义同居者，无论是已经举办婚礼，还是通过弄虚作假骗取了结婚登记，均不能获得合法婚姻的效力。同时国家鼓励晚婚，超过法定结婚年龄两年后结婚的属晚婚。新疆等民族自治地区执行《中华人民共和国婚姻法》的补充规定，十八周岁的女性、二十周岁的男性可以结婚。

二十三岁

如果你事先已从法学院校及其他大学毕业，获得了相应的学历，并通过法律职业资格考试，你可能被任命为法官或者检察官。当然你还必须同时具备其他条件，如具有中国国籍，拥护中国宪法，身体健康等(见检察官法和法官法的相关规定)。

二十五岁

公证法规定，具备一定条件的二十五至六十五周岁的公民可以担任公证员。

五十五至六十岁

除非另有规定，女性公务员到了五十五周岁，就该退休了(公务员法规定)，而男性公务员的退休年龄为六十周岁。另外，老年人权益保障法规定，六十周岁以上的为老年人，在温暖的社会大家庭中，应该得到特别优待和尊敬。因为尊敬他们，就是尊敬我们自己，任何人都会老去。对老年人，各地制订了许多优待措施，如规定老年人可以免费乘坐城市公交车、地铁，博物馆、纪念馆、图书馆、公园免费向老年人开放等。老年人权益保障法第十八条规定：家庭成员应当关心老年人的精神需求，不得忽视、冷落老年人。与老年人分开居住的家庭成员，应当经常看望或者问候老年人。

六十至七十五岁

最高院《关于审理人身损害赔偿案件适用法律若干问题的解释》第二十五条规定，残疾赔偿金根据受害人丧失劳动能力程度或者伤残等级，按照受诉法院所在地上一年度城镇居民人均可支配收入或者农村居民人均纯收入标准，自定残之日起按二十年计算。但六十周岁以上的，年龄每增加一岁减少一年；七十五周岁以上的，按五年计算。七十五周岁以上发生人身伤害事故致残或死亡的，相应的赔偿金按5年计算。另外治安管理处罚法规定，对年满七十周岁以上的违反治安管理行为人，不执行治安拘留处罚。被继承人去世以后，生前的财产在没有遗嘱的情况下，将按照继承法第十条规定，按照以下顺序继承：第一顺序是配偶、子女、父母；第二顺序是兄弟姐妹、祖父母、外祖父母。继承开始后，由第一顺序继承人继承，第二顺序继承人不继承。没有第一顺序继承人继承的，由第二顺序继承人继承。既没有第一顺序继承人，也没有第二顺序继承人，财产被宣告为无主财产后，收归国家或集体所有。

普通高校学生管理规定(2017年修订版)

第一章　总　则

第一条　为规范普通高等学校学生管理行为，维护普通高等学校正常的教育教学秩序和生活秩序，保障学生合法权益，培养德、智、体、美等方面全面发展的社会主义建设者和接班人，依据教育法、高等教育法以及有关法律、法规，制定本规定。

第二条　本规定适用于普通高等学校、承担研究生教育任务的科学研究机构(以下称学校)对接受普通高等学历教育的研究生和本科、专科(高职)学生(以下均称学生)的管理。

第三条　学校要坚持社会主义办学方向，坚持马克思主义的指导地位，全面贯彻国家教育方针；要坚持以立德树人为根本，以理想信念教育为核心，培育和践行社会主义核心价值观，弘扬中华优秀传统文化和革命文化、社会主义先进文化，培养学生的社会责任感、创新精神和实践能力；要坚持依法治校，科学管理，健全和完善管理制度，规范管理行为，将管理与育人相结合，不断提高管理和服务水平。

第四条　学生应当拥护中国共产党领导，努力学习马克思列宁主义、毛泽东思想、中国特色社会主义理论体系，深入学习习近平总书记系列重要讲话精神和治国理政新理念新思想新战略，坚定中国特色社会主义道路自信、理论自信、制度自信、文化自信，树立中国特色社会主义共同理想；应当树立爱国主义思想，具有团结统一、爱好和平、勤劳勇敢、自强不息的精神；应当增强法治观念，遵守宪法、法律、法规，遵守公民道德规范，遵守学校管理制度，具有良好的道德品质和行为习惯；应当刻苦学习，勇于探索，积极实践，努力掌握现代科学文化知识和专业技能；应当积极锻炼身体，增进身心健康，提高个人修养，培养审美情趣。

第五条　实施学生管理，应当尊重和保护学生的合法权利，教育和引导学生承担应尽的义务与责任，鼓励和支持学生实行自我管理、自我服务、自我教育、自我监督。

第二章　学生的权利与义务

第六条　学生在校期间依法享有下列权利：

(一) 参加学校教育教学计划安排的各项活动，使用学校提供的教育教学资源；

(二) 参加社会实践、志愿服务、勤工助学、文娱体育及科技文化创新等活动，获得就业创业指导和服务；

(三) 申请奖学金、助学金及助学贷款；

(四) 在思想品德、学业成绩等方面获得科学、公正评价，完成学校规定学业后获得相应的学历证书、学位证书；

(五) 在校内组织、参加学生团体，以适当方式参与学校管理，对学校与学生权益相关事务享有知情权、参与权、表达权和监督权；

(六) 对学校给予的处理或者处分有异议，向学校、教育行政部门提出申诉，对学校、教职员工侵犯其人身权、财产权等合法权益的行为，提出申诉或者依法提起诉讼；

(七) 法律、法规及学校章程规定的其他权利。

第七条　学生在校期间依法履行下列义务：

(一) 遵守宪法和法律、法规；

(二) 遵守学校章程和规章制度；

(三) 恪守学术道德，完成规定学业；

(四) 按规定缴纳学费及有关费用，履行获得贷学金及助学金的相应义务；

(五) 遵守学生行为规范，尊敬师长，养成良好的思想品德和行为习惯；

(六) 法律、法规及学校章程规定的其他义务。

第三章　学 籍 管 理

第一节　入学与注册

第八条　按国家招生规定录取的新生，持录取通知书，按学校有关要求和规定的期限到校办理入学手续。因故不能按期入学的，应当向学校请假。未请假或者请假逾期的，除因不可抗力等正当事由以外，视为放弃入学资格。

第九条　学校应当在报到时对新生入学资格进行初步审查，审查合格的办理入学手续，予以注册学籍；审查发现新生的录取通知、考生信息等证明材料，与本人实际情况不符，或者有其他违反国家招生考试规定情形的，取消入学资格。

第十条　新生可以申请保留入学资格。保留入学资格期间不具有学籍。保留入学资格的条件、期限等由学校规定。

新生保留入学资格期满前应向学校申请入学，经学校审查合格后，办理入学手续。审查不合格的，取消入学资格；逾期不办理入学手续且未有因不可抗力延迟等正当理由的，视为放弃入学资格。

第十一条　学生入学后，学校应当在 3 个月内按照国家招生规定进行复查。复查内容主要包括以下方面：

(一) 录取手续及程序等是否合乎国家招生规定；

(二) 所获得的录取资格是否真实、合乎相关规定；

(三) 本人及身份证明与录取通知、考生档案等是否一致；

(四) 身心健康状况是否符合报考专业或者专业类别体检要求，能否保证在校正常学习、生活；

(五) 艺术、体育等特殊类型录取学生的专业水平是否符合录取要求。

复查中发现学生存在弄虚作假、徇私舞弊等情形的，确定为复查不合格，应当取消学籍；情节严重的，学校应当移交有关部门调查处理。

复查中发现学生身心状况不适宜在校学习，经学校指定的二级甲等以上医院诊断，需要在家休养的，可以按照第十条的规定保留入学资格。

复查的程序和办法，由学校规定。

第十二条　每学期开学时，学生应当按学校规定办理注册手续。不能如期注册的，应当履行暂缓注册手续。未按学校规定缴纳学费或者有其他不符合注册条件的，不予注册。

家庭经济困难的学生可以申请助学贷款或者其他形式资助，办理有关手续后注册。

学校应当按照国家有关规定为家庭经济困难学生提供教育救助，完善学生资助体系，保证学生不因家庭经济困难而放弃学业。

第二节 考核与成绩记载

第十三条 学生应当参加学校教育教学计划规定的课程和各种教育教学环节(以下统称课程)的考核，考核成绩记入成绩册，并归入学籍档案。

考核分为考试和考查两种。考核和成绩评定方式，以及考核不合格的课程是否重修或者补考，由学校规定。

第十四条 学生思想品德的考核、鉴定，以本规定第四条为主要依据，采取个人小结、师生民主评议等形式进行。

学生体育成绩评定要突出过程管理，可以根据考勤、课内教学、课外锻炼活动和体质健康等情况综合评定。

第十五条 学生每学期或者每学年所修课程或者应修学分数以及升级、跳级、留级、降级等要求，由学校规定。

第十六条 学生根据学校有关规定，可以申请辅修校内其他专业或者选修其他专业课程；可以申请跨校辅修专业或者修读课程，参加学校认可的开放式网络课程学习。学生修读的课程成绩(学分)，学校审核同意后，予以承认。

第十七条 学生参加创新创业、社会实践等活动以及发表论文、获得专利授权等与专业学习、学业要求相关的经历、成果，可以折算为学分，计入学业成绩。具体办法由学校规定。

学校应当鼓励、支持和指导学生参加社会实践、创新创业活动，可以建立创新创业档案、设置创新创业学分。

第十八条 学校应当健全学生学业成绩和学籍档案管理制度，真实、完整地记载、出具学生学业成绩，对通过补考、重修获得的成绩，应当予以标注。

学生严重违反考核纪律或者作弊的，该课程考核成绩记为无效，并应视其违纪或者作弊情节，给予相应的纪律处分。给予警告、严重警告、记过及留校察看处分的，经教育表现较好，可以对该课程给予补考或者重修机会。

学生因退学等情况中止学业，其在校学习期间所修课程及已获得学分，应当予以记录。学生重新参加入学考试、符合录取条件，再次入学的，其已获得学分，经录取学校认定，可以予以承认。具体办法由学校规定。

第十九条 学生应当按时参加教育教学计划规定的活动。不能按时参加的，应当事先请假并获得批准。无故缺席的，根据学校有关规定给予批评教育，情节严重的，给予相应的纪律处分。

第二十条 学校应当开展学生诚信教育，以适当方式记录学生学业、学术、品行等方面的诚信信息，建立对失信行为的约束和惩戒机制；对有严重失信行为的，可以规定给予相应的纪律处分，对违背学术诚信的，可以对其获得学位及学术称号、荣誉等作出限制。

第三节 转专业与转学

第二十一条 学生在学习期间对其他专业有兴趣和专长的，可以申请转专业；以特殊招生形式录取的学生，国家有相关规定或者录取前与学校有明确约定的，不得转专业。

学校应当制定学生转专业的具体办法，建立公平、公正的标准和程序，健全公示制度。

学校根据社会对人才需求情况的发展变化，需要适当调整专业的，应当允许在读学生转到其他相关专业就读。

休学创业或退役后复学的学生，因自身情况需要转专业的，学校应当优先考虑。

第二十二条　学生一般应当在被录取学校完成学业。因患病或者有特殊困难、特别需要，无法继续在本校学习或者不适应本校学习要求的，可以申请转学。有下列情形之一，不得转学：

(一) 入学未满一学期或者毕业前一年的；

(二) 高考成绩低于拟转入学校相关专业同一生源地相应年份录取成绩的；

(三) 由低学历层次转为高学历层次的；

(四) 以定向就业招生录取的；

(五) 研究生拟转入学校、专业的录取控制标准高于其所在学校、专业的；

(六) 无正当转学理由的。

学生因学校培养条件改变等非本人原因需要转学的，学校应当出具证明，由所在地省级教育行政部门协调转学到同层次学校。

第二十三条　学生转学由学生本人提出申请，说明理由，经所在学校和拟转入学校同意，由转入学校负责审核转学条件及相关证明，认为符合本校培养要求且学校有培养能力的，经学校校长办公会或者专题会议研究决定，可以转入。研究生转学还应当经拟转入专业导师同意。

跨省转学的，由转出地省级教育行政部门向转入地省级教育行政部门，按转学条件确认后办理转学手续。须转户口的由转入地省级教育行政部门将有关文件抄送转入学校所在地的公安机关。

第二十四条　学校应当按照国家有关规定，建立健全学生转学的具体办法；对转学情况应当及时进行公示，并在转学完成后 3 个月内，由转入学校报所在地省级教育行政部门备案。

省级教育行政部门应当加强对区域内学校转学行为的监督和管理，及时纠正违规转学行为。

第四节　休学与复学

第二十五条　学生可以分阶段完成学业，除另有规定外，应当在学校规定的最长学习年限(含休学和保留学籍)内完成学业。

学生申请休学或者学校认为应当休学的，经学校批准，可以休学。休学次数和期限由学校规定。

第二十六条　学校可以根据情况建立并实行灵活的学习制度。对休学创业的学生，可以单独规定最长学习年限，并简化休学批准程序。

第二十七条　新生和在校学生应征参加中国人民解放军(含中国人民武装警察部队)，学校应当保留其入学资格或者学籍至退役后 2 年。

学生参加学校组织的跨校联合培养项目，在联合培养学校学习期间，学校同时为其保留学籍。

学生保留学籍期间，与其实际所在的部队、学校等组织建立管理关系。

第二十八条　休学学生应当办理手续离校。学生休学期间，学校应为其保留学籍，但不享受在校学习的学生待遇。因病休学学生的医疗费按国家及当地的有关规定处理。

第二十九条　学生休学期满前应当在学校规定的期限内提出复学申请，经学校复查合格，方可复学。

第五节　退　学

第三十条　学生有下列情形之一，学校可予退学处理：

(一) 学业成绩未达到学校要求或者在学校规定的学习年限内未完成学业的；

(二) 休学、保留学籍期满，在学校规定期限内未提出复学申请或者申请复学经复查不合格的；

(三) 根据学校指定医院诊断，患有疾病或者意外伤残不能继续在校学习的；

(四) 未经批准连续两周未参加学校规定的教学活动的；

(五) 超过学校规定期限未注册而又未履行暂缓注册手续的；

(六) 学校规定的不能完成学业、应予退学的其他情形。

学生本人申请退学的，经学校审核同意后，办理退学手续。

第三十一条　退学学生，应当按学校规定期限办理退学手续离校。退学的研究生，按已有毕业学历和就业政策可以就业的，由学校报所在地省级毕业生就业部门办理相关手续；在学校规定期限内没有聘用单位的，应当办理退学手续离校。

退学学生的档案由学校退回其家庭所在地，户口应当按照国家相关规定迁回原户籍地或者家庭户籍所在地。

第六节　毕业与结业

第三十二条　学生在学校规定学习年限内，修完教育教学计划规定内容，成绩合格，达到学校毕业要求的，学校应当准予毕业，并在学生离校前发给毕业证书。

符合学位授予条件的，学位授予单位应当颁发学位证书。

学生提前完成教育教学计划规定内容，获得毕业所要求的学分，可以申请提前毕业。学生提前毕业的条件，由学校规定。

第三十三条　学生在学校规定学习年限内，修完教育教学计划规定内容，但未达到学校毕业要求的，学校可以准予结业，发给结业证书。

结业后是否可以补考、重修或者补作毕业设计、论文、答辩，以及是否颁发毕业证书、学位证书，由学校规定。合格后颁发的毕业证书、学位证书，毕业时间、获得学位时间按发证日期填写。

对退学学生，学校应当发给肄业证书或者写实性学习证明。

第七节　学业证书管理

第三十四条　学校应当严格按照招生时确定的办学类型和学习形式，以及学生招生录取时填报的个人信息，填写、颁发学历证书、学位证书及其他学业证书。

学生在校期间变更姓名、出生日期等证书需填写的个人信息的，应当有合理、充分的理由，并提供有法定效力的相应证明文件。学校进行审查，需要学生生源地省级教育行政部门及有关部门协助核查的，有关部门应当予以配合。

第三十五条　学校应当执行高等教育学籍学历电子注册管理制度，完善学籍学历信息管理办法，按相关规定及时完成学生学籍学历电子注册。

第三十六条　对完成本专业学业同时辅修其他专业并达到该专业辅修要求的学生，由学校发给辅修专业证书。

第三十七条　对违反国家招生规定取得入学资格或者学籍的，学校应当取消其学籍，不得发给学历证书、学位证书；已发的学历证书、学位证书，学校应当依法予以撤销。对以作弊、剽窃、抄袭等学术不端行为或者其他不正当手段获得学历证书、学位证书的，学校应当依法予以撤销。

被撤销的学历证书、学位证书已注册的，学校应当予以注销并报教育行政部门宣布无效。

第三十八条　学历证书和学位证书遗失或者损坏，经本人申请，学校核实后应当出具相应的证明书。证明书与原证书具有同等效力。

第四章　校园秩序与课外活动

第三十九条　学校、学生应当共同维护校园正常秩序，保障学校环境安全、稳定，保障学生的正常学习和生活。

第四十条　学校应当建立和完善学生参与管理的组织形式，支持和保障学生依法、依章程参与学校管理。

第四十一条　学生应当自觉遵守公民道德规范，自觉遵守学校管理制度，创造和维护文明、整洁、优美、安全的学习和生活环境，树立安全风险防范和自我保护意识，保障自身合法权益。

第四十二条　学生不得有酗酒、打架斗殴、赌博、吸毒，传播、复制、贩卖非法书刊和音像制品等违法行为；不得参与非法传销和进行邪教、封建迷信活动；不得从事或者参与有损大学生形象、有悖社会公序良俗的活动。

学校发现学生在校内有违法行为或者严重精神疾病可能对他人造成伤害的，可以依法采取或者协助有关部门采取必要措施。

第四十三条　学校应当坚持教育与宗教相分离原则。任何组织和个人不得在学校进行宗教活动。

第四十四条　学校应当建立健全学生代表大会制度，为学生会、研究生会等开展活动提供必要条件，支持其在学生管理中发挥作用。

学生可以在校内成立、参加学生团体。学生成立团体，应当按学校有关规定提出书面申请，报学校批准并施行登记和年检制度。

学生团体应当在宪法、法律、法规和学校管理制度范围内活动，接受学校的领导和管理。学生团体邀请校外组织、人员到校举办讲座等活动，需经学校批准。

第四十五条　学校提倡并支持学生及学生团体开展有益于身心健康、成长成才的学术、科技、艺术、文娱、体育等活动。

学生进行课外活动不得影响学校正常的教育教学秩序和生活秩序。

学生参加勤工助学活动应当遵守法律、法规以及学校、用工单位的管理制度，履行勤工助学活动的有关协议。

第四十六条　学生举行大型集会、游行、示威等活动，应当按法律程序和有关规定获得批准。对未获批准的，学校应当依法劝阻或者制止。

第四十七条　学生应当遵守国家和学校关于网络使用的有关规定，不得登录非法网站和传播非法文字、音频、视频资料等，不得编造或者传播虚假、有害信息；不得攻击、侵入他人计算机和移动通讯网络系统。

第四十八条　学校应当建立健全学生住宿管理制度。学生应当遵守学校关于学生住宿管理的规定。鼓励和支持学生通过制订公约，实施自我管理。

第五章　奖励与处分

第四十九条　学校、省(区、市)和国家有关部门应当对在德、智、体、美等方面全面发展或者在思想品德、学业成绩、科技创造、体育竞赛、文艺活动、志愿服务及社会实践等方面表现突出的学生，给予表彰和奖励。

第五十条　对学生的表彰和奖励可以采取授予“三好学生”称号或者其他荣誉称号、颁发奖学金等多种形式，给予相应的精神鼓励或者物质奖励。

学校对学生予以表彰和奖励，以及确定推荐免试研究生、国家奖学金、公派出国留学人选等赋予学生利益的行为，应当建立公开、公平、公正的程序和规定，建立和完善相应的选拔、公示等制度。

第五十一条　对有违反法律法规、本规定以及学校纪律行为的学生，学校应当给予批评教育，并可视情节轻重，给予如下纪律处分：

(一) 警告；

(二) 严重警告；

(三) 记过；

(四) 留校察看；

(五) 开除学籍。

第五十二条　学生有下列情形之一，学校可以给予开除学籍处分：

(一) 违反宪法，反对四项基本原则、破坏安定团结、扰乱社会秩序的；

(二) 触犯国家法律，构成刑事犯罪的；

(三) 受到治安管理处罚，情节严重、性质恶劣的；

(四) 代替他人或者让他人代替自己参加考试、组织作弊、使用通信设备或其他器材作弊、向他人出售考试试题或答案牟取利益，以及其他严重作弊或扰乱考试秩序行为的；

(五) 学位论文、公开发表的研究成果存在抄袭、篡改、伪造等学术不端行为，情节严重的，或者代写论文、买卖论文的；

(六) 违反本规定和学校规定，严重影响学校教育教学秩序、生活秩序以及公共场所管理秩序的；

(七) 侵害其他个人、组织合法权益，造成严重后果的；

(八) 屡次违反学校规定受到纪律处分，经教育不改的。

第五十三条　学校对学生作出处分，应当出具处分决定书。处分决定书应当包括下列内容：

(一) 学生的基本信息；

(二) 作出处分的事实和证据；

(三) 处分的种类、依据、期限；

(四) 申诉的途径和期限；

(五) 其他必要内容。

第五十四条　学校给予学生处分，应当坚持教育与惩戒相结合，与学生违法、违纪行为的性质和过错的严重程度相适应。学校对学生的处分，应当做到证据充分、依据明确、定性准确、程序正当、处分适当。

第五十五条　在对学生作出处分或者其他不利决定之前，学校应当告知学生作出决定的事实、理由及依据，并告知学生享有陈述和申辩的权利，听取学生的陈述和申辩。

处理、处分决定以及处分告知书等，应当直接送达学生本人，学生拒绝签收的，可以以留置方式送达；已离校的，可以采取邮寄方式送达；难于联系的，可以利用学校网站、新闻媒体等以公告方式送达。

第五十六条　对学生作出取消入学资格、取消学籍、退学、开除学籍或者其他涉及学生重大利益的处理或者处分决定的，应当提交校长办公会或者校长授权的专门会议研究决定，并应当事先进行合法性审查。

第五十七条　除开除学籍处分以外，给予学生处分一般应当设置 6 到 12 个月期限，到期按学校规定程序予以解除。解除处分后，学生获得表彰、奖励及其他权益，不再受原处分的影响。

第五十八条　对学生的奖励、处理、处分及解除处分材料，学校应当真实完整地归入学校文书档案和本人档案。

被开除学籍的学生，由学校发给学习证明。学生按学校规定期限离校，档案由学校退回其家庭所在地，户口应当按照国家相关规定迁回原户籍地或者家庭户籍所在地。

第六章　学 生 申 诉

第五十九条　学校应当成立学生申诉处理委员会，负责受理学生对处理或者处分决定不服提起的申诉。

学生申诉处理委员会应当由学校相关负责人、职能部门负责人、教师代表、学生代表、负责法律事务的相关机构负责人等组成，可以聘请校外法律、教育等方面专家参加。

学校应当制定学生申诉的具体办法，健全学生申诉处理委员会的组成与工作规则，提供必要条件，保证其能够客观、公正地履行职责。

第六十条　学生对学校的处理或者处分决定有异议的，可以在接到学校处理或者处分决定书之日起 10 日内，向学校学生申诉处理委员会提出书面申诉。

第六十一条　学生申诉处理委员会对学生提出的申诉进行复查，并在接到书面申诉之日起 15 日内作出复查结论并告知申诉人。情况复杂不能在规定限期内作出结论的，经学校负责人批准，可延长 15 日。学生申诉处理委员会认为必要的，可以建议学校暂缓执行有关决定。

学生申诉处理委员会经复查，认为做出处理或者处分的事实、依据、程序等存在不当，可以作出建议撤销或变更的复查意见，要求相关职能部门予以研究，重新提交校长办公会或者专门会议作出决定。

第六十二条　学生对复查决定有异议的，在接到学校复查决定书之日起 15 日内，可以向学校所在地省级教育行政部门提出书面申诉。

省级教育行政部门应当在接到学生书面申诉之日起 30 个工作日内，对申诉人的问题给予处理并作出决定。

第六十三条　省级教育行政部门在处理因对学校处理或者处分决定不服提起的学生申诉时，应当听取学生和学校的意见，并可根据需要进行必要的调查。根据审查结论，区别不同情况，分别作出下列处理：

(一) 事实清楚、依据明确、定性准确、程序正当、处分适当的，予以维持；

(二) 认定事实不存在，或者学校超越职权、违反上位法规定作出决定的，责令学校予以撤销；

(三) 认定事实清楚，但认定情节有误、定性不准确，或者适用依据有错误的，责令学校变更或者重新作出决定；

(四) 认定事实不清、证据不足，或者违反本规定以及学校规定的程序和权限的，责令学校重新作出决定。

第六十四条　自处理、处分或者复查决定书送达之日起，学生在申诉期内未提出申诉的视为放弃申诉，学校或者省级教育行政部门不再受理其提出的申诉。

处理、处分或者复查决定书未告知学生申诉期限的，申诉期限自学生知道或者应当知道处理或者处分决定之日起计算，但最长不得超过 6 个月。

第六十五条　学生认为学校及其工作人员违反本规定，侵害其合法权益的；或者学校制定的规章制度与法律法规和本规定抵触的，可以向学校所在地省级教育行政部门投诉。

教育主管部门在实施监督或者处理申诉、投诉过程中，发现学校及其工作人员有违反法律、法规及本规定的行为或者未按照本规定履行相应义务的，或者学校自行制定的相关管理制度、规定，侵害学生合法权益的，应当责令改正；发现存在违法违纪的，应当及时进行调查处理或者移送有关部门，依据有关法律和相关规定，追究有关责任人的责任。

第七章　附　　则

第六十六条　学校对接受高等学历继续教育的学生、港澳台侨学生、留学生的管理，参照本规定执行。

第六十七条　学校应当根据本规定制定或修改学校的学生管理规定或者纪律处分规定，报主管教育行政部门备案(中央部委属校同时抄报所在地省级教育行政部门)，并及时向学生公布。

省级教育行政部门根据本规定，指导、检查和监督本地区高等学校的学生管理工作。

第六十八条　本规定自 2017 年 9 月 1 日起施行。原《普通高等学校学生管理规定》(教育部令第 21 号)同时废止。其他有关文件规定与本规定不一致的，以本规定为准。

参考文献

[1] 中国法制出版社. 中华人民共和国民法典[M]. 实用版. 北京：中国法制出版社，2020.
[2] 中国法制出版社. 中华人民共和国劳动法[M]. 实用版. 北京：中国法制出版社，2018.
[3] 中国法制出版社. 中华人民共和国刑法[M]. 实用版. 北京：中国法制出版社，2021.
[4] 中国法制出版社. 中华人民共和国国家安全法[M]. 实用版. 北京：中国法制出版社，2015.
[5] 中国法制出版社. 博登海默. 法理学、法哲学及其方法[M]. 北京：华夏出版社，1987.
[6] 张文显. 全面推进法制改革，加快法治中国建设[J]. 法制与社会发展，2014.
[7] 亚里士多德. 政治学[M]. 北京：商务印书馆，1981.
[8] 习近平. 习近平谈治国理政[M]. 北京：外文出版社，2014.
[9] 俞可平. 国家底线：公平正义与依法治国[M]. 北京：中央编译出版社，2014.
[10] 刘桂宗. 法学概论[M]. 2 版. 北京：法律出版社，2007.
[11] 张明楷. 刑法学[M]. 3 版. 北京：法律出版社，2011.
[12] 赵秉志. 犯罪未遂形态研究[M]. 北京：中国人民大学出版社，2008.
[13] 王作富. 刑法分则实务研究[M]. 北京：中国方正出版社，2010.
[14] 姜明安. 行政法与行政诉讼法[M]. 北京：北京大学出版社，高等教育出版社，2011.
[15] 杨建顺，李元起. 行政法与行政诉讼法教学参考书[M]. 北京：中国人民大学出版社，2003.
[16] 李步云. 人权法学[M]. 北京：高等教育出版社，2005.
[17] 韩大元，林来梵，郑贤君. 宪法学专题研究[M]. 北京：中国人民大学出版社，2004.
[18] 张千帆. 权利平等与地方差异：中央与地方关系法治化的另一种视角[M]. 北京：中国民主法制出版社，2011.
[19] 许安标，孙镇平. 宪法学习读本[M]. 北京：中国法制出版社，2014.
[20] 张英利. 新时期中国国家安全战略[M]. 北京：国防大学出版社，2013.
[21] 杨立新. 民法案例分析教程[M]. 3 版. 北京：中国人民大学出版社，2014.
[22] 梁慧星. 民法总论[M]. 北京：法律出版社，2004.
[23] 曾世雄. 损害赔偿法原理[M]. 北京：中国政法大学出版社，2001.
[24] 马克西米利安・福克斯. 侵权行为法[M]. 北京：法律出版社，2006.
[25] 杨立新. 侵权行为法专论[M]. 北京：高等教育出版社，2005.
[26] 王利明. 人格法新论[M]. 北京：法律出版社，2000.